Theologische Enzyklopädie

von

Rudolf Bultmann

herausgegeben

von

Eberhard Jüngel und Klaus W. Müller

J.C.B. Mohr (Paul Siebeck) Tübingen 1984

CIP-Kurztitelaufnahme der Deutschen Bibliothek

Bultmann, Rudolf:
Theologische Enzyklopädie / von Rudolf Bultmann.
Hrsg. von Eberhard Jüngel u. Klaus W. Müller. –
Tübingen: Mohr, 1984.
ISBN 3-16-144736-0

Printed in Germany. Satz und Druck: Gulde-Druck GmbH, Tübingen. Einband: Heinrich Koch, Großbuchbinderei, Tübingen.

Inhalt

Vorwort der Herausgeber

I. Im Nachlaß Rudolf Bultmanns befindet sich ein umfangreiches Manuskript, das die Überschrift trägt: „Einführung in das Theol. Studium". Wie
das Vorlesungsverzeichnis der Marburger Theologischen Fakultät belegt,
hat Bultmann für das Sommersemester 1926 eine zweistündige Vorlesung
unter diesem Titel angekündigt[1]. Aus dem Vorlesungsverzeichnis geht
auch hervor, daß er jeweils im Sommersemester der Jahre 1928, 1930, 1933
und 1936 „Theologische Enzyklopädie" las, offensichtlich Neubearbeitun-
gen jener Vorlesung von 1926[2].

Das vorliegende Manuskript von Bultmanns Hand enthält auf 350 Blättern den Text der Vorlesung von 1926 mitsamt den immer wieder für nötig
erachteten Korrekturen, Erweiterungen, Streichungen und Umstellun-
gen, die Bultmann vornahm, als er die Vorlesung in den folgenden Jahren
unter neuem Titel hielt[3]. Darüber hinaus befinden sich unter diesen Blättern Notizen Bultmanns, die einzelne Überarbeitungsschritte im Blick auf
den Text der Vorlesung, aber auch mit der Vorlesung zusammenhängende
Themen betreffen[4].

Von der „Urfassung" des Jahres 1926[5] lassen sich die späteren Schichten

---

[1] Sein unmittelbarer Vorgänger mit diesem Vorlesungsangebot der Marburger Theologischen Fakultät war Martin Rade, der letztmals im Sommersemester 1925 „Einführung in das Studium der Theologie" ankündigte. Bultmann selbst hatte Theologische
Enzyklopädie in seiner Tübinger Studienzeit bei Gottschick im Sommersemester 1903
und bei Häring im Sommersemester 1904 gehört.

[2] Die Vorlesung wurde bis 1933 jeweils zweistündig als Überblicksvorlesung angekündigt. Nur die Ankündigung des Sommersemesters 1936, hier erstmals in der Rubrik
der systematisch-theologischen Vorlesungen stehend, weist eine einstündige Vorlesung
aus.

[3] Als Schreibmaterial benutzte Bultmann neben den Resten eines – teilweise von
anderer Hand beschriebenen – Kassenbuchs die freien Seiten von Seminarklausuren,
Briefen, Anzeigen, Behördenpost, Rechnungen, aufgetrennte Briefkuverts und dergleichen.

[4] So sind zum Beispiel auf der Innenseite einiger DIN-B-5-Kuverts Ausführungen
zum Thema „Irrlehre" oder auch zum Verständnis von Geschichte zu finden.

[5] Zum größten Teil auf 165 (von Bultmann durchnumerierten) Blättern eines Kassenbuchs geschrieben, wobei Bultmann zunächst meist nur die linke Hälfte der vorderen
Seite beschrieb.

des Textes verhältnismäßig leicht abheben[6] und mit Hilfe verschiedener Indizien meist mit großem Wahrscheinlichkeitsgrad einer bestimmten Neufassung der Vorlesung zuordnen[7]. Die vorliegende Ausgabe macht die verschiedenen Schichten durch die Großbuchstaben *A* bis *E* kenntlich, die den betreffenden Textschichten voran- und nachgestellt werden[8]. Anmerkungen zu einem bestimmten Textabschnitt gehören, wenn nicht anders vermerkt, der Textschicht an, der der betreffende Textabschnitt angehört. Die Fälle, bei denen die Zuweisung einen geringeren Grad von Wahrscheinlichkeit hat, sind in der Zusammenstellung des Anhangs auf S. 182 aufgeführt[9]. Wo einzelne Wendungen oder Begriffe von Bultmann später in einen älteren Textabschnitt eingefügt wurden, ist nur dann (in den redaktionellen Anmerkungen) kenntlich gemacht, wenn solche Änderungen im Hinblick auf die Entwicklung der Begrifflichkeit und der Theologie Bultmanns aufschlußreich erscheinen.

Maßgebend für die Textgestalt dieser Ausgabe war die Gestalt der Vorlesung Bultmanns, die als die jüngste erkennbar ist. Für die Rekonstruktion dieser Letztfassung bietet das Inhaltsverzeichnis 3 hinsichtlich der §§ 1–11 verhältnismäßig sichere Anhaltspunkte[10]. Für die letzten vier Paragraphen findet man Hinweise in Randverweisen des Manuskripts. Diese Hinweise, offenkundig verschiedene Bearbeitungsstadien widerspiegelnd und daher oft widersprüchlich, sind meist mit Bleistift statt mit Tinte geschrieben und deshalb nur selten einem ganz bestimmten Bearbeitungsstadium zuzuweisen. Sie bieten daher für die Rekonstruktion der Letztfassung nur verhältnismäßig unsichere Hilfen.

---

[6] Erweiterungen zu der Fassung von 1926 finden sich auf der rechten Hälfte der Vorderseiten, auf den Rückseiten und auf den zahlreichen Blättern, die später eingelegt wurden. Oft ersetzen die Erweiterungen frühere Abschnitte, die von Bultmann gestrichen wurden.

[7] Zu solchen Indizien gehören z. B. die sich im Laufe der Jahre wandelnden Kürzel Bultmanns für häufig vorkommende Begriffe, die Farbe der Tinte, die Breite des Feder- bzw. Füllerstrichs, Poststempel oder andere Daten, die sich auf den eingelegten Blättern finden, das Erscheinungsjahr der diskutierten Literatur und auch inhaltliche Änderungen.

[8] *A*: 1926; *B*: 1928; *C*: 1930; *D*: 1933; *E*: 1936.

[9] Zweifel konnten an einigen Stellen nicht mit Sicherheit ausgeräumt werden. Sie können besonders dort auftreten, wo es um die Unterscheidung der Schicht *B* (1928) von der Schicht *C* (1930) oder der Schicht *D* (1933) von der Schicht *E* (1936) geht.

[10] Dieses Inhaltsverzeichnis ist wohl angelegt worden, als Bultmann sich anschickte, die Vorlesung von 1933 im Hinblick auf die Vorlesung von 1936 zu überarbeiten. Es bringt gegenüber der Vorlesung von 1933 klar erkennbare Veränderungen (z. B. hinsichtlich der Paragraphenzählung), entspricht aber auch nicht der Letztfassung, der es jedoch sehr nahekommt. Zu den §§ 1–11 enthält dieses Inhaltsverzeichnis detaillierte Seitenangaben; siehe Anhang S. 172–177.

Es scheint, daß Bultmann zu einer eingehenderen Bearbeitung (und Straffung) der §§ 12–14 nicht gekommen ist[11]. § 15 („Was ist Theologie?") wird in den beiden letzten Fassungen des Inhaltsverzeichnisses, die von Bultmanns Hand vorliegen, gar nicht erwähnt. Dennoch gehört dieser § 15, für die Vorlesung von 1933 nochmals ganz neu geschrieben und später abermals überarbeitet, ohne Zweifel zur Letztfassung. Eine gewisse Unsicherheit besteht freilich hinsichtlich der Frage, ob Bultmann diesen Paragraphen dem Kapitel 5 („Der Begriff des Glaubens") zugezählt hätte, oder ob er ihn als ein kurzes, resümierendes Schlußkapitel dachte[12].

Die genannten Unklarheiten nötigten die Herausgeber in einigen Fällen, zwischen verschiedenen denkbaren Alternativen nach eigenem Gutdünken eine Entscheidung zu treffen. Dabei war es natürlich das Ziel, möglichst die Textfassung zu bieten, die Bultmann selbst für die angemessenste gehalten hätte. Im Ermessensspielraum der Herausgeber lag weitgehend auch die Entscheidung darüber, welche Ausführungen Bultmanns in den Haupttext, welche in die enger gedruckten Exkurse und welche in die Anmerkungen gehören. Neben dem Willen Bultmanns, der hinsichtlich dieser Frage nur selten erkennbar ist, war hierbei der Gesichtspunkt der Lesbarkeit maßgebend. Grundsatz war es, *alle* Ausführungen Bultmanns – sei es in den Text, sei es in die Anmerkungen – aufzunehmen, die in der letzten erkennbaren Fassung enthalten waren. Randbemerkungen, die Bultmann mit Bleistift anbrachte, geben bei ihm meist stichwortartig Einfälle wieder, die er zum Teil später ausformulierte (und dabei mit Tinte überschrieb). Auch diese mit Bleistift geschriebenen Anmerkungen am Rand sind aufgenommen worden[13] – unter Ausschluß der Fälle, wo einzelne Worte, Zeichen oder Zahlen für den Leser keinen Sinn ergeben.

Da es zu den Grundsätzen der Ausgabe gehörte, nur Bultmann selbst zu Wort kommen zu lassen, waren Brüche im Gedankengang oder der Satzfolge dort nicht immer zu vermeiden, wo zwei Schichten des Textes zusammentreffen.

Nur unter folgenden Gesichtspunkten wurde in den Textbestand eingegriffen:

a) Kürzel und Abkürzungen wurden in der Regel aufgelöst oder (im

---

[11] Ob er diese Paragraphen in der einstündigen Vorlesung von 1936 überhaupt vorgetragen hat, ließ sich nicht feststellen.

[12] Ein solches Schlußkapitel würde gleichsam das Gegenstück zum ersten Kapitel und dessen Entfaltung des Themas einer „Theologischen Enzyklopädie" bilden (vgl. den Schlußabschnitt von Kapitel 1, unten S. 12). Im Umfang läge es nur wenig unter dem Umfang jenes Kapitels.

[13] Sie sind durch die voran- und nachgestellte Ziffer 0 gekennzeichnet.

Falle der Abkürzungen) an das System der Abkürzungen der „Theologischen Realenzyklopädie" angeglichen[14].

b) Zitate wurden überprüft und gegebenenfalls verbessert. Dabei wurde in der Regel die Ausgabe des betreffenden Werkes herangezogen, nach der auch Bultmann zitierte[15]. Anders wurde bei Lutherzitaten verfahren, die Bultmann meist nach der Sekundärliteratur und unter Hinweis auf die Erlanger Ausgabe zitiert. Sie wurden nach der Bonner oder der Weimarer Ausgabe der Werke Luthers wiedergegeben und nachgewiesen. Zitate aus dem Bereich der altprotestantischen Orthodoxie[16] wurden nach H. Schmid, Die Dogmatik der evangelisch-lutherischen Kirche, neu herausgegeben und durchgesehen von H. G. Pöhlmann, Gütersloh ⁹1979, belegt. Texte aus den Bekenntnisschriften sind hier nach ihrer maßgebenden Ausgabe zitiert und nachgewiesen[17]. Entsprechend gilt, daß Lehrentscheidungen der katholischen Kirche in allen möglichen Fällen nach dem „Enchiridion symbolorum", herausgegeben von H. Denzinger u. a., zitiert wurden.

c) Die bei Bultmann oft nur sehr spärlichen bibliographischen Angaben zu der von ihm erwähnten und zitierten Literatur wurden stillschweigend vervollständigt.

d) Die Zeichensetzung sowie die Groß- und Kleinschreibung, die von Bultmann in den verschiedenen Textfassungen nicht selten verschieden gehandhabt wurde, ist vereinheitlicht und heutigen Regeln angeglichen worden.

e) Offensichtliche Schreibfehler[18] wurden stillschweigend verbessert. Wenn Verbesserungen im Blick auf die Satzgrammatik notwendig erschienen, wurde Bultmanns Textfassung im redaktionellen Anmerkungsapparat aufgeführt.

II. Wenn hier nun erstmals nach der Veröffentlichung kleinerer Passagen durch Erich Dinkler[19] eine vollständige Fassung der „Theologischen

---

[14] Theologische Realenzyklopädie, Abkürzungsverzeichnis, zusammengestellt von S. Schwertner, Berlin/New York 1976. Bei biblischen Büchern wurde dagegen durchweg Bultmanns Weise der Abkürzung beibehalten.

[15] Einschränkungen hinsichtlich dieses Grundsatzes ergaben sich im Blick auf die wenigen Fälle, wo die von Bultmann zitierte Auflage nicht greifbar war.

[16] Bultmann gibt sie in den meisten Fällen nach der 5. Auflage von H. Schmid, Die Dogmatik der evangelisch-lutherischen Kirche (⁵1863), aber auch nach J. Kaftan, Dogmatik, Tübingen/Leipzig ³·⁴1901 u. a.

[17] Die Bekenntnisschriften der evangelisch-lutherischen Kirche, herausgegeben vom Deutschen evangelischen Kirchenausschuß, Göttingen 1930.

[18] Zum Beispiel „das" statt „daß".

[19] E. Dinkler, Die christliche Wahrheitsfrage und die Unabgeschlossenheit der Theo-

Enzyklopädie" Rudolf Bultmanns publiziert wird, so kommt damit ein Vorhaben zu einem Abschluß, das immerhin mehr als ein halbes Jahrhundert alt ist. Im Jahre 1929 schloß Bultmann mit dem Verlag J. C. B. Mohr (Paul Siebeck) einen Vertrag über die Herausgabe der Reihe „Neue theologische Grundrisse". Bultmann selbst sollte zu der von ihm herausgegebenen Reihe die Bände „Theologische Enzyklopädie" und „Biblische Theologie des Neuen Testaments" beisteuern. Am 11. Februar 1930 gibt der Verleger seiner Hoffnung Ausdruck, daß die „Theologische Enzyklopädie" bald als erster Band der Reihe fertiggestellt sein möge[20], eine Hoffnung, die damals nicht unberechtigt erschien, wie aus Bultmanns anderntags geschriebener Antwort hervorgeht[21].

In den folgenden Jahren wird die „Enzyklopädie" im Briefwechsel Bultmanns mit seinem Verleger noch mehrfach erwähnt. In den Jahren, die der „Machtergreifung" folgten, scheint Bultmann aber das Vorhaben einer Veröffentlichung immer weiter auf die Seite geschoben zu haben[22]. Er hat es danach nicht mehr aufgenommen, obgleich er sich mit der hier verhandelten Thematik einer theologischen Enzyklopädie noch mehrfach befaßte[23].

Nach Auskunft der ältesten Tochter Bultmanns, Frau Antje Bultmann-Lemke, gehört die „Theologische Enzyklopädie" zu den Stücken im Nachlaß ihres Vaters, deren Veröffentlichung Bultmann in seinen letzten Le-

---

logie als Wissenschaft. Bemerkungen zum wissenschaftlichen Werk Rudolf Bultmanns, in: O. Kaiser u. a. (Hgg.), Gedenken an Rudolf Bultmann, Tübingen 1977, 15–40.

[20] In einem Brief an Bultmann schreibt Oskar Siebeck: „. . . legt mir die Frage nahe, ob Sie sich nicht doch entschliessen können, Ihre ‚Theologische Enzyklopädie' schon neben der Arbeit an Ihrem Johannes-Kommentar druckfertig zu machen. Wir dürfen ja wohl beide damit rechnen, dass das ein Buch wird, das sich umso mehr einführt, je länger es auf dem Büchermarkt ist. Deshalb scheint mir bei diesem Grundriss auf baldiges Erscheinen besonders viel anzukommen, ganz abgesehen davon, daß die ‚Enzyklopädie' die gegebene Einleitung für die ‚Neuen theologischen Grundrisse' wäre".

[21] „Was meine Enzyklopädie betrifft, so ist es durchaus meine Absicht, jetzt schon an ihr zu arbeiten. Da ich im nächsten Semester wieder über Enzyklopädie arbeite, wird damit auch das Buch gefördert werden." Dem entspricht die Bemerkung Bultmanns in einem Brief an M. Heidegger vom 24. August 1930: „In meiner Enzyklopädie, die ich im vergangenen Semester wieder gelesen habe, glaube ich wieder ein Stück weitergekommen zu sein . . .“

[22] O. Siebeck schreibt am 18. Februar 1936 an Bultmann: „Wenn ich Sie bei meinen Besuchen in Marburg richtig verstanden habe, so möchten Sie die ‚Enzyklopädie' solange zurückstellen, bis die theologische Lage noch etwas mehr geklärt ist."

[23] Am eingehendsten geschah dies u. W. in dem Vortrag „Theologie als Wissenschaft", den Bultmann auf der Pfingsttagung der „Gesellschaft für Evangelische Theologie" (4.–6. Juni 1941) in Alpirsbach hielt, auf eben jener Tagung, bei der er auch „Neues Testament und Mythologie" vortrug.

bensjahren immer wieder erhoffte, auch wenn er sich selbst zu der Druck-
vorbereitung nicht mehr imstande sah. Am eingehendsten hat sich in
diesen Jahren Erich Dinkler mit Bultmanns Manuskript befaßt. Sein Tod
hinderte ihn, das Werk herauszugeben. Seine Vorarbeiten am Text sind
allerdings über ein erstes Stadium nicht hinausgekommen.

III. Im Anhang dieser Ausgabe ist eine Synopse der verschiedenen
Inhaltsverzeichnisse abgedruckt. Diese Synopse vermag eine erste Orientierung über die verschiedenen Stadien des Textes zu geben und bringt
auch Anhaltspunkte hinsichtlich des Inhalts jener Abschnitte, die nun in
die vorliegende Ausgabe nicht eingegangen sind.

Auf die Synopse folgt im Anhang die oben erwähnte Zusammenstellung
über jene Textabschnitte, deren Zuweisung zu einer bestimmten Textschicht nicht ganz sicher ist[24].

Den Abschluß des Anhangs bildet der bisher unveröffentlichte Vortrag
„Wahrheit und Gewißheit", den Bultmann auf der Herbsttagung des
Bundes für Gegenwartschristentum am 2./3. Oktober 1929 in Eisenach
hielt. Einer seiner beiden Korreferenten war Friedrich Gogarten, der sich,
wie der Briefwechsel Bultmann–Gogarten belegt, nur Bultmann zuliebe
dazu bewegen ließ, vor diesem Kreis zu sprechen[26]. Bultmann verweist in
der Vorlesung mehrfach auf den Vortrag. Dies ist der Grund für die
Veröffentlichung an diesem Ort, obgleich Themen und Auseinanderset-
zungen des Vortrags sich an einigen Stellen mit Ausführungen der „Theologischen Enzyklopädie" überschneiden.

---

[24] Siehe dazu oben Anm. 9.
[25] Der andere war Pfr. Karl Fischer (Lauenstein/Sachsen), der anstelle des erkrank-
ten Karl Aé (Dresden) sprach. Ein Tagungsbericht von R. Paulus ist in der „Christlichen
Welt" 43, 1929, 1018–1026 abgedruckt.
[26] Gogartens Vortrag wurde veröffentlicht in „Zwischen den Zeiten" 8, 1930, 96–119.

Kapitel 1

Die Aufgabe der theologischen Enzyklopädie

§ 1 Bestimmung der Theologie im Idealismus und Positivismus[a]

A– Der früher übliche Titel „Enzyklopädie"[b] geht auf die wissenschaftliche Terminologie des Alexandrinismus seit Aristoteles zurück, in dem die ἐγκύκλιος παιδεία (orbis doctrinae, Quintilian, Inst. I 10,1)[c] die Gesamtheit der Wissenschaften bezeichnet, die zur allgemeinen Bildung gehören: Grammatik, Rhetorik, Musik, Geometrie und Astronomie, und die die Voraussetzung für das Studium der Philosophie bilden.

Der technische Gebrauch der neueren Wissenschaft geht auf das 17. Jahrhundert zurück, in der Enzyklopädie „eine übersichtliche Darstellung des Wissens" bedeutet, „das zur Orientierung über den geistigen Gesamtbesitz führt" (Heinrici RE V 351)[d], und zwar ist dabei das Interesse am Wissensstoff, nicht an der Methode, leitend. Also das Ideal einer Realenzyklopädie, die den gesamten Wissensstoff überhaupt, oder den eines bestimmten Wissensgebietes sammelt in alphabetisch geordneten Artikeln oder auch in monographischer Darstellung[1].

---

[1] Von besonderer Bedeutung P. Bayle (1647–1706), Dictionnaire historique et critique 1695ff.; Encyclopédie ou dictionnaire raisonné des sciences, des arts et des métiers par une société des gens de lettres, mise en ordre et publiée par Diderot, et quant à la partie mathématique par d'Alembert, 37 Bände, 1751–1780. Cf. Art. Dieu: „L'existence de Dieu étant une de ces premieres verités qui s'emparent avec force de tout esprit qui pense & qui réfléchit, il semble que les gros volumes qu'on fait pour la prouver, sont inutiles, & en quelque sorte injurieux aux hommes; du moins cela devroit être ainsi."[e]

---

[a] Die Paragraphenüberschriften werden nach dem letzten Inhaltsverzeichnis gegeben, das aus Bultmanns Hand vorliegt (dazu oben S. VI). Die älteren Überschriften der Paragraphen wie auch die unterschiedliche Einteilung der Paragraphen können der im Anhang (S. 172ff.) abgedruckten Synopse der Inhaltsverzeichnisse entnommen werden.

[b] Die erste Fassung der Vorlesung A wurde noch nicht unter dem Titel „Theologische Enzyklopädie", sondern als „Einführung in das Theologische Studium" angekündigt (siehe oben S. V).

[c] orbis ille doctrinae, quem Graeci ἐγκύκλιον παιδείαν vocant.

[d] G. Heinrici, Art. Encyklopädie, theologische, RE³ 5, 351–364.

[e] AaO Bd. 10, Bern/Lausanne 1782, S. 963.

Demgegenüber der Begriff der *formalen Enzyklopädie,* aufgestellt durch Hegel (Enc. § 16): „Als Encyclopädie wird die Wissenschaft nicht in der ausführlichen Entwicklung ihrer Besonderung dargestellt, sondern ist sie auf die Anfänge und die Grundbegriffe der besonderen Wissenschaften zu beschränken."[f] –*A*

D– Enzyklopädie ist danach die Besinnung auf das Wesen einer Wissenschaft, auf das, was sie als Wissenschaft konstituiert.

Jede *Wissenschaft* hat ihren eigentümlichen Gegenstand, ihr Sachgebiet, das in ihr erkannt (enthüllt) wird, und zwar zusammenhängend und als Ganzes. Und ihrem Sachgebiet entsprechend hat jede Wissenschaft die ihr eigene Art des Aufweisens (Enthüllens), des Ausweisens (der Begründung ihrer Sätze) und der Begrifflichkeit.

An sich läßt sich nun sagen: so viele mögliche Sachgebiete es geben kann, so viele Wissenschaften sind möglich. Für den in der zunächst als vielfältig erscheinenden Welt sich zurechtfindenden Menschen entsteht unabweisbar die Frage: bilden alle Sachgebiete eine Einheit? Und gibt es damit auch eine *Einheit der Wissenschaft?*

Es scheinen doch alle Sachgebiete sich zur Einheit der Welt zusammenzuschließen. Und wenn die Welt nicht ein Aggregat unzusammenhängender Gebiete ist, müssen alle Sachgebiete sich in der Ordnung eines einheitlichen Weltsystems zusammenfügen. Dementsprechend müßten auch die Wissenschaften sich zu einem *System der Wissenschaft* zusammenfügen.

Gibt es ein System der Wissenschaft? Und wäre von da aus der Theologie ihr Ort zuzuweisen und ihr Wesen zu bestimmen?

Der *Idealismus* glaubte an ein System der Wissenschaft, und zwar auf Grund der Voraussetzung, daß alle Sachgebiete, alles Seiende, von einem Ursprung her als Einheit verständlich ist und daß dieser Ursprung zugleich der Ursprung der Wissenschaft ist. Das Eine, aus dem alles Seiende und alles Denken entspringt, ist das Absolute; dies ist als Geist vorgestellt, jenseits seiner Spaltung in Subjekt und Objekt, in Reales und Ideales. Von der Idee des Absoluten aus muß die Einheit des Seienden als Einheit in ihrer Gliederung verständlich werden wie auch die Einheit der Wissen-

---

Für die protestantische Theologie: Realencyklopädie für protestantische Theologie und Kirche, begründet von J. J. Herzog, 3. Auflage hg. von Albert Hauck, 24 Bände, Leipzig 1896–1913; Die Religion in Geschichte und Gegenwart, hg. von F. M. Schiele (und L. Zscharnack), Tübingen [1]1909–1913; *B*– hg. von H. Gunkel und L. Zscharnack, Tübingen [2]1927–1932 –*B.*

[f] Cf. die Theorie Werkausgabe: Georg Wilhelm Friedrich Hegel, Werke 8, Enzyklopädie der philosophischen Wissenschaften im Grundrisse (1830), 1. Teil, Frankfurt 1970, S. 60.

schaft[2]. Indem aber das Absolute als Geist vorgestellt wird, hat das System der Wissenschaft den Primat vor dem Vorrang des Seienden, und das System der Welt wird verstanden als in funktionaler Abhängigkeit vom System der Wissenschaft stehend. Das System der Natur ist begründet im System der Wissenschaft; denn das Seiende ist durch den Geist konstituiert. Jede einzelne Wissenschaft ist danach nicht eigentlich in ihrem Gegenstand begründet, sondern in ihrem Ursprung aus dem Geist; ihr Wesen ist nicht aus ihrer Gegenstandsbezogenheit zu begreifen, sondern aus der Idee des Geistes abzuleiten, von der aus die möglichen Gegenstände der Wissenschaften (Natur, Geschichte etc.) zu begreifen sind.

Die Frage: *Was ist Theologie?* wäre also nicht zu beantworten durch Besinnung auf ihren Gegenstand, Gott, sondern durch ihre Ableitung aus der Idee des Geistes und ihre Einordnung in das System der Wissenschaften. Der Theologie würde die Philosophie vorausgehen, und als Teil einer universalen Philosophie wäre Theologie: Religionsphilosophie.

Im Fortschritt der exakten Naturwissenschaften des 19. Jahrhunderts geht der Glaube an den Geist als die das Seiende erzeugende Kraft des Ursprungs verloren. Es entsteht der *Positivismus,* für den die gegenständliche Welt des Seienden das Wirkliche ist. Der Gedanke der Einheit der Welt wird dabei festgehalten, indem alle Seinsgebiete auf dasjenige Seiende reduziert werden, das der mathematischen Beherrschbarkeit unterliegt, daß Meßbare, Berechenbare. Der Einheit der Welt in dieser Reduktion auf das mathematisch Beherrschbare korrespondiert *eine* Wissenschaft, die *eine* ist, weil sie im Grunde nur *ein* Gegenstandsgebiet hat: die Welt als Natur, die mit den Methoden der mathematisch-mechanischen Naturwissenschaft erforscht wird. In dieser Welt wird der Mensch als Naturphänomen gesehen. Die Sphäre des menschlichen Lebens, die Geschichte, wird nach der Methode der Naturwissenschaft untersucht; der Mensch wird Objekt der Psychologie, der Soziologie, der Biologie.

Die Frage: *Was ist Theologie?* ist von da aus so zu beantworten, daß ihr Gegenstand der Mensch ist, sofern er Vorstellungen von Gott hat. Diese aber werden nicht aus einer Beziehung des Menschen zu Gott verstanden, sondern aus dem religiösen Bedürfnis des Menschen; Gegenstand der Theologie ist die Religion, d. h. Theologie wird aufgelöst in Religionswissenschaft. Sofern christliche Theologie behauptet, daß sie Wissenschaft von Gott als einem Gegenüber des Menschen ist, liegt in der Konsequenz des Positivismus die Auflösung der Theologie wie die Auflösung des Glaubens, seine Reduktion auf ein psychologisches, soziologisches Phäno-

---

[2] Ursprung dieses Idealismus bei Descartes; cf. Gerhard Krüger, Die Herkunft des philosophischen Selbstbewußtseins, Logos 22, 1933, 225–272, bes. S. 235.

men. Diese Konsequenz ist bei Feuerbach gezogen[3], in der Fach-Theologie natürlich abgelehnt: Theologie ist zu reduzieren auf Anthropologie. Die Theologie als systematische Theologie sucht sich gegenüber dem Positivismus an die idealistische Tradition zu halten. Aber in die historische Theologie dringt mehr und mehr der Positivismus ein, zumal in der „Religionsgeschichte". Aber je mehr sich die systematische Theologie auf die Religionspsychologie einläßt, desto mehr verfällt auch sie dem Positivismus. *–D*

§ 2   Schleiermachers Auffassung von der Theologie

A– Dem entspricht *Schleiermachers* Unternehmen. Zum erstenmal las er in seinem ersten Semester in Halle 1804/05 „Enzyklopädie und Methodologie". Auf der Grundlage dieser mehrfach wiederholten Vorlesung erschien dann: Kurze Darstellung des theologischen Studiums zum Behuf einleitender Vorlesungen, Berlin 1811, zweite umgearbeitete Auflage 1830[1]. *–A*[a]

C– Anders scheint es nun bei *Schleiermacher* zu sein, der (Kurze Darstellung § 1) die Theologie als eine *positive Wissenschaft* bestimmt, „deren Teile zu einem Ganzen nur verbunden sind durch ihre gemeinsame Beziehung auf eine bestimmte Glaubensweise, d. h. eine bestimmte Gestaltung des Gottesbewußtseins; die der christlichen also durch die Beziehung auf das Christentum".

Klingt das so, als erhalte die Theologie ihre Positivität durch ihren Gegenstand, der sich nicht aus einer Idee des Geistes ableiten lasse, so zeigt gleich die Erläuterung, daß es anders gemeint ist: „Eine positive Wissenschaft überhaupt ist nämlich ein solcher Inbegriff wissenschaftlicher Elemente, welche ihre Zusammengehörigkeit nicht haben, als ob sie einen vermöge der Idee der Wissenschaft notwendigen Bestandteil der wissenschaftlichen Organisation bildeten, sondern nur, sofern sie zur *Lösung einer praktischen Aufgabe erforderlich* sind."[b]

---

[3] Cf. Karl Barth, Ludwig Feuerbach, ZZ 5, 1927, 11–33.

[1] Kritische Ausgabe der beiden Auflagen (synoptisch) von H. Scholz (Friedrich Schleiermacher, Kurze Darstellung des theologischen Studiums zum Behuf einleitender Vorlesungen, krit. Ausgabe hg. von Heinrich Scholz, QGP 10, Leipzig 1910).

---

[a] Der widersprüchliche Beginn der ersten beiden Abschnitte dieses Paragraphen („Dem entspricht . . ." bzw. „Anders scheint es nun . . .") erklärt sich aus der Tatsache, daß Bultmann hier Stücke verschiedener Fassungen seiner Vorlesung zusammengestellt hat, ohne auf die Harmonie der Satzanschlüsse zu achten.

[b] Hervorhebung (Unterstreichung) durch Bultmann.

Diese praktische Aufgabe ist nach § 3 *die Kirchenleitung,* so daß § 5 definiert: „Die christliche Theologie ist sonach der Inbegriff derjenigen wissenschaftlichen Kenntnisse und Kunstregeln, ohne deren Besitz und Gebrauch eine zusammenstimmende Leitung der christlichen Kirche, d. h. ein christliches Kirchenregiment, nicht möglich ist.“[2]

Danach ist die *Positivität* der Theologie als Wissenschaft gar nicht durch den *Gegenstand* der Wissenschaft, sondern durch ihren *Zweck* konstituiert.

Danach werden also wissenschaftliche Erkenntnisse zu theologischen, wenn sie im Dienst des praktischen Zwecks der Kirchenleitung stehen, und es erhebt sich die Frage, ob es überhaupt wissenschaftliche Erkenntnisse gibt, die als solche, d. h. durch ihren spezifischen Gegenstand, theologische sind; eben das ist durch § 6[c] verneint. Sofern also die Theologie Wissenschaft ist, d. h. hinsichtlich ihres Gegenstandes und der Art seiner Erforschung, hat sie keinen kirchlichen Charakter, ja bildet sie überhaupt nicht eine einheitliche Wissenschaft; vielmehr gehören ihre Sätze anderen Wissenschaften an.

Und zwar ist das Erste, das zu solchem Wissen gehört, das *„Wesen des Christentums“.* Seine Erkenntnis gehört zur Theologie als dem Inbegriff der für die Kirchenleitung erforderlichen Kenntnisse; seine Erkenntnis ist aber nicht als solche eine theologische. Denn das Wesen des Christentums wird nur in seinem Zusammenhang mit anderen Glaubensweisen erkannt und diese wiederum nur „im Zusammenhang mit den übrigen Tätigkeiten des menschlichen Geistes“ (§ 21)[3]! Und zwar müssen das Christentum und die frommen Gemeinschaften „als ein für die Entwicklung des menschlichen Geistes notwendiges Element nachgewiesen werden“ (§ 22)! Die Bestimmung des Wesens des Christentums setzt also die Religionsphilosophie voraus (§ 23) und erfolgt auf diesem Grunde in der *philosophischen Theologie* (§ 24). Diese wäre also die eigentliche Theologie, auf Grund der Voraussetzung von der Einheit des Geistes, der in geschichtlichen Erscheinungen sich differenziert, so daß jedes geschichtliche Phänomen vom Begriff des menschlichen Geistes her begriffen werden muß. Die philosophische Theologie ist eigentlich *Geschichtsphiloso-*

---

[2] Und cf. dazu § 6: „Dieselben Kenntnisse, wenn sie ohne Beziehung auf das Kirchenregiment erworben und besessen werden, hören auf, theologische zu sein, und fallen jede der Wissenschaft anheim, der sie ihrem Inhalte nach angehören.“

[3] Dazu § 48 (in den Grundsätzen der Apologetik)! und § 79 (in der „Historischen Theologie“).

[c] S. Anm. 2!

phie; und wie das Christentum als fromme Gemeinschaft aus der Einheit des menschlichen Geistes und seiner Entwicklung begriffen werden muß (§ 22f.)[4], so die „Theologie" in ihrer Einheit mit dem Wissen um die Einheit des Geistes, also *im System der Wissenschaften.* Die Philosophie ist die „eigentliche Wissenschaft" (§ 28).

Die Theologie beginnt also gar nicht mit sich selbst, d. h. mit ihrem eigentümlichen Gegenstand, sondern dieser ist ihr nur Anlaß, zurückzugehen auf die Philosophie.

Cf. dazu Schleiermachers Ethik § 1: „Soll irgend eine besondere Wissenschaft vollkommen dargestellt werden: so darf sie nicht rein für sich anfangen, sondern muß sich auf eine höhere, und zuletzt auf ein höchstes Wissen beziehen, von welchem alles einzelne ausgehen muß."

Und „Der christliche Glaube" § 1,1: „Es folgt übrigens hieraus von selbst, da das, was der Erklärung einer Wissenschaft vorangeht, nicht zur Wissenschaft selbst gehören kann, daß alle Sätze, welche hier (in der „Erklärung der Dogmatik")[d] vorkommen werden, nicht selbst auch dogmatische sein können."[5]

D. h. doch, daß die Bestimmung einer Wissenschaft, und also auch der Theologie, von anderswoher erfolgt als von ihrem Gegenstand aus. Was Theologie ist, wird, da die „philosophische Theologie" sich als ein Teil der Geschichtsphilosophie erwiesen hat, nur aus dem Studium der *Ethik*[e]; denn diese ist „die Wissenschaft der Prinzipien der Geschichte" (§ 29)[6]. Auf dem Umweg über die als „fromme Gemeinschaft" verstandene und damit als Spezialfall frommer Gemeinschaften überhaupt verstandene Kirche wird die Theologie wieder in das System der Wissenschaften eingegliedert[7].

---

[4] Und cf. § 37!

[5] Friedrich Schleiermacher, Grundriß der philosophischen Ethik, PhB 85, Leipzig 1911, S. 1; Friedrich Schleiermacher, Der christliche Glaube nach den Grundsätzen der evangelischen Kirche im Zusammenhange dargestellt, Berlin ²1830.

[6] „Die philosophische Theologie kann daher ihren Ausgangspunkt nur über dem Christentum in dem logischen Sinne des Wortes nehmen, d. h. in dem allgemeinen Begriff der frommen oder Glaubensgemeinschaft." (aaO § 33).

[7] Cf. Der christliche Glaube, § 2,2: „Der allgemeine Begriff der Kirche nun muß vorzüglich, wenn es dergleichen wirklich geben soll, aus der Ethik entnommen werden, da auf jeden Fall die Kirche eine Gemeinschaft ist, welche nur durch freie menschliche Handlungen entsteht und nur durch solche fortbestehen kann." AaO § 2, Zusatz 2: „Unter Ethik wird hier verstanden die der Naturwissenschaft gleichlaufende spekulative Darstellung der Vernunft in ihrer Gesamtwirklichkeit. Unter Religionsphilosophie eine

---

[d] Klammerzusatz von Bultmann.

[e] In Bultmanns Ms. fehlt das Prädikat des Satzes.

Außer dieser „philosophischen Theologie" gehört nun nach Schleiermacher zum theologischen Studium als ihr eigentlicher Körper auch *die historische Theologie.* Denn „die Kirchenleitung erfordert . . . auch die Kenntnis des zu leitenden Ganzen in seinem jedesmaligen Zustande, welcher, da das Ganze ein geschichtliches ist, nur als Ergebnis der Vergangenheit begriffen werden kann" (§ 26). Die historische Theologie umfaßt also „die Kenntnis des gesamten früheren Verlaufs" (§ 82) und (logisch vorhergehend) die geschichtliche Kenntnis des gegenwärtigen Moments, und zu letzterem rechnet Schleiermacher die Dogmatik und Statistik (also etwa = Symbolik). Auch hier ist der Gegenstand der Wissenschaft und ihre Methode also nicht spezifisch theologisch. Vielmehr: „Als theologische Disziplin ist die geschichtliche Kenntnis des Christentums zunächst die unnachläßliche Bedingung alles besonnenen Einwirkens auf die weitere Fortbildung desselben, und in diesem Zusammenhange sind ihr dann die übrigen Teile der Geschichtskunde nur dienend untergeordnet" (§ 70).

Und zwar ist die geschichtliche Erkenntnis der Geschichte des Christentums ihrerseits wieder geleitet durch die Resultate der „philosophischen Theologie", die erst „die eigentlich geschichtliche Anschauung des Christentums . . . begründet" (§ 65)[8]. –C

§ 3 *Die Bestimmung der Theologie von ihrem Gegenstand her*

D– a) Verloren ist der Glaube an das System der Wissenschaft, weil der Glaube an den „Geist" im Sinne des Idealismus vergangen ist. Gebrochen ist die Macht des Positivismus als Weltanschauung. Es gibt heute überhaupt kein System der Wissenschaft oder der Weltanschauung, das beanspruchen könnte, alles Seiende aus dem Grunde des Seins heraus zu verstehen[1]. Freilich gibt es allerlei Versuche zu einer solchen Weltan-

---

kritische Darstellung der verschiedenen gegebenen Formen frommer Gemeinschaften, sofern sie in ihrer Gesamtheit die vollkommene Erscheinung der Frömmigkeit in der menschlichen Natur sind."

[8] Cf. § 252: „Die Kenntnis des geschichtlichen Verlaufs, welche schon zum Behuf der philosophischen Theologie vorausgesetzt werden muß, darf nur die der Chronik angehörige sein, welche unabhängig ist vom theologischen Studium: hingegen die wissenschaftliche Behandlung des geschichtlichen Verlaufs in allen Zweigen der historischen Theologie setzt die Resultate der philosophischen Theologie voraus." (An dieser Stelle in 1. Auflage § 7: „Die philosophische Theologie nimmt ihren Standpunkt über dem Christentum, die historische innerhalb desselben.")

[1] Die herrschende Ratlosigkeit z. B. deutlich gegenüber der Frage nach dem Verhältnis von Leib und Seele.

schauung, verbunden mit allerlei lauten Ansprüchen; cf. die nationalsozialistische „Weltanschauung". Aber was sagt sie? Daß etwa die Rasse das Prinzip der Weltanschauung sei, hat höchstens den Sinn, daß die Rasse als der höchste Wert gelten soll, nach dem alles Handeln orientiert sein soll. Aber vom Prinzip der Rasse aus läßt sich die Frage nach dem Sein im Ganzen nicht beantworten, wie die nächsten Beispiele deutlich machen. Als Äußerung der Rasse ist weder die Mathematik noch die Wissenschaft überhaupt zu verstehen, weil von ihr aus die Frage nach der Wahrheit nicht gestellt und beantwortet werden kann. Man muß schon die Frage nach dem, was wahr ist, „reduzieren" auf die Frage nach dem, was die Rasse fördert[2]. D. h. aber: man steckt dann im Positivismus in seiner amerikanischen Form des Pragmatismus.

In Wahrheit kann ein Fragen nach dem Sein im Ganzen sich nur an die Gegenstände selbst wenden und sich bemühen, sie so zu sehen, wie sie sich zeigen. Es ist in der Philosophie das Prinzip der *Phänomenologie,* d. h. der Ruf zu den Dingen selbst.

Diese Wendung von der über die Dinge verfügenden Weltanschauung zu den Dingen selbst, die in der Phänomenologie ihre systematische Ausarbeitung erfährt, ist keineswegs nur als eine immanente Entwicklung des logischen Denkens zu verstehen, sondern darin begründet, daß die durch die Realität der Dinge bestimmte Realität des Lebens sich auf den verschiedenen Lebensgebieten geltend gemacht hat. Und dabei sind theologische und philosophische Arbeit mannigfach verschwistert[3].

Ein Ausgangspunkt für beide liegt bei *Kierkegaard* (1813–55), der über Hegel spottete als den Philosophen, der vergißt, daß er existiert. Daß die Wirklichkeit der Existenz nur existierend erfahren und nicht von einem Zuschauerdenken aus erfaßt wird, – daß die Wirklichkeit des Menschen weder „Geist" ist noch bloßer „Leib", sondern geschichtliche Existenz, sieht wie Kierkegaard *Nietzsche* (1844–1900). Diese beiden sind im 19. Jahrhundert die großen Erwecker, von denen ein neues Denken seinen Ursprung genommen hat, wie sie denn beide heute bei Heidegger wie bei Jaspers entscheidend zur Wirkung gekommen sind.

Bis sie zur Wirkung kamen, brauchte Zeit. Die Motive, die bei ihnen wirksam sind, machen sich hier und dort auch bei anderen geltend. In der

---

[2] Oder das Prinzip der „Artgemäßheit". Denn eindeutig ist die Art gar nicht zu bestimmen; ihre Bestimmung ist selbst Entscheidung.

[3] Daher auch nichts dagegen einzuwenden, wenn die Theologie sich an der phänomenologischen Philosophie orientiert, sofern diese keine Weltanschauung ist, sondern einfach ein echtes Fragen nach den Dingen ausarbeitet. Natürlich darf sie nicht ihren Gegenstand der Philosophie überantworten!

Philosophie bei *Wilhelm Dilthey* (1833–1911). Und die Gleichheit der Motive in Philosophie und Theologie zeigt sein Briefwechsel mit Paul Grafen *York v. Wartenburg* 1877–97[4]. Außer ihnen cf. *Jakob Burckhardt* (1818–97), der in seinen „Weltgeschichtliche(n) Betrachtungen"[5] unter Absage an jede Geschichtsphilosophie zum Gegenstand der Forschung den Menschen in seiner Wirklichkeit macht („vom duldenden, strebenden und handelnden Menschen, wie er ist und sein wird"); „daher unsere Betrachtung gewissermaßen pathologisch sein wird"[6].

In der Dichtung: *Carl Spitteler* (1845–1924), dessen „Prometheus und Epimetheus" (1880/81) vor Nietzsches ihm verwandten „Zarathustra" (1883–85) erschien. – *Stefan George* (1868–1933) und *Rainer Maria Rilke* (1875–1926), bedeutender als jener[7], wenngleich jener zunächst auf den Gebieten der Literatur- (Gundolf[a]) und Geschichtswissenschaft stärker gewirkt hat.

In der *Theologie* Gestalten wie *Wilhelm Herrmann*[8] und *Adolf Schlatter*, der in der Exegese des Neuen Testaments den Unterschied des biblischen Denkens und seiner Begrifflichkeit vom griechischen Denken, das die moderne Interpretation durchweg beherrschte, aufzeigte; und der 1906 (²1910) in „Die philosophische Arbeit seit Cartesius" den Idealismus in der Theologie bekämpfte. Dann kam der große Umschwung durch *Karl Barth*[9] und *Friedrich Gogarten*[10]. Barth aus der Schule Wilhelm Herrmanns[11] (, den er immer mehr nach seiner Schleiermacherschen Seite interpretiert hat) und unter dem Einfluß von Kierkegaard und Nietzsche[12]; Gogarten aus der Schule Troeltschs, der seinerseits stark von Dilthey beeinflußt um ein neues Verständnis von Geschichte rang, und

---

[4] Sigrid v. d. Schulenburg (Hg.), Briefwechsel zwischen Wilhelm Dilthey und dem Grafen Paul Yorck v. Wartenburg 1877–1897, Halle 1923.

[5] Leipzig: Kröner.

[6] S. 5 f.

[7] Vgl. auch Hugo v. Hofmannsthal (1874–1929).

[8] Cf. Herrmanns Bemühen um die Geschichtlichkeit gegenüber dem Neukantianismus.

[9] Römerbrief, 1919.

[10] Die Krisis der Kultur (Vortrag Oktober 1920), in: Friedrich Gogarten, Die religiöse Entscheidung, Jena 1921, 32–53.

[11] Cf. Karl Barth, Die dogmatische Prinzipienlehre bei Wilhelm Herrmann, ZZ 3, 1925, 246–280. Hier in bezug auf die Lektüre von Herrmanns Ethik: „Von da an meine ich mit selbständiger Aufmerksamkeit dabei gewesen zu sein in der Theologie." (S. 246).

[12] Dieser neben Franz Overbeck 1837–1905.

---

[a] Schriftstellername des Literaturhistorikers Friedrich Gundelfinger, der zum Kreis um Stefan George gehörte.

ebenfalls unter dem Einfluß von Kierkegaard und Nietzsche. Beide außerdem unter dem Einfluß von Dostojewski[13].

Wirksam überall die Erlebnisse des Weltkriegs, die jedoch nicht die primär begründenden waren; cf. die vorherigen Bewegungen der Lebensreform, Jugendbewegung etc. –*D*

b)[b] *C*– Wir bestimmen also jedenfalls die Theologie als eine *positive Wissenschaft*. Wie keine positive Wissenschaft sich ihren Gegenstand von einer Philosophie vorschreiben lassen kann, sondern ihn vorfindet in dem Verhältnis, den das Leben zu dem betreffenden Gegenstand hat, so auch die Theologie. Wie jede positive Wissenschaft ein vorwissenschaftliches, im Verhältnis zum Gegenstand selbst schon gegebenes Wissen ausarbeitet, so auch die Theologie[c]. *Was ist ihr Gegenstand? –C*

D– Nach dem Wortsinn offenbar *Gott*. Aber kann Gott zum Gegenstand wissenschaftlicher Forschung gemacht werden[14]? Oder in welchem Sinne könnte er es? Aber behandelt die konkrete Theologie Gott als Gegenstand? Die biblischen, historischen Fächer etc.? –*D*

C– *Wie ist der Gegenstand der Theologie zu bestimmen?* Wie ist er zu entdecken[15]? Ist er nicht einfach abzulesen aus der faktischen Arbeit der Theologie[16]? Wenn diese doch darin Theologie ist, daß sie die Erforschung eines bestimmten Gegenstandsgebietes ist?

Aber wie steht es mit *der* Theologie? Wo ist sie? In welcher ihrer Disziplinen, in die sie zersplittert ist, sollen wir sie und ihren Gegenstand suchen[17]? Wäre es vielleicht auch möglich, daß die Theologie in ihrem

---

[13] Zwischen den Zeiten 1923–33 in Gemeinschaft mit K. Barth, Fr. Gogarten, Ed. Thurneysen hg. von Gg. Merz; Mitarbeiter auch Emil Brunner.

[14] Wie soll man Gottes habhaft werden? Ihn in den Griff bekommen? Durch die Offenbarung! Ja, – aber das ist eine Verschleierung der Frage. Denn die Offenbarung wird durch den Glauben, nicht durch die Wissenschaft aufgefaßt. Die Frage ist gerade, wie *Wissenschaft* von Gott geben kann!

[15] Jedenfalls dürfen wir nicht in den Fehler der Wissenschaftslehre fallen und die Enzyklopädie *vor* die Theologie setzen, sondern die Enzyklopädie kann nur aus der faktischen lebendigen Theologie die Erkenntnis ihres Gegenstandes gewinnen, in deren Arbeit sich eben der Gegenstand meldet.

[16] *D*– So macht es Mulert S. 2 –*D* (Hermann Mulert, Religion Kirche Theologie – Einführung in die Theologie, Gießen 1931).

[17] *D*– Cf. Stephan, Art. Theologie II, RGG[2] V, Sp. 1116: Theologie ursprünglich wissenschaftliches Reden über Gott, „Lehre von Gott und den göttlichen Dingen". Aber zu ihr kam alles Wissen, was zur Pfarrerausbildung nötig war; das Ganze hieß sacra

---

[b] Aus dem Ms. ist die Ordnung der folgenden Abschnitte nicht eindeutig erkennbar.

[c] Der vorangehende Satz steht im Ms. am Rand neben dem (nicht gestrichenen) Satz, der ihm hier vorangeht. Ob er diesen ersetzen oder aber ergänzen soll, ist aus dem Ms. nicht zu entnehmen.

faktischen Betriebe ihren eigentlichen Gegenstand verloren hätte? Ja, daß sie überhaupt keinen Gegenstand hätte, sondern ein Phantom wäre, ein Residuum primitiver Wissenschaft, deren Gegenstand längst zum Gegenstand profaner Wissenschaften geworden ist[18]? Kann man einfach sagen: das Christentum ist Gegenstand der Theologie? Vielleicht, aber in welchem Sinne? –*C*

E– Wie wird man Gottes habhaft? Indem man den Gottes*glauben* behandelt und Gott also „einklammert"? Dann wäre Objekt der Theologie also das „Christentum"[19]. –*E*

C– Ist das Positum *das Christentum als eine geschichtliche Gegebenheit,* ein geschichtliches Vorkommnis, das in der Religions-, der Geistes-, der Kulturgeschichte vorliegt, in der Vergangenheit wie in der Gegenwart sichtbar in Institutionen und Lehren, in Kulten und kirchlichen Verbänden? Und Theologie wäre die Wissenschaft von diesem Positum, diesem geistes- oder kulturgeschichtlichen Phänomen[20]?

Offenbar nicht; denn die Theologie ist doch wohl ein Teilphänomen dieses Christentums selbst; sie gehört mit zum Ganzen des Christentums und seiner Geschichte; sie wird von ihr getragen und bestimmt sie wiederum auch selbst. Sie kann nicht darüber stehen; denn sie hätte als Kulturgeschichte oder Kulturphilosophie dann ja keinen *eigentümlichen* Gegenstand. Ein Positum wäre da, aber nicht das Positum, das die Theologie als eigene Wissenschaft begründet!

Die Folge würde dann sein, daß eine *Kulturphilosophie* die Theologie

---

doctrina = theologische Wissenschaft. Dazu kommt, daß die scheinbare oder wirkliche Unmöglichkeit, wissenschaftlich von Gott zu reden, in der evangelischen Theologie dazu führte, statt Gott den Glauben zum Gegenstand der Theologie zu machen. Im Zusammenhang damit nimmt historische und psychologische Wissenschaft in der Theologie überhand. –*D*

[18] Cf. Psychologie, Philosophie, Historie, die ihren Gegenstand verloren haben!

E– Die Frage, ob die Theologie als Wissenschaft einen ihr eigentümlichen Gegenstand hat, wird faktisch an die Theologie gerichtet nicht erst aus der populären antichristlichen Polemik, sondern aus der Philosophie (Heidegger, Jaspers, Grisebach), aus der sie dadurch erwächst, daß die Philosophie das Problem der Existenz auch von sich aus behandelt und daher Phänomene für sich beansprucht, die Gegenstand der Theologie zu sein schienen bzw. scheinen. Explizit wird die Frage in den Arbeiten Gerhardt Kuhlmanns (Schüler Grisebachs): Krisis der Theologie? ZThK 12, 1931, 123–146; Entweder – Oder (gegen Hirsch), ZThK 15, 1934, 247–255; Die Theologie am Scheidewege, SGV 178, 1935; Theologische Anthropologie im Abriß, SGV 180, 1935. –*E*

[19] Cf. K. Barths Skepsis gegen meine Arbeit, als meine ich, ich wolle den Glauben, das Christentum als historisches Phänomen untersuchen.

[20] *D*– Die Konsequenz wäre, daß die Theologie die Wahrheitsfrage nur als die Frage nach der historischen Tatsächlichkeit christlicher Phänomene und nicht als die Frage nach der Wahrheit des Geglaubten behandeln würde. –*D*

selbst zu ihrem Objekt machte und dann entweder wieder in die idealistische Wissenschaftslehre zurückfiele oder von einem *naturalistischen oder historistischen Empirismus* aus die Theologie als die Ideologie bestimmter soziologischer Phänomene verstünde, die ihrerseits entwicklungsgeschichtlich zu erklären sind. Auch in diesem Falle wäre ja wie im Idealismus präjudiziert, indem vorausgesetzt wird, daß es nur ein Seiendes gibt, die Welt des Vorhandenen, und nur eine Wissenschaft, die Naturwissenschaft oder Biologie oder Soziologie[d]. Und allen andern Wissenschaften wäre zwar hier nicht wie im System des Idealismus ihr Gegenstand vorgeschrieben, aber sie wären als Ideologien, die in Wahrheit überhaupt keinen Gegenstand haben, erklärt.

Rechnet man mit der Möglichkeit, daß das für die Theologie zutrifft, so kann doch jedenfalls der Ausweis nicht durch eine vorher feststehende Voraussetzung ersetzt werden, sondern *in der Theologie selbst muß sich zeigen, ob sie ein Gegenstandsgebiet hat oder nicht*. Ihr Gegenstand ist nicht das Christentum als historische Erscheinung, sondern dasjenige, was das Christentum erst zum Christentum macht und so das Christentum und die Theologie selbst konstituiert, formal gesprochen: die Christlichkeit. Was das also sei, das die Theologie als Theologie konstituiert, wie durch dasselbe die Theologie in ihrem eigentümlichen Wissenschaftscharakter konstituiert und gegliedert werde, das hat *die Enzyklopädie als die Selbstbesinnung der Theologie* zu zeigen. Und sie kann es eben gerade nicht von außen her als eine der Theologie vorgeordnete Wissenschaft, sondern als theologische Arbeit selbst. Als eine theologische Arbeit, in der sich die Theologie selbst aufs Spiel setzt in der Frage, ob sie einen ihr eigentümlichen Gegenstand hat und ob sie, wenn sie ihn hat, durch ihn sich in ihrer Arbeit wirklich bestimmen läßt.

Die theologische Enzyklopädie ist also zu bestimmen als *die Antwort auf die Frage: Was ist Theologie?* Und zwar als eine *theologische Arbeit, in der die Theologie sich selbst auf ihren, sie konstituierenden Gegenstand besinnt. –C*

---

[d] „oder Soziologie“: Einfügung *D*.

Kapitel 2

Die fides quae creditur als Gegenstand der Theologie

§ 4 Die Frage nach der fides quae creditur

D– Jede[a] Wissenschaft gründet in einem vorwissenschaftlichen Verhältnis zu ihrem Gegenstand. Sie stellt das Verhältnis zu ihm nicht erst her, sondern findet sich in ihm vor, klärt es, erweitert es. *–D*

C– Da also[b] die Theologie eben in ihrem Gegenstand ihren Ursprung haben muß, bzw. in dem im Leben schon gegebenen Verhältnis zu ihrem Gegenstand, so muß dieser doch zum Vorschein kommen, wenn gefragt wird, *wozu* wird Theologie getrieben. Denn sie tut doch nichts anderes, als das vorwissenschaftliche Verhältnis zum Gegenstand denkend zu klären im Interesse eben des Verhältnisses zum Gegenstand – wie jede echte Wissenschaft. Dazu wird sie gebraucht. Also nicht vom faktischen Betriebe der Theologie ist ihr Gegenstand abzulesen – denn der Betrieb kann sich verirrt haben –, sondern von ihrem Wozu. *Wie erscheint dies Wozu in unserer faktischen Situation?*

Die Theologie steht im Dienst einer Kirche, deren Aufgabe auf alle Fälle die Verkündigung, die Predigt, die Lehre ist. Die durch die Theologie vorbereiteten Studenten sollen in Stand gesetzt werden, zu predigen, zu lehren. So wäre die Theologie die Wissenschaft von dem, *was die rechte Lehre ist.* So auch Piper und Barth[c]. In solcher Aufgabenstellung unterscheidet sich nun nach Piper[1] die Theologie grundsätzlich von jeder andern Wissenschaft; denn diese *suchen* die Wahrheit, die immer Aufgabe

---

[1] Otto Piper, Theologie und reine Lehre, Tübingen 1926, S. 29f.

[a] Im Ms. am Rand: „Die Frage von § 3, inwiefern Theologie, um Wissenschaft von Gott zu sein, Wissenschaft vom Glauben sein müsse und könne, muß in § 4 ausgearbeitet werden. Kann der Glaube Gegenstand der theologischen Wissenschaft sein, wenn Gott ‚eingeklammert' wird?" *D.* Diese Randbemerkung bezieht sich auf eine Fassung des § 3, die in der Letztfassung der Vorlesung entfiel.

[b] „also": Einfügung *D.*

[c] Im Ms. hier ein Verweis auf Abschnitte des Ms., die später gestrichen wurden (Cf. die Synopse der Inhaltsverzeichnisse S. 172ff.).

bleibt, während der Theologie die Wahrheit in der kirchlichen Lehre schon gegeben ist und sie ihr nur den der Zeit entsprechenden Ausdruck geben soll.

Das ist eine *Selbsttäuschung,* die aus der *Mehrdeutigkeit des Begriffs „Wahrheit"* folgt. Bedeutet Wahrheit die Erschlossenheit des Gegenstandes, und ist der Gegenstand der Theologie ein für allemal erschlossen, so ist die Aufgabe, *ihr einen zeitgemäßen Ausdruck zu verleihen,* überhaupt keine wissenschaftliche Aufgabe, sondern eine ästhetische oder rhetorische oder praktisch-pädagogische[2]. Ist sie aber eine ernste wissenschaftliche Aufgabe – und das meint Piper natürlich –, so zeigt sich in ihr, daß der Gegenstand gar nicht erschlossen, sondern verdeckt ist, daß die Theologie die Wahrheit gar nicht hat, sondern sucht wie jede Wissenschaft.

Pipers Meinung ist aber ferner dadurch motiviert, daß er übersieht, daß *„die Wahrheit",* die er meint, eben die „rechte Lehre", *der Gegenstand der Theologie* ist und nicht ihr Ergebnis, ihr Produkt. Sie fragt: Welches ist die rechte Lehre? Sie sucht sie nicht zu produzieren, sondern kenntlich zu machen[d]. Der Gegenstand und ein Verhältnis zu ihm ist für die Möglichkeit der Theologie ebenso vorausgesetzt wie je der Gegenstand und ein Verhältnis zu ihm in jeder anderen Wissenschaft. Genau wie *die Theologie die sogenannte Wahrheit in gewissem Sinne schon haben muß,* um über sie die Wahrheit zu sagen, so muß die Naturwissenschaft die Natur in gewissem Sinne schon haben, die Geschichtswissenschaft die Geschichte schon haben etc., um je etwas Wahres darüber sagen zu können. Jedenfalls sucht jede Wissenschaft eine bestimmte, konkrete Wahrheit, sie sucht ein bestimmtes Gegenstandsgebiet zu erschließen, das schon vorwissenschaftlich erschlossen ist. Daß das Gegenstandsgebiet der Theologie als „die Wahrheit" bezeichnet werden kann – besser wäre: als die reine Lehre – besagt gar nicht, daß die Theologie als Wissenschaft ihre wissenschaftliche Wahrheit schon hat[3]. *Sie sucht die Wahrheit über die „Wahrheit",* über die reine Lehre.

---

[2] *E*– Wissenschaft wäre die Theologie auch nicht, wenn sie überlieferte Sätze der kirchlichen Lehre bzw. Schrift sammelte und ordnete, zu einem „System" verbände. Denn Wissenschaft ist die Gewinnung der Erkenntnis aus einem ursprünglichen Verhältnis zum Gegenstand *selbst.* Die überlieferten Sätze – die, sofern sie aus ursprünglicher Beziehung zum Gegenstand stammen, auf ihn hinführen können und sollen (darin besteht ja ihr Sinn), die aber auch den Gegenstand verdecken und verfälschen können – sind am Gegenstand zu prüfen und original wieder zu gewinnen bzw. kritisch zu rektifizieren. Wissenschaft ist nicht formales Ordnen, sondern Entdecken. –*E*

[3] *D*– Sie *hat* in dem Sinne die Wahrheit schon, als sie selbst nur innerhalb der Kirche auf Grund des Hörens des Wortes möglich ist. Ihre eigentümliche Dialektik besteht

Das ist also klar: *reine Lehre ist nicht die richtige Theologie,* sondern ist ihr aufzudeckender Gegenstand. Die richtige Theologie *ist* nicht die reine Lehre, sondern sie hat sie zu suchen, sie aufzudecken. Sie „lehrt" nicht, sondern sie sagt, was gelehrt werden muß, – und sie kann das nur sagen, weil sie schon belehrt ist[e].

Will man von andern Wissenschaften, z. B. der Philosophie, sagen, daß sie lehren, so ist hier Wissenschaft und Lehre identisch. Der richtige Philosoph wäre der reine Lehrer. Aber das Eigentümliche ist, daß der Gegenstand der Theologie selbst die „Lehre" ist. Will man ihre wissenschaftliche Arbeit auch als „lehren" bezeichnen, so lehrt sie, was die reine Lehre ist.

Es wird klarer, wenn man sich darauf besinnt, daß die Weise des Lehrens in der Kirche die Verkündigung, *die Predigt* ist. Die Theologie sucht also die reine Lehre, indem sie zu bestimmen sucht, was gepredigt werden soll. Die Summa dessen, was die Kirche, was die Predigt verkündigt, läßt sich formal bezeichnen als der Glaube im Sinne der *fides quae creditur.* Denn offenbar sagt die Predigt: *dies* mußt du glauben! und fragt der Hörer: *was* soll, *was* darf ich glauben? Die Theologie hätte also ihren Gegenstand in der reinen Lehre als der fides quae creditur, und die theologische Enzyklopädie hätte näher zu erläutern, was das besagt, und wie von diesem Gegenstand her die Arbeit der Theologie, ihre Grundbegriffe und ihre Gliederung bestimmt wird. *–C*

E– Dabei ist die fides quae creditur nicht als ein historisches Phänomen verstanden, das der Dogmenhistoriker feststellen kann unter Einklammerung der Wahrheitsfrage. Nicht zur Orientierung fragt die Theologie nach der fides quae creditur, sondern um zu wissen, was ich glauben soll. Er will die fides quae creditur in ihrer sachlichen Begründung, d. h. in ihrer Gegenstandsbezogenheit verstehen; er muß also, um sie zu verstehen, mitverstehen, was geglaubt wird. *–E*

A– Dann setzt also die Theologie den Glauben voraus? Ja und Nein.

Ja, weil ohne den Glauben eine Theologie sinnlos wäre; nein, weil der Glaube etwas ist, was nicht wie ein Datum, ein Satz vorausgesetzt werden kann[4]. Ist der Glaube eine Bestimmtheit der Existenz, so kann er nicht als

---

darin, daß sie einerseits auf dem Hören der christlichen Lehre gründet und andrerseits diese christliche Lehre erst aufdecken will. *–D*

[4] *B–* Ausgezeichnet K. Barth, Die christliche Dogmatik im Entwurf I, München 1927, S. 54 gegen die Theologen, die den Glauben (das Gotterleben etc.) als vorausgesetzten Gegenstand der Theologie betrachten; cf. ibid. S. 96–99. 109! *–B*

---

[d] „ihr Produkt" und „Sie fragt" bis „kenntlich zu machen": Einfügung *D.*

[e] Ab „und sie kann das nur . . .": Einfügung *D.*

etwas Verfügbares vorausgesetzt werden, woraufhin Theologie getrieben werden könnte. *Sind* wir denn Gerechtfertigte? Wiedergeborene? neue Menschen? neue Schöpfung? Und doch kann echte Theologie nur da getrieben werden, wo in ihr der Glaube lebendig ist. Aber gerade, weil er in ihr selbst sich erweist, kann sie ihn nicht als ein Datum voraussetzen; er kann sich nur erweisen, wenn und indem die theologische Arbeit gewagt wird[5].

Daraus folgt auf alle Fälle, daß Theologie nicht als eine Beschäftigung aus Neugier oder um des Brotes willen getrieben werden kann, sondern als eine Arbeit, ein Wagnis, in dem es um uns selbst geht. Wird sie aber so getrieben, so muß auf alle Fälle durch sie unsere Existenz Klarheit und Wahrhaftigkeit gewinnen, so ist sie eine Arbeit, in der wir uns, indem wir uns aufs Spiel setzen, so oder so gewinnen. Scheitern wir als Theologen, so muß das dann bedeuten: nicht einfach (wie wenn man an einem beliebig andern Beruf scheitert): die Theologie ist nichts für mich, sondern: es gibt keine Theologie, und die Arbeit war ein Schritt auf dem Wege zur Wahrheit. Vielleicht aber werden wir in der Arbeit dessen gewiß, daß es Theologie gibt, weil wir Theologen sind.

Wiederum also die Frage: Was ist Theologie? im Sinne: Gibt es Theologie? Und die Selbstbesinnung, die diese Fragen aufwirft und behandelt, ist die Enzyklopädie. *–A*

§ 5   *Theologie und Glaube in der modernen Theologie*

A– Als „reine Lehre" der Theologie ist offenbar der Glaube gedacht als fides quae creditur, eine Lehre, die die Theologie nicht erst erzeugt, nicht erst als Ergebnis der Forschung über einen Gegenstand findet, sondern die unzweideutig gegenüber Verwechslungen mit Häresien festzustellen und zu interpretieren, d. h. für jede Generation verständlich zu machen ist, so daß die kirchliche Verkündigung möglich ist. Der [a] Glauben als fides qua

---

[5] *O–* So übrigens in jeder Wissenschaft; denn „Glaube" bezeichnet in der Theologie doch das ihr eigentümliche Verhältnis zu ihrem Gegenstand. Dies hat man nie *neben* oder *vor* der Wissenschaft, sondern *in* ihr. Die Möglichkeit, den Gegenstand zu verlieren und leer zu laufen, besteht für jede Wissenschaft. Freilich ist der Gegenstand der Theologie nicht einfach ein vorliegender wie für die Naturwissenschaften. *–O*

---

[a] In der ursprünglichen Fassung lautete der vorhergehende Satz und der Anfang dieses Satzes folgendermaßen: „Als ‚reine Lehre' der Theologie ist offenbar der Glaube gedacht als fides quae creditur, eine Lehre, die die Theologie nicht erst findet, erzeugt, sondern die nur unzweideutig gegenüber Verwechslungen mit Häresien festzustellen ist,

creditur ist also von der Theologie abhängig, die ihrerseits an die fides quae creditur gebunden ist.

Also das Problem Theologie und Glaube! Was meint *Johannes Wendland*[1], wenn für ihn Theologie der Versuch ist, die göttliche Offenbarung in unsern Denkformen zu erfassen? Er fügt hinzu: „Der religiöse Glaube geht der Theologie voran[b] und bringt sie hervor." Dabei ist der „religiöse Glaube" offenbar die fides qua creditur. Diese will Wendland, typisch modern, unabhängig von der Theologie machen. Die Theologie kommt dann als etwas Nachträgliches hinzu[2], was wesentlich praktisch motiviert ist: das Bedürfnis der Verständigung der Christen untereinander[3], das Interesse der Ausbreitung und Apologetik[4].

D. h. sie sieht das glaubende Subjekt als Gegenstand der Analyse an, sie versteht „Glauben" als eine Haltung des Menschen und sie erarbeitet einen rein formalen Glaubensbegriff, in dem Christentum und alle Religionen übereinstimmen, wie denn Wendland ungeniert sagt, daß Apologetik und Religionsphilosophie zuerst zeigen müssen, warum religiöser Glaube überhaupt dem Menschen wesentlich, notwendig und normal ist; daß sodann durch den Nachweis einer Stufenfolge, nämlich einen Vergleich der Religionen und Glaubensweisen gezeigt werden müsse, warum der christliche Glaube allen andern Glaubensarten überlegen ist[5].

Aber wenn die Theologie nicht wesenhaft zum Glauben gehört, welchen Sinn hat es dann noch, Theologie zu treiben, da die praktischen Motivierungen offenbar nicht ausreichen? Die Theologie wird zu einer Wissenschaft *vom* Glauben, während sie einst eine Wissenschaft *für* den Glauben war. Und als Wissenschaft *vom* Glauben (der fides qua creditur), geht sie

---

[1] Art. Theologie, RGG[1] V (Sp. 1197–1205), Sp. 1197.

[2] Wendland, Sp. 1202: „So wurzelt die T. im Leben des Glaubens. Aber wenn ein solches Leben vorhanden ist, so kann es nachher zum Gegenstand des Nachdenkens gemacht werden." Gewiß, es *kann*! Warum? Aus Neugier, sogenanntem Interesse!

[3] „Verständigung"! Komische Motivierung; die Theologie vereinigt ja gerade!

[4] *C*– Da ist Bruhn (s. u.!) schon handfester, wenn er einfach das philosophische Bedürfnis dem theologischen überordnet. –*C*

[5] Wendland, aaO Sp. 1202. *B*– Cf. die Apologetik Wobbermins (Systematische Theologie nach religionspsychologischer Methode, Bd. 3, Leipzig 1925, dazu: ThLZ 51, 1926, Sp. 529–533, bes. Sp. 532), daß eine über die religiöse Grundposition des christlichen Glaubens hinausliegende Stufenhöhe des religiösen Bewußtseins nicht denkbar sei! –*B*

---

so daß der kirchlich Glaubende sicher ist. Sein Glauben . . ." (Korrekturen und Ergänzungen: *D*).

[b] Bei Wendland gesperrt gedruckt.

die fides quae creditur nichts mehr an. Sie stellt nicht mehr fest, welches der richtige Glaube ist, sondern was richtig Glauben ist[6]. –A

C– Während bei Wendland die Wahrheitsfrage eigentlich aus der Theologie ausgeschieden wird, meldet sie sich bei Bruhn[7], um nun aber nicht als Frage des Glaubens, dem die Theologie zu dienen hat, anerkannt zu werden, sondern als Frage des Denkers, der in seinem Selbsterhaltungstriebe einer einheitlichen Weltanschauung bedarf und wissen möchte, ob er als Gläubiger auch glauben darf, was er glaubt, der sein Erlebenmüssen durch sein Denkenmüssen bestätigt haben will[8]!

---

[6] Einst war für sie eine Wissenschaft *vom* Glauben, als der fides quae creditur, *für* den Glauben, als der fides qua creditur; jetzt ist sie eine Wissenschaft *vom* Glauben als der fides qua creditur, und fortgefallen ist die fides quae creditur und das Wofür. Dafür ist sie allgemeingültig geworden um den Preis, daß sie niemanden mehr etwas angeht. Populäre Formulierung: es kommt nicht darauf an, *was* man glaubt, sondern *daß* man glaubt!

[7] Wilhelm Bruhn, Vom Gott im Menschen – Ein Weg in metaphysisches Neuland, AWR.RP 2, Gießen 1926; gegen Bruhn: K. Barth, Polemisches Nachwort, ZZ 5, 1927, 33–40.

[8] „Es muß nicht nur, und gerade heute, das Bestreben des Denkenden sein, den ungeheuren Riß durch Welt- und Menschenleben zur Harmonie zusammenzufügen – S. 29: ‚Denn das Verlangen nach *Harmonie* ist nicht nur in jedem Menschen als Grundtrieb seiner Selbstbehauptung angelegt, es ist vor allem die große Frage und Not des in den Wurzeln seiner Existenz erschütterten Gegenwartsmenschen . . .‘ –; es muß und müßte auch jeder religiöse Mensch, obschon ihm diese Harmonie im Glauben gewiß ist, ihr dennoch denkend nachgehen, wenn anders er ein ganzer Mensch sein will (Dann ist ein bloß Glaubender noch nicht ein ganzer Mensch! R. B.). Er soll nicht vergessen, daß Denken und Erleben als zwei mit dem gleichen heiligen (!) Anspruch an ihn ausgestattete Funktionen in seinem Menschsein angelegt sind und daß es keineswegs fromm ist, den Zweifel niederzuschlagen um der Frömmigkeit willen." (aaO S. 19). Dies ist ja ganz richtig; aber ein Glaube, der zweifelt, ist offenbar noch kein Glaube, und wie soll es denn dann möglich sein für die Theologie, die Harmonie zwischen Glauben und Wissenschaft zu finden, wenn der Glaube noch gar nicht da ist, sondern erst Folge der fertiggebrachten Harmonie ist?

„Was wir aber mit allem Nachdruck betonen müssen, ist dies: daß es der Denker im Menschen ist, welcher die denkend gestörte Harmonie herzustellen hat, und nicht der Glaube. Man soll uns nicht *Reflexion* für den *Glauben* selbst ausgeben. Sie soll nicht in den Organismus der Glaubenserfahrung eindringen wollen, sondern sich damit begnügen, von außen her, nämlich rein um des Denkens willen an das Glaubensfaktum heranzutreten und zu fragen, inwieweit seine in sich selbst ruhende Gewißheit auch für das Denken Geltung habe." (aaO S. 20). Kann das Denken, das hierbei ja außerhalb des Glaubens gedacht ist, den Glauben überhaupt sehen?

So wird als Aufgabe der Theologie bestimmt: „die geschichtlich-seelische Gegebenheit menschlicher Gottes*erfahrung* in wissenschaftlicher Methode zu ermitteln, darzustellen und zu erörtern". (aaO S. 21). Der Theologe soll untersuchen, „ob und wie weit er etwa durch die Gotteserfahrung hindurch zum Gott-Selbst stoßen kann". (aaO S. 23). „Theologie ist die Erforschung der Gotteserfahrung in Abzielung auf das Gott-Selbst." (aaO).

Die Theologie steht neben der Kirche. Diese „vermittelt" das Gott-Selbst „auf eine

Das Typische ist: wenn die Theologie nicht mehr Wissenschaft von der fides quae creditur ist und damit die Wahrheitsfrage verloren hat, so machen sich andere Wissenschaften darüber her: bei Wendland die vergleichende Religionswissenschaft, bei Bruhn die Philosophie. Was für ein seltsamer Glaube ist dabei vorausgesetzt! Er hat Gotteserfahrung, aber er ist noch nicht bis zum Gott-Selbst durchgestoßen! Begreiflich, daß er zweifelt, obwohl er damit dokumentiert, daß er noch gar nicht Glaube ist. Dieser Glaube ist gar nicht ein wirkliches Verhältnis (des Menschen) zu seinem Gegenstand! Dieser Glaube ist nur ein weltliches Phänomen, ist eine Erfahrung, die Objekt für das Denken ist, um festzustellen, ob ihr etwas Objektives entspricht. Und dabei wird von Bruhn das,

---

persönliche und sozusagen zufällige Weise", indem sie das Individuum zu eigener Gotteserfahrung zu befruchten sucht. Die theologische Wissenschaft tut es „auf eine sachliche und objektive, insofern sie aus dem Gesamtphänomen menschlicher Gotteserfahrung den Kern eines Notwendig-Menschlichen herausarbeitet, wobei die Überzeugung zu Grunde liegt, daß das Grundmenschliche unmittelbar in das Göttliche verwurzelt sei". So sucht sie das „Wesen der Religion", um dann „das Erlebenmüssen womöglich durch ein *Denken*müssen als Wahrheit zu bestätigen"! (aaO S. 24). Solche Wissenschaft ist keine Existenzfrage, sondern „sozusagen ein Reinlichkeitsbedürfen, als solches freilich unabweisbar"!, aaO S. 30, wo auch offen gesagt wird, daß diese Aufgabe ein philosophisches Problem sei, das der Theologe als Philosoph zu lösen hat.

Das eigentliche Motiv Bruhns ist also gar nicht das theologische, sondern das philosophische einer einheitlichen Weltanschauung. Es ist einfach vorausgesetzt, daß der Grundtrieb der Selbstbehauptung legitim sei vor der Theologie („die Immanenz des Göttlichen im reinen Menschentum . . .", S. 24. Vorausgesetzt ist ja, daß das „Grundmenschliche unmittelbar im Göttlichen verwurzelt sei". Wie, wenn etwa die Theologie bzw. der Glaube das Notwendig-Menschliche als sündig und teuflisch bezeichnete?) und der sich selbst behauptende Mensch beanspruchen könne, seine Existenz wissenschaftlich zu verstehen, und das heißt für Bruhn: *nicht* vom Glauben aus, also ungläubig. Als ob die Theologie sich das ohne weiteres gefallen lassen müßte. Als ob nicht vielleicht ihr Gegenstand der ungläubigen Wissenschaft unzugänglich wäre. Eine gläubige Wissenschaft aber hätte dieses Spiel, zu tun, als wäre sie ungläubig und könnte sich jenseits des Glaubens stellen und ihn zum Gegenstand der Untersuchung machen, nicht nötig[c].

Bruhn kennt kein glaubendes Denken (cf. den oben zitierten Satz): der Harmonie, *obschon* er ihrer im Glauben gewiß ist, *dennoch* denkend nachzugehen. Das Glauben wird dem Erleben zugewiesen, *neben* dem das Denken steht. Er wendet sich geradezu gegen das glaubende Denken: Reflexion soll nicht für Glaube ausgegeben werden. Ist aber wirklich Gott der Gegenstand des Glaubens und ist er nur durch den Glauben zugänglich, so kann eine nichtglaubende Wissenschaft ja gar nicht den Glauben sehen, weil sie seinen Gegenstand nicht sieht, der nur glaubend zu sehen ist, also auch nicht durch den Glauben zu ihm durchstoßen.

An der Arbeit Bruhns kann jedenfalls die Theologie kein Interesse haben: wahrscheinlich aber auch die Wissenschaft nicht.

---

[c] Bleistiftanmerkung Bultmanns am Rand: „Wie, wenn der Glaube über dem Denken stünde? Wenn er erst dann an die Reihe käme, wenn das Denken sein Bemühen um die Harmonie getan hat?"

was er beweisen will, noch vorausgesetzt, nämlich daß das Gotterleben wirklich Gott erreiche; denn er setzt ja voraus, daß das Grundmenschliche unmittelbar im Göttlichen verwurzelt sei.

Aber ist wirklich von Gott die Rede, so entspricht ihm als Gegenstand der Erfahrung seine eigentümliche Zugangsart, eben der Glaube. Ist Gott der Gegenstand des Glaubens und nur ihm zugänglich, so kann eine *neben* dem Glauben stehende, nichtglaubende Wissenschaft weder Gott sehen noch den Glauben, der erst durch seinen Gegenstand das ist, was er ist. Bei Bruhn gelangt das glaubenslose Denken viel eigentlicher zum Gegenstand des Glaubens als der Glaube selbst! Denn das Denken führt den Wahrheitsbeweis. Soll es eine Wissenschaft geben, die von Gott und dem Glauben redet, so kann es nur eine glaubende Wissenschaft sein. In gewissem Sinne ist ja auch Bruhns Wissenschaft eine glaubende, insofern sie die Göttlichkeit des Menschlichen voraussetzt. –*C*

A– Dabei ist offenbar die fides quae creditur vergessen, bzw. die Objekte des Glaubens sind ebenso von der fides qua creditur aus interpretiert wie die Gegenstände der Wissenschaft im System der Vernunft vom vernünftigen Ich aus. Aber man kann doch fragen, ob dem Glauben, dem es um sich selbst geht, mit einer solchen Theologie gedient ist, und ob er nicht eigentlich nach der fides quae creditur fragt, d. h. danach, ob es sich denn mit dem, was er glaubt, mit Gott und Christus, wirklich so verhält, wie er glaubt oder glauben soll. Daß mein Glaube der relativ höchste ist, ist mir gleichgültig. Ich will wissen, ob es der richtige ist; d. h. nicht, ob man meine Haltung richtig als religiösen Glauben bezeichnen kann, sondern ob ich an das Richtige glaube[9]. Und es ist die Frage, ob die moderne, religionsphilosophisch orientierte Theologie mit Recht vornehm auf Orthodoxie und Rationalismus, ja auf die katholische Theologie herabsieht, die sich ernsthaft bemühen, zu beweisen, daß das stimmt, was man glaubt, daß es z. B. Gott, Freiheit und Unsterblichkeit *gibt!*

Und was soll denn die Apologetik? Soll sie wirklich den Glauben begründen, so liegt die Frage nach seinem Recht oder Unrecht in ihrer Kompetenz und er ist von ihr abhängig[10]. Und woher nimmt sie ihr Recht?

---

[9] *E*– Der zweifelnde Liebende will nicht die Macht oder das Wesen der *Liebe* erkennen, sondern den *Geliebten!* –*E*

[10] *B*– Barth, Chr. Dogmatik I, S. 437: „Man hüte sich (als Dogmatiker, R. B.) – nicht etwa vor der Kritik, vor dem Zweifel, vor der Skepsis, nicht auf dieser Seite steht der Feind, aber vor der Apologetik, vor jedem sich auf Umwegen an die Sache Heranschleichen-Wollen, als ob Gott auch ohne Gott erkannt werden könnte, als ob er das Zweite sein könnte, wenn er nicht auch das Erste gewesen und ohne Scham als das Erste anerkannt worden ist." –*B*

Aus dem Glauben? Dann zieht sich der Glaube am eigenen Zopf aus dem Sumpf (was er übrigens faktisch in aller Apologetik tut). Ist sie aber in einer glaubenslosen Wissenschaft begründet, wie kann sie den Glauben begründen? –*A*

C– Schleiermacher will den Fehler des Rationalismus vermeiden, über Gott wissenschaftlich zu reden von außerhalb des Glaubens als der einzig möglichen Zugangsart zu Gott[11]. Er sieht, daß Gott nur dem Glauben gegeben ist und redet deshalb über den Glauben. Aber indem er der Theologie nur den Glauben[12] (und dessen Wirkungen[13]) als ihren eigentlichen Gegenstand zuweist, übersieht er, daß der Glaube nur durch die Beziehung auf seinen Gegenstand Glaube ist, und daß also über den Glauben nur geredet werden kann, wenn zugleich über Gott geredet wird[14].

Das zeigt sich schon dadurch, daß er statt „Glaube" *„Frömmigkeit"* sagt, um den religiösen Charakter der Frömmigkeit gegen intellektualistische Mißverständnisse zu sichern[15]. Und er bemüht sich nun, die Frömmigkeit als bloße menschliche Haltung ohne Bezogenheit auf ihren Gegenstand zu charakterisieren.

Frömmigkeit ist *„eine Bestimmtheit des Gefühls oder des unmittelbaren Selbstbewußtseins"*[16]. Das Gefühl ist gerade dadurch von Wissen und Tun unterschieden, daß ihm die Bezogenheit auf einen Gegenstand abgesprochen wird[17], daß sein intentionaler Charakter geleugnet wird; es ist „nicht nur in seiner Dauer als Bewegtwordensein ein Insichbleiben, sondern es wird auch als Bewegtwerden nicht von dem Subjekt bewirkt (so daß das Subjekt sich gegenständlich wäre und also aus sich herausträte, R. B.), sondern kommt nur *in* dem Subjekt zustande, und ist also, indem es ganz und gar der Empfänglichkeit angehört, auch gänzlich ein Insichbleiben"[18].

Natürlich kann die *Frömmigkeit* ein *Wissen* oder ein *Tun* anregen; sie ist aber weder ein Wissen noch ein Tun, sondern diese Beide gehen auf einen Antrieb zurück, dem eine Bestimmtheit des Selbstbewußtseins, ein Ge-

---

[11] *O*– Über die Religion, Reden an die Gebildeten unter ihren Verächtern, Berlin 1799; Der christliche Glaube, Berlin 1821. –*O*
[12] *O*– die „Frömmigkeit". –*O*
[13] *O*– die „frommen Gemeinschaften". –*O*
[14] *O*– ἔρως – ἔρως τινός. –*O*
[15] Christl. Glaube, ²1830, § 3,4.
[16] AaO § 3.
[17] Cf. § 3,3: die Psychologie versteht das Leben als einen Wechsel von Insichbleiben und Aussichheraustreten des Subjekts. Wissen und Tun sind dieses, Fühlen jenes.
[18] AaO § 3,3.

fühl, zugrunde liegt[19], ja es gibt fromme Gefühle als reine Zuständlichkeit[20] „ohne Rücksicht auf ein daraus hervorgehendes Wissen und Tun"[21].
Jedes *Selbstbewußtsein* enthält zwei Elemente: 1. das Ich-Bewußtsein,
2. das Bewußtsein eines veränderlichen Soseins, also 1. das Sichselbstset-
zen und 2. das Irgendwiegewordensein oder Bestimmtsein. Und zwar ist
in jedem faktischen Selbstbewußtsein das Element der irgendwie getroffe-
nen Empfänglichkeit das erste[22].

Auf der auf das tierische bzw. kindliche Leben folgenden Stufe des
„sinnlichen" Lebens lebt der Mensch in einem Wechsel von *Freiheits- und
Abhängigkeitsgefühl,* in dem Bewußtsein dieses Gegensatzes. Ein
schlechthinniges Freiheitsgefühl ist nicht möglich, weil jede Selbsttätigkeit
ein Gegebenes, von der Freiheit Unabhängiges voraussetzt. Aber auch
kein schlechthinniges Abhängigkeitsgefühl, weil sich der Mensch jedem
Gegebenen gegenüber der Gegenwirkung bewußt ist[23]. Das *schlechthinnige Abhängigkeitsbewußtsein* würde ja bedeuten, daß wir uns unserer gesamten Selbsttätigkeit als „von anderwärts her" ebenso bewußt sein müßten, wie wir das Gegebene, das unsere Empfänglichkeit affiziert, als „von
anderswoher" wissen. Aber allem Einzelnen in der Welt wie der Welt als
ganzer gegenüber wissen wir uns zugleich abhängig *und* frei[24].

Das schlechthinnige Abhängigkeitsbewußtsein ist überhaupt nicht in
einem einzelnen Moment als solchem, weil dieser immer durch ein Gegebenes bestimmt ist, dem gegenüber wir zugleich unser Freiheitsgefühl
haben. „Allein eben das unsere gesamte Selbsttätigkeit, also auch, weil
diese niemals Null ist, unser ganzes Dasein begleitende, schlechthinnige
Freiheit verneinende Selbstbewußtsein ist schon an und für sich ein Bewußtsein schlechthinniger Abhängigkeit; denn es ist das Bewußtsein, daß
unsere ganze Selbsttätigkeit ebenso von anderwärts her ist, wie dasjenige
ganz von uns her sein müßte, in Bezug worauf wir ein schlechthinniges
Freiheitsgefühl haben sollten."[25]

Dies Gefühl begleitet auf der höchsten Stufe des menschlichen Selbstbewußtseins jenes andere Bewußtsein des Gegensatzes von Abhängigkeit
und Freiheit, eben als das Gefühl, daß uns schlechthinnige Freiheit und
damit Freiheit überhaupt versagt ist. Es besagt nicht, daß wir als die jetzt
so und nicht anders seienden Einzelnen von Einzelnem abhängig sind,
sondern *daß wir einzelne endlich Seiende überhaupt sind,* so daß in diesem

---

[19] AaO § 3,4.
[20] *O–* Reue und dgl., die also „fromm" sind, ohne daß ihre Beziehung auf ein Denken
oder Tun in Betracht kommt. Also gar nicht als Bewegung der Existenz verstanden. *–O*
[21] AaO § 3,4; cf. § 3,5.   [22] AaO § 4,1.   [23] AaO § 4,3.
[24] AaO § 4,4.   [25] AaO § 4,3.

schlechthinnigen Abhängigkeitsgefühl gerade der Gegensatz zwischen einem Einzelnen und einem Anderen aufgehoben ist[26]. Aber dies Gefühl aktualisiert sich immer in einem Moment jenes sinnlichen Selbstbewußtseins, das sich des Gegensatzes von Abhängigkeit und Freiheit bewußt ist[27].

Dieses Gefühl ist der menschlichen Seele *ursprünglich und mitgeboren* und bedarf nur der Entwicklung zur Klarheit[28]. Es ist das Gefühl, daß wir nicht von uns selbst sind, es lebt *in der Frage nach dem Woher,* die aber nicht durch Verweis auf die Welt beantwortet werden kann, weil wir dieser gegenüber ja abhängig *und* frei sind.

Es ist aber *das allgemeine und eigentlich negative Gefühl des Woher überhaupt.* Denn daß wir in diesem Gefühl ein Anderes als gegenüber wissen, wird gerade geleugnet. „Gott" ist nur eine Bezeichnung des „in diesem Selbstbewußtsein mitgesetzte(n) Woher unseres empfänglichen und selbsttätigen Daseins"[29]. Es bedarf für dieses Bewußtsein nicht des vorherigen Wissens um Gott. Die Vorstellung von Gott ist „nur das Aussprechen des schlechthinnigen Abhängigkeitsgefühls, die unmittelbarste Reflexion über dasselbe". Das Selbstbewußtsein – zu dem jeder Mensch von sich aus kommen kann und soll – schließt das Gottesbewußtsein ein. „Das schlechthinnige Abhängigkeitsgefühl wird nur ein klares Selbstbewußtsein, indem zugleich diese Vorstellung (von Gott, R. B.) wird. Insofern kann man wohl auch sagen, Gott sei uns gegeben im Gefühl auf eine ursprüngliche Weise; und wenn man von einer ursprünglichen Offenbarung Gottes an den Menschen oder in dem Menschen redet, so wird immer eben dieses damit gemeint sein, daß dem Menschen mit der allem endlichen Sein nicht minder als ihm anhaftenden schlechthinnigen Abhängigkeit auch das zum Gottesbewußtsein werdende unmittelbare Selbstbewußtsein derselben gegeben ist . . . Hingegen bleibt jedes irgendwie Gegebensein Gottes völlig ausgeschlossen, weil alles äußerlich Gegebene immer auch als Gegenstand einer wenn auch noch so geringen Gegenwirkung gegeben sein muß."[30]

Dem entspricht die Absicht, die Kirche als fromme Gemeinschaft zu verstehen und sie als solche als ein „für die Entwicklung des menschlichen Geistes notwendiges Element" zu begreifen[31]. Die frommen Gemeinschaften werden als aus dem Gattungsbewußtsein entspringende Zusammenschließungen von Individuen verstanden. Denn das Innere des Individuums tritt nach außen und wird wahrnehmbar. Die Äußerung des Ge-

---

[26] AaO § 5,1.　　[27] AaO § 5,3.　　[28] AaO § 5,3.

[29] AaO § 4,4.　　[30] AaO.　　[31] Kurze Darstellung² § 22.

fühls „erregt zwar in andern zunächst nur die Vorstellung von dem Gemütszustande des Äußernden; allein diese geht vermöge des Gattungsbewußtseins über in lebendige Nachbildung, und je mehr der Wahrnehmende teils im allgemeinen, teils wegen größerer Lebendigkeit der Äußerung und teils wegen näherer Verwandtschaft fähig ist, in denselben Zustand überzugehn, um desto leichter wird dieser mittelst der Nachbildung hervorgebracht"[32]. – Also kein Verständnis für die Geschichtlichkeit des Daseins und des Miteinander, und keine Möglichkeit, das „Wort" zu verstehen. –C

E– Schleiermachers Analyse des schlechthinnigen Abhängigkeitsgefühls ist nicht einfach falsch[33]. Er sieht ja, *daß Gott nicht „gegeben" ist*, weder als Gegebenes von Art der Welt, der gegenüber ich mich so abhängig weiß, daß ich mich ihr selbst im Freiheitsgefühl entgegensetze; noch im Freiheitsgefühl, als könne ich im Blick darauf vom „deus in nobis" sprechen (wie etwa Bruhn).

Er sieht, daß wir von Gott reden können, nur wenn wir von unserer *Existenz* reden, und daß uns diese nur in der Frage gegeben, d. h. nicht eigentlich *gegeben* ist. Er sieht freilich nicht, daß wir nicht weiter kommen, als zur *Frage* nach uns und Gott, und also zu einem Gottes*begriff*, aber nicht zu Gott. Er sieht nicht, daß er nicht den *christlichen* Gottesgedanken entwickelt, der von Gottes *Tat* an uns redet, sondern daß er nur die Voraussetzungen entwickelt, auf Grund derer theologisch verständlich werden kann, was die Menschwerdung Gottes als Begegnung Gottes in unserer Welt bedeutet. –E

A– Die theologische Entwicklung des 19./20. Jahrhunderts hat diese Auffassung des Christentums als einer Religion, und zwar als eines geistigen oder psychischen bzw. Kulturphänomens durchgeführt. Die Kirchen- und Dogmengeschichte sieht die Ausprägungen der kirchlichen Lehre als Individualisierungen des christlichen religiösen Lebens unter konkreten historischen, d. h. kausal verständlichen Bedingungen. Die Religionsgeschichte betrachtet das Christentum als einen Fall der allgemeinen Religionsgeschichte, die nach psychologisch verständlichen Gesetzen sich vollzieht. Alle Religionen zeigen die gleichen Züge[34], z. B. Kirchenbildung mit Kult und asketischen oder moralischen Vorschriften, mit heiligen Schriften, Priestertum und Theologie; ja auch vielfach gleiche Theologu-

---

[32] Christl. Glaube § 6,2.
[33] Gänzliches Mißverständnis Schleiermachers bei Rudolf Otto, Das Heilige 1917, 17.–22. Aufl. 1929, 9ff.
[34] Cf. Edv. Lehmann, Art. Erscheinungswelt der Religion, RGG¹ II, Sp. 497–577.

mena, z. B. Schöpfung und göttliche Vergeltung, Satisfaktion, Lehre vom sterbenden und auferstehenden Gottheiland, Eschatologie etc.

So kann Ernst Troeltsch (1865–1923) die Theologie nur als einen Zweig der Kulturwissenschaft verstehen, wie er das Christentum nur als eine einzelne Erscheinung der Religionsgeschichte verstehen kann. Denn zwar gehört die Religion, auf dem religiösen Apriori beruhend, zum menschlichen Geistesleben, aber sie ist eine ewig werdende Größe, so daß auch das Christentum nicht ihre letzte Form zu sein braucht, wie es denn selbst keine einheitliche Erscheinung ist, sondern in den verschiedenen Kulturepochen in Gestalt sehr verschiedener Zeitchristentümer erscheint. Auch das Evangelium ist eine Zeitgröße, „immerhin bisher und wohl noch lange fortwirkend der Anstoß der inhaltsreichsten, anpassungsfähigsten, in gewissem Sinne auch einfachsten und klarsten Religionsbewegung, die die Geschichte hervorgebracht hat"[35].

Die Theologie hat dementsprechend eine dreifache Aufgabe[36]: 1. die historisch psychologische Erfassung des Christentums im Rahmen seiner Entwicklungen und der gesamten Religionsgeschichte, 2. die religionsphilosophische Verarbeitung seiner Erfahrungen und Begriffe im Zusammenhang mit allen Momenten des Geisteslebens, zumal mit den höchsten, in der Philosophie zu erreichenden Ideen und Überzeugungen. Und mit solcher Arbeit hätte die Theologie das Apriori der Religion nachzuweisen und damit ihr Recht zu erweisen, 3. die kritische Vereinigung der Motive der christlichen Weltanschauung mit dem Weltbilde der jeweiligen Kultur, bzw. der Naturwissenschaft, also die Ausscheidung alter Dogmen, die an das alte geo- und anthropozentrische Weltbild gebunden sind.

Über die Fatalität, daß die Religion und das Christentum dabei nur Funktionen des menschlichen Geisteslebens sind, hilft die romantischpantheistische Überzeugung von der Immanenz der Gottheit im Kulturgeschehen hinweg[37]. Aller Religion gemeinsam sind gewisse Erlebnisse mystischer Art, in denen sich die Gottheit mit unmittelbar fühlbarer Kraft bezeugt. Ob jeder diese Kraft spürt, bleibt dahingestellt; für den Frommen ist sie eine lebendige Erfahrungsgewißheit, aber sie ist irrational, Gewißheit nur für den „trauenden" Geist, bestreitbar für den, der sie nicht gelten lassen will. Und „die Wirkung der Gottheit auf das Gemüt kombiniert sich

---

[35] F. Kattenbusch, Art. Theologie, RE³ 21, 900–913, zit. S. 912.
[36] *B*– Cf. Troeltschs Bestimmung der Theologie unten S. 113f. (nach RGG¹ II, Sp. 1441.1443, Art. Glaube III) –*B*.
[37] *B*– W. Bruhn, aaO (Anm. 7), S. 47: Der Liberalismus hat den „Zugang zum Absoluten" offengehalten, „indem er aus dem lebendigen Menschsein heraus vertraute, daß das Von-Unten zugleich ein Von-Oben sei"! –*B*

stets mit dem Gesamtinhalte desselben, bzw. überhaupt des Geistes in der jeweiligen Kultursituation"[38]. *–A*

C– Wobbermin (geb. 1869)[39] will den Konsequenzen entgehen durch den *religions-psychologischen Zirkel*[d]. Die fides qua creditur richte sich auf die fides quae creditur und sei nur mit ihr, bzw. jene von dieser aus zu verstehen. Dabei ist die fides qua creditur als der Glaubensakt oder die Glaubenserfahrung gefaßt, die den einen Pol einer Wechselbeziehung bilde, deren anderer Pol die fides quae creditur ist, also eigentlich Gott, da dieser aber nicht direkt (nach seiner Transzendenzseite) zugänglich sei, sondern nur nach seiner Immanenzseite, d. h. in der Offenbarung in der Geschichte bzw. in der Schrift[40], so muß die Theologie statt seiner die Objektivierung des religiösen Lebens erfassen und die Wechselbeziehung zwischen ihr und der subjektiven Erfahrung erforschen[41]. Wie die fides quae creditur also als Weltphänomen genommen ist, das abgesehen vom Glauben gesehen wird, so auch die fides qua creditur. Nur dann kann ja diese als „Pol" einer Wechselbeziehung verstanden werden[42]; denn als Glaube, der glaubt, ist sie ja selbst die Beziehung des Menschen zu Gott. Die „eigenpersönliche Glaubensüberzeugung und Glaubenserfahrung"

---

[38] Kattenbusch, aaO S. 912. Cf. besonders E. Troeltsch, Die Absolutheit des Christentums und die Religionsgeschichte, Tübingen 1902, auch: Die Bedeutung der Geschichtlichkeit Jesu für den Glauben, Tübingen 1911.

[39] Georg Wobbermin, Systematische Theologie nach religionspsychologischer Methode: I Die religionspsychologische Methode in Religionswissenschaft und Theologie, Leipzig 1913. [2]1925; II Das Wesen der Religion, Leipzig 1921. [2]1925; III Wesen und Wahrheit des Christentums, Leipzig 1925. [2]1926; Schleiermacher und Ritschl in ihrer Bedeutung für die heutige theologische Lage und Aufgabe, SGV 125, Tübingen 1927; Richtlinien evangelischer Theologie zur Überwindung der gegenwärtigen Krisis, Göttingen 1929.

[40] Cf. Richtlinien, S. 131: Dem christlichen Glauben gilt die biblische Religionsgeschichte des Alten und Neuen Testaments als Heilsgeschichte, weil sie ihm die Offenbarung Gottes bietet. Richtlinien, S. 97: Die Einsicht in die Bedeutung der fides qua creditur verlangt „die Ergänzung des Glaubens des Einzelnen durch die Rücksicht auf die Glaubensgenossen der konkreten sichtbaren Kirche. Denn (!) der eigenpersönliche Glaube erwächst nicht anders, als aus der Verkündigung des Wortes Gottes (Rm 10,17)."

[41] *O–* Also wie wenn die Soziologie die Wechselwirkung von Individuum und Gruppe erforscht. *–O*

[42] Cf. über die „Pole" Richtlinien, S. 117 und: „Der Glaube als subjektives Verhalten des Gläubigen ist nur von der Beziehung zu seinem Objektgehalt oder objektiven Gegenpol aus zu verstehen. Dieser objektive Gegenpol ist als conditio sine qua non das tragende Fundament des Glaubens." (aaO S. 120).

---

[d] Bultmann verweist am Rand auf das Manuskript seines Vortrags über „Wahrheit und Gewißheit". Dazu siehe S. 183 ff.

wird zum Gegenstand der wissenschaftlichen Untersuchung gemacht, damit unter „Berücksichtigung" ihrer der Glaubensgegenstand untersucht werden kann[43], während doch der Glaube selbst es allein ist, der den Glaubensgegenstand sieht[44]. Wird er zum Gegenstand wissenschaftlicher Untersuchung gemacht und sein „Objektsgehalt" herausgearbeitet, so ist dieser gar nicht sein Gegenstand, sondern kann nur ein Komplex von Vorstellungen oder Ideen sein, der in einem System der Philosophie seinen Ort hat.

Dem entspricht es, daß „der Charakter der Theologie als Wissenschaft . . . durch ihre Stellung im Gesamtsystem der Wissenschaften bedingt ist"[45]. „Denn der Anspruch auf Wissenschaftlichkeit läßt sich nur im Hinblick auf den Zusammenhang der Wissenschaften und aus diesem heraus begründen."[46] Und dabei hilft es nichts, daß das Wesen der Wissenschaft „rein formal" zu fassen, daß es auf die Form wissenschaftlicher Arbeit zu beschränken sei[47]. Denn unter den Einzelwissenschaften steht, sie zu einem System vereinigend, die Philosophie als Logik (und Erkenntnistheorie) und wiederum über ihnen als (Erkenntnistheorie und) Weltanschauungslehre[48].

Die Theologie ist nun einerseits Einzelwissenschaft, die eine bestimmte Größe des menschlichen Lebens und der menschlichen Geschichte zu erforschen hat, die Religion, speziell die christliche Religion. Aber sie muß über den Rahmen einer Einzelwissenschaft hinaus „dem Weltanschauungsinteresse der christlichen Religion nachgehen"[49], und so tritt sie

---

[43] Cf. Richtlinien, 115: Das theologische Denken muß „in seinem grundlegenden Ansatz den Glauben als eigenpersönliche Glaubensüberzeugung und Glaubenserfahrung mitberücksichtigen" (!).

[44] Cf. Richtlinien, S. 138: Die Schrift ist die unbedingte Autorität in Glaubenssachen, aber nicht für Wissen und Erkennen; – ja, erkennt und weiß denn der Glaube nicht? Und der dialektischen Theologie wird zum Vorwurf gemacht, daß sie jede „Berücksichtigung der eigenen Glaubenserfahrung" für das Verständnis der Schrift ablehnt (aaO S. 139); gewiß, weil nach ihr der Glaube selbst die Schrift erfährt und der Glaube nicht die Subjektivität ist. Für Wobbermin ist die Schrift Glaubenszeugnis im Sinn des Ausdrucks des Glaubens der neutestamentlichen Autoren (aaO S. 140 f). *O*– Und wenn Wobbermin gelegentlich den Glauben als Beziehungsverhältnis zwischen dem objektiven Pol (Gott) und dem subjektiven Pol (Glaube) bezeichnen kann, so ist der Glaube ein Beziehungsverhältnis zwischen zwei Polen, deren einer er selber ist. *–O*

[45] Richtlinien, S. 24.   [46] Richtlinien, S. 25.

[47] Richtlinien, S. 26 f.; vgl. die Definitionen aaO S. 28: „Wissenschaft ist die methodische Sichtung, Festigung und Erweiterung des menschlichen Wissens", aaO S. 29: „Wissenschaft ist das Streben nach möglichst genauer und möglichst vollständiger Erkenntnis der uns zugänglichen Wirklichkeit."   [48] Richtlinien, S. 34 ff.

[49] Richtlinien, S. 38. Dann bleibt für die Wahrheitsfrage nur der Rekurs auf das religiöse Apriori.

mit der Philosophie in Konkurrenz[50]. „Die Stellung der Theologie im System der Wissenschaften ist also dadurch charakterisiert, daß sie gleichzeitig Einzelwissenschaft aus dem Gebiet der Geisteswissenschaften und theonome Weltanschauungslehre ist."[51] Die Theologie ist „die Wissenschaft von der christlichen Religion in ihrer Bedeutung für das religiöse Leben überhaupt – oder anders gesprochen: die Wissenschaft von der christlichen Religion mit ihrem Anspruch auf absolute Wahrheitsgeltung"[52]. –*C*

§ 6   Liberalismus und Orthodoxie

A– Die Frage: Was ist Theologie? ist selbst eine theologische Frage, bzw. ihre Behandlung kann nur eine theologische sein[1]. Denn sie ist nicht zu beantworten, ohne daß man den Gegenstand der Theologie kennt, und diesen kann man nicht kennen ohne Theologie. Denn wer sollte ihn sonst liefern? Eine andere Wissenschaft offenbar nicht, sowenig die Mathematik der Ethik ihren Gegenstand liefert und umgekehrt. Auch nicht eine Fundamentalwissenschaft, etwa die Philosophie. Denn um zu sagen, was Theologie ist, müßte sie offenbar selbst Theologie sein[2].

Also nur von ihrem Gegenstand aus kann die Theologie bestimmt werden, und dieser findet sich in keiner andern Wissenschaft als in der Theologie. Und dieser Gegenstand ist offenbar in irgendeinem Sinne Gott.

Hier kann man aber nicht ausweichen und sagen: diesen Gegenstand zeigt eine Wissenschaft überhaupt nicht, sondern ihn liefert das Leben. Das ist richtig, sofern die Wissenschaft den Gegenstand natürlich nicht erzeugt; d. h. aber nicht, daß der Gegenstand nicht einer eigenen (eben der

---

[50] Richtlinien, S. 38 und 45 ff.

[51] Richtlinien, S. 52.

[52] Richtlinien, S. 61. Zur Kritik vgl. Barth, Chr. Dogmatik I, S. 54 f.

[1] *B*– Analog lehnt Barth, Chr. Dogmatik I, § 2,2 (S. 14 ff) Prolegomena zur Dogmatik ab, die in einer „religionswissenschaftlichen Grundlegung" bestünden, und läßt als Prolegomena nur ausgewählte und vorweggenommene Stücke der dogmatischen Arbeit selbst gelten, weil die Besinnung über das Wesen der Dogmatik nicht in abstracto sondern nur in concreto, „nur im Akt der dogmatischen Besinnung selbst" zu erkennen ist. Cf. § 9,1 (S. 126 ff.): „Dogmatik läßt sich nur dogmatisch einleiten" (S. 127). –*B*

[2] *O*– Vgl. Heidegger, Was ist Metaphysik? Bonn 1929: Die Frage ist nicht zu beantworten, indem *über* Metaphysik geredet wird, sondern nur so, daß eine bestimmte metaphysische Frage erörtert wird, d. h. daß die Metaphysik selbst redet. Cf. Kants Bestimmung der Ontologie bei Heidegger, Kant und das Problem der Metaphysik, Bonn 1929, S. 17 und 38. –*O*

theologischen) wissenschaftlichen Besinnung zugänglich sei. Für jede Wissenschaft gilt ja, daß sie ihren Gegenstand im Verhältnis des Lebens zu ihm schon vorfindet[a]. Aber hier geht es um die Frage, wer den Gegenstand für die wissenschaftliche Diskussion bereitstellt, wer von ihm *redet.* Außerdem darf über das Verhältnis von Wissenschaft und Leben nicht präjudiziert werden. Wer sagt denn, daß ihn das Leben nicht liefert, wenn ihn die Wissenschaft liefert? Es kommt nur darauf an, ob die Wissenschaft eine Möglichkeit des Lebens selbst ist.

Also die Frage: Was ist Theologie? behandeln heißt schon Theologie treiben. Und die merkwürdige Problematik der Theologie des 19. Jahrhunderts beruht darauf, daß sie dies nicht gesehen hat. Daher kommt es, daß sie die Theologie in ein System der Vernunft einordnen will, d. h. sich von der Philosophie sagen lassen will, was sie ist. Oder vielmehr: indem sie dies tut, bestimmt sie sich nicht von ihrem Gegenstand aus, sondern rein formal als eine Funktion des menschlichen Geistes. Und deshalb verliert sie ihren Gegenstand, der von der Philosophie, von der sie sich Aufgabe und Methode vorschreiben läßt, gar nicht gesehen werden kann, weil diese einen andern Gegenstand hat.

Hat aber die Theologie ihren Gegenstand verloren, so sucht sie sich einen andern und hält sich selbst für ihren Gegenstand, sofern sie „Glaubenslehre" als explizite Entwicklung christlicher Weltanschauung sein will. Sie hält nämlich für ihren eigentlichen Gegenstand die fides qua creditur, und sie unterscheidet wohl zwischen Theologie und Glaube und tut sich etwas darauf zugute[b]. Sie ist insofern ein nachträgliches Nachdenken über den Glauben, den sie vorfindet wie andere Phänomene der Welt. Und sie behandelt ihn etwa historisch-psychologisch oder religionsphilosophisch und macht aus der Theologie eine Geschichtsphilosophie oder Geschichtsdeutung, die sich als theologisch dadurch ausweist, daß in ihr der Glaube als „wesentliche, notwendige und normale" Funktion des Menschen begriffen wird. Sofern sie nun ihrerseits mit solchem Tun eine

---

[3] *B–* Wie nach Platon ἔρως nur verstanden werden kann als ἔρως τινός. Cf. Paul Friedländer, Platon I, Berlin 1928, S. 60. *–B*

---

[a] Von „sofern die Wissenschaft . . ." bis „schon vorfindet": spätere Einfügung ins Ms. *B?.* Weiterer Zusatz *D* nach „nicht erzeugt": „oder auch nur primär erschließt".

[b] Bleistiftanmerkung am Rand nach „qua creditur": „den sie als Religion versteht; und im Nachweis der Religion als notwendiger Funktion des menschlichen Geistes sieht sie ihre erste Aufgabe. Ihre zweite aber darin, eine religiöse Weltanschauung zu entwickeln. Sie sieht, daß die religiöse Funktion nicht überall aktiviert wird und nicht überall gleich klar ausgebildet wird. Je nachdem, wie stark und klar das religiöse Leben ist, sieht der Mensch die Welt anders an, hat er eine ‚Weltanschauung'".

sogenannte Weltanschauung ausbildet und sofern sie andrerseits den Glauben als ein weltanschauliches Motiv versteht, das in der Theologie als dem wissenschaftlichen Nachdenken explizit wird bzw. von ihm korrigiert wird und als Ingrediens in die Weltanschauung aufgenommen wird, und sie so den Glauben „begründet", *setzt sie sich selbst an die Stelle ihres Gegenstandes*[c]. Sie ist dann selbst „reine Lehre", die Lehre, die das Recht des Glaubens nachweist, und hat so sich selbst mit ihrem Gegenstand verwechselt.

Wenn sie so die fides quae creditur verloren hat, mißdeutet sie aber auch die fides qua creditur. Denn sie nimmt diese als eine menschliche Haltung, die man sehen kann, ohne ihren Gegenstand zu sehen, d. h. sie analysiert einen falschen, weil einen rein formalen Glaubensbegriff. Die fides qua creditur ist aber das, was sie ist, nur in der Richtung auf ihren Gegenstand, die fides quae creditur. Denn sie *ist* überhaupt nicht an *sich,* als menschliche Haltung, als menschliche Funktion, sondern sie ist nur als Glaube *an,* nämlich an ihren Gegenstand (Dies ihr intentionaler Charakter!). Vielleicht hat sie keinen Gegenstand, was eben durch die Untersuchung des Problems der fides quae creditur zu untersuchen wäre. Aber dann *wäre* sie überhaupt nicht, bzw. für das, *was* die fides qua creditur ist, wäre eben *dies* wesentlich, daß ihr Beziehungspunkt ein *Nichts* ist. Es kann also das Problem nicht auftreten, daß etwa das Wesen des Glaubens (etwa als numinoses Gefühl, als frommer Gemützustand und dergleichen) entwickelt würde (neutral beschreibend, etwa gar „phänomenologisch", was eine Pseudophänomenologie wäre) und dann zu fragen wäre, ob er nun auch recht hat, bzw. es kann das Problem des Verhältnisses von Wirklichkeit und Wahrheit des Glaubens nicht auftreten[4], weil beide zusammenfallen, wie auch die Frage nach der Realität der erkannten Außenwelt sinnlos ist, weil Erkennen nicht eine menschliche Verfassung, sondern Erkennen von je etwas ist.

Die fides qua creditur ist also, was sie ist, nur wenn sie als Beziehung zu ihrem Beziehungspunkt verstanden wird[5], also nicht als „Vermögen" oder

---

[4] *C*– Also das Problem Bruhns! –*C O*– und Wobbermins. –*O*

[5] Cf. Adolf Schlatter, Der Glaube im Neuen Testament, Vorrede zur 1. Auflage, Calw/Stuttgart ³1905, S. 5 f.

---

[c] Bleistiftanmerkung am Rand: „Indem die christliche Theologie die für die christliche Religion sich bietende Weltansicht darstellt, setzt sie sich an Stelle der reinen Lehre. Wie muß ein Frommer die Welt ansehen? – Nun entstehen die vielen differenzierten Glaubenslehren. Die kirchliche Lehre ist nicht Norm der Theologie; sie ist ja Exponent der Frömmigkeit; jeder Fromme, Religiöse muß original eine christliche Weltanschau-

„Haltung", als etwas Formales und Zeitloses, sondern nur als ein konkretes geschichtliches Verhalten zu einem bestimmten Gegenstand. Wird das
übersehen, so wird der Glaube als frommer Gemütszustand oder numinoses Gefühl zu einem Gegenstand der Psychologie oder als ethisches Verhalten zu einem Gegenstand der Philosophie und dergleichen. Wesentliche theologische Begriffe wie Offenbarung und Wunder werden dann
aufgelöst.

Ist also die Frage: Was ist Theologie? eine theologische Frage, weil die
Theologie bestimmt ist durch ihren Gegenstand, die fides quae creditur, so
kann, was Theologie sei, nur durch die Besinnung auf die fides quae
creditur gesagt werden. Dann aber droht eine andere Gefahr, die dadurch
angedeutet ist, daß die fides quae creditur als „reine Lehre" bezeichnet
wird; denn dann droht die Verwechslung von „Lehre" und „Lehre", von
Kerygma und wissenschaftlicher Theorie, und es[d] erscheint als Gegenstand des Glaubens eine Lehre, wie sie doch Sache der Wissenschaft ist,
nämlich der Theologie[6]; d. h. die Theologie hat (hier nicht sich mit ihrem
Gegenstand, sondern) ihren Gegenstand mit sich verwechselt, d. h. sie
setzt nicht sich selbst an die Stelle ihres Gegenstandes, sondern sie setzt
ihren Gegenstand an ihre eigene Stelle, indem sie aus der fides quae
creditur eine Theologie macht, so die Orthodoxie.

Sie tut das z. B., wenn sie es unternimmt, den Glauben (die fides quae
creditur) zu beweisen[7], sei es durch eine natürliche Theologie oder überhaupt aus der Vernunft, sei es aus einer Autorität, der Schrift. Denn damit
macht sie die fides zu einer diskutablen Größe, also zu einer Theologie,
ihre Sätze sind diskutable wissenschaftliche Sätze. Ja, sie tut es schon,
wenn sie von Glaubenswahrheiten als allgemeinen (nicht erst im Glauben
sichtbaren) Wahrheiten spricht, z. B. in der Lehre von den Eigenschaften
Gottes oder im Satz, daß Gott die Welt geschaffen hat. Auch die Orthodoxie pflegt von einer christlichen Weltanschauung zu reden[8], die nur für sie
keine Geschichts- und Religionsphilosophie, sondern eine Art altertümli-

---

[6] *D*– Der Liberalismus macht aus der Theologie einen Glauben, die Orthodoxie aus
dem Glauben eine Theologie. –*D*

[7] *D*– Fides quae creditur = quod deus dixit! Theologie = was der Mensch sagt. –*D*

[8] Die Orthodoxie sieht die fides quae creditur als etwas an, was *er*kannt wird, statt
verkündet und bekannt; als etwas, was der Mensch sagt, nicht, was zu ihm gesagt *wird*.

---

ung produzieren können. – So das Problem von Wesen und Wahrheit (Wesen: die
christliche Weltanschauung; Wahrheit: Normalität der Religion)."

[d] Von „droht die Verwechslung" bis „und es" spätere Einfügung in das Ms. *E*.

cher Metaphysik ist, für die niemand einen Pfennig gibt (z. B. Beweis für Wunder)[9].

Sie tut das vor allem, wenn sie unter der fides qua creditur die Zustimmung zur korrekten Lehre verlangt als zu bestimmten Vorstellungen, die dem Menschen von irgendwoher vorgelegt werden[10], ohne daß er sie aus sich selbst erzeugen oder einsehen kann[11]. Die orthodoxe Haltung aber ist besonders deutlich in ihrer Ablehnung der Kritik innerhalb der Theologie, also der Kritik an Schrift und Dogma. Daraus spricht die Verkennung der Wissenschaft, die ihrem Wesen nach kritisch ist[12]. Da nun die fides quae creditur offenbar nicht der wissenschaftlichen Kritik zugänglich sein kann, zeigt das Sich-sträuben gegen die Kritik, daß man die fides mit der Theologie verwechselt. Sonst müßte man ja wissen, daß die wissenschaftliche Kritik gar nicht dahin treffen kann, wo der Gegenstand des Glaubens liegt.

In der Stellung zur Schriftkritik ist die Orthodoxie besonders darauf bedacht, die Originalität der Schriftlehren zu beweisen und Abhängigkeiten zu bestreiten, z. B. für das Liebesgebot. Damit beweist sie, daß sie in der Schrift Lehren (gleich: allgemeine Wahrheiten) findet.

Vor allem aber mißversteht die Orthodoxie damit die fides qua creditur, indem sie sie zu dem Entschluß macht, nicht einsichtige Gedanken für wahr zu halten[13]. Faktisch ist das unmöglich, denn für wahr halten wollen ist nie und nimmer für wahr halten[14]. Und die fides implicita der katholi-

---

[9] Analogie: Ob meine Frau mich liebt, kann auf der ganzen Welt nur *einer* wissen: ich, und der pfeift auf die objektiven Beweise.

[10] *B–* Barth, Chr. Dogmatik I, S. 421: „Reine Lehre ist nicht eine Formel oder ein System von Formeln: das war der verhängnisvolle Irrtum, in den der alte Protestantismus verfiel in derselben Übergangs- und Dekadenzzeit, in der ihm auch die heilige Schrift zu einem inspirierten Buchstaben wurde. *–B*

[11] Wenn sie heute nicht mehr weiß, was oder wieviel zur reinen Lehre gehört und von so fürchterlichen Dingen wie Glaubensmystik redet, zeigt sie nur, daß sie liberal infiziert ist.

[12] *B–* Der kritische Charakter der Theologie von Barth ausdrücklich anerkannt: Chr. Dogmatik I § 1 (S. 1ff.) und § 8 (S. 112ff.). Cf. S. 123: *Das* Dogma entweder ein eschatologischer Begriff oder ein Annäherungsversuch, der immer vorläufigen Charakter hat. *–B*

[13] *E–* Scheinbarer Widerspruch: 1. *Beweis* der „Lehre", 2. Forderung der Verstandesunterwerfung. Aber beides gehört zusammen, denn es betrachtet die fides quae creditur auf der gleichen Fläche: der Verstand hat es mit ihr zu tun, beweisend, so weit er kommt, und dann unterwerfend. *–E*

[14] Wilhelm Herrmann, Die mit der Theologie verknüpfte Not der evangelischen Kirche und ihre Überwindung, RV IV 21, Tübingen 1913, S. 21: Mit dem Willen, die im Apostolikum überlieferten Vorstellungen für wahr zu halten, „können sie (die Orthodoxen, R. B.) sich auch etwas helfen gegenüber den Angriffen von außen, aber nicht gegen die tiefe Unsicherheit im Grunde ihres Lebens. Das, was uns, weil wir es nicht selbst

schen Kirche ist ehrlicher, da sie dies zugibt und auf die Autorität der Kirche hin glaubt, worin das wirkliche Vertrauen zur Kirche lebendig sein kann. Die fides qua creditur wird in der Orthodoxie zu einer menschlichen Haltung, zu einem Abstrakten und Formalen, das gar nicht wirklich auf seinen Gegenstand bezogen ist; sie *kann* ja gar nicht auf eine wissenschaftliche Lehre bezogen sein; denn eine wissenschaftliche Lehre kann man nur (kritisch) wissen, nicht „glauben"; wird hier aber doch „Glaube" verlangt, so ist es gar keiner, da er ja gar nicht das Verhältnis zu seinem Gegenstand ist, sondern nur der Entschluß, sich einer Lehre zu unterwerfen.

Deutlich kommt das zum Ausdruck in der altprotestantischen Lehre vom Glauben als notitia, assensus und fiducia, während Melanchthon „noch bei der Erörterung des Glaubensbegriffs in der Apologie sich auf die beiden Momente der notitia oder des Wissens von dem Inhalt der Lehrüberlieferung und der fiducia, also des Vertrauens auf diesen Inhalt beschränken konnte"[15]. Die Lehre von der dreifachen Art des Glaubens ist das Eingeständnis, daß die fiducia, der eigentliche Glaube, nicht das eigentliche Verhältnis zu seinem Gegenstand ist[16], denn sonst wäre es auch die primäre Zugangsart zu ihm, der sich ihr als Wirklichkeit erschließt. Wenn aber nicht mehr die fides quae creditur der Gegenstand des Glaubens ist, sondern eine wissenschaftliche Lehre, so muß sich freilich der assensus zwischen die notitia und die fiducia schieben[17]. Dann ist die ganze „theologische" Diskussion untheologisch, weil die fiducia als etwas Nachträgliches zur Kenntnis und Annahme der reinen Lehre hinzukommt, die reine Lehre in der Theologie also gar nicht als eine solche entwickelt wird, die nur dem Glauben sichtbar wird, in der Theologie also,

---

erleben können, nicht absolut sicher sein kann, wird uns grade dann in seiner Unsicherheit enthüllt, wenn wir es zum Grunde unserer Lebenszuversicht machen wollen. Je stärker wir dann darauf pochen, desto sicherer beginnt es zusammenzubrechen". AaO S. 40: „Das Prunken mit der Erklärung, man wolle etwas für wahr halten, was man von sich aus nicht als wahr ansehen würde, macht nicht einmal einen ehrlichen Menschen, geschweige denn einen Christen."

O– Wäre etwas anderes zu glauben vorgeschrieben, so würde etwas anderes geglaubt werden. –O

[15] Wilhelm Herrmann, Die Lage und Aufgabe der evangelischen Dogmatik in der Gegenwart, Gesammelte Aufsätze, Tübingen 1923, 95–188, zit. S. 106.

[16] D– Die „notitia" ist wie in jeder Wissenschaft das Eingeständnis, daß wir keinen „intuitus originarius" haben. (Der Liberalismus möchte gerne auch die notitia loswerden.) –D

[17] Cf. Herrmann, aaO S. 105f.; und Ges. Aufsätze, S. 306f. („Der geschichtliche Christus der Grund unseres Glaubens") und besonders S. 376 („Von der dogmatischen Stellung des Kirchenregiments in den deutschen evangelischen Kirchen").

weil in ihr der Glaube kein Moment ist, auch der Gegenstand des Glaubens nicht bestimmend ist.

Die beiden Wege des Liberalismus und der Orthodoxie sind also falsch, weil untheologisch. Bei beiden bestimmt nicht der Gegenstand die Theologie, und beide verlieren deshalb ihren Gegenstand überhaupt.

Der Liberalismus, weil er meint, in der fides qua creditur den Gegenstand der Theologie zu haben, der der wissenschaftlichen Analyse unterworfen wird. Die Orthodoxie, weil sie meint, ihren Gegenstand, die fides quae creditur zu haben, ohne ihn durch die fides qua creditur zu haben, weil sie also meint, die fides quae creditur als allgemeine Wahrheiten entwickeln zu können.

Es kann die fides qua creditur nur in ihrer Beziehung zur fides quae creditur verstanden werden, sonst hat sie keinen Gegenstand und ist nicht, was sie ist. Und es kann die fides quae creditur nur in ihrer Beziehung zur fides qua creditur verstanden werden; denn diese ist die einzige Zugangsmöglichkeit zu ihr. Wäre sie das nicht, und wäre eine Theologie *vor* der fides qua creditur der primäre Zugang zur fides quae creditur, so wäre die fides qua creditur in Wahrheit überflüssig; ihr Gegenstand ist dann in Wahrheit nicht die fides quae creditur, sondern jene Theologie, die „reine Lehre", der ihr assensus gilt, auf die sie sich verlassen muß.

Es ist also die Aufgabe, das Wesen der Theologie aus ihrem Gegenstand in seiner einzig möglichen Zugangsart zu bestimmen, aus der fides quae creditur und qua creditur. Was Gott ist, kann nicht verstanden werden, wenn nicht verstanden wird, was Glaube ist, und umgekehrt. Theologie ist also Wissenschaft von Gott, indem sie Wissenschaft vom Glauben ist, und umgekehrt[18]. –A

---

[18] Die Diskussion von Liberalismus und Orthodoxie konnte natürlich nicht neutral, sondern nur kritisch sein, eben als theologische Diskussion. Sie ist freilich kritisch nur, wenn sie *zugleich* positiv ist, wenn sie sieht, daß der Liberalismus den Fehler der Orthodoxie korrigieren will, die die fides quae für eine Lehre hält und die fides qua nicht primär in der Theologie zur Geltung bringt. Er will letzteres tun, und gegen ihn sträubt sich die Orthodoxie mit Recht, weil er die fides quae vergißt bzw. von der fides qua aus eliminiert.

Kapitel 3

Die Theologie als Wissenschaft von Gott

§ 7 Wissenschaft und Wahrheit[1]

A– In der „Wissenschaftslehre" des Idealismus ist Wissenschaft ein Wissen von sich selbst als Wissen, als Geist, nicht von etwas; eine Funktion der Vernunft, nicht ein enthüllendes Gerichtetsein auf einen Gegenstand[2]. Indem aus der Idee der Vernunft alle Möglichkeiten des Wissens weil auch die des Seins abgeleitet werden, werden tatsächlich alle Gegenstände eliminiert, aus dem Subjekt verstanden, das Sein aus dem Bewußtsein abgeleitet. Dabei ist also die Wissenschaft ein System von Sätzen und Wahrheit ist ein Charakter des Gedachten. Und das Motiv des Wissens, das hier nicht mehr etwas, sondern nur sich wissen will, ist offenbar eine Auffassung der Existenz als im Wissen ihre eigentliche Möglichkeit findend.

Offenbar ist das aber nicht der ursprüngliche Sinn von Wissen; es ist vielmehr der, daß man *etwas* wissen will, weil man in einer Welt lebt, die nicht auf den „Geist" reduzierbar ist, und daß Wahrheit die Erschlossenheit des Gegenstandes bedeutet. Die ursprüngliche Absicht des Wissens

---

[1] *D*– In einer Dogmatik wäre § 7 nicht nötig, wohl aber in der Enzyklopädie. –*D*

[2] *C*– Cf. *Goethes* Worte, mit denen Nietzsche seine Abhandlung „Vom Nutzen und Nachteil der Historie" beginnt: „Übrigens ist mir alles verhaßt, was mich bloß belehrt, ohne meine Tätigkeit zu vermehren oder unmittelbar zu beleben." Und *Nietzsches* eigenen Schluß des Vorworts: „denn ich wüßte nicht, was die klassische Philologie in unserer Zeit für einen Sinn hätte, wenn nicht den, in ihr unzeitgemäß – das heißt gegen die Zeit und dadurch auf die Zeit und hoffentlich zugunsten einer kommenden Zeit – zu wirken". Und cf. Nietzsches Polemik aaO § 4 gegen die Wissenschaft der Historie aus angeblichem Bildungsinteresse: „Unsere moderne Bildung ist eben deshalb nichts Lebendiges, weil sie ohne jenen Gegensatz (nämlich von Innerem und Äußerem und damit ohne den Stolz auf die Innerlichkeit, R. B.) sich gar nicht begreifen läßt, das heißt: sie ist gar keine wirkliche Bildung, sondern nur eine Art Wissen um die Bildung." Die Griechen waren im modernen Sinne sehr „ungebildet". Wir Modernen sind zu „wandelnden Enzyklopädien" geworden, und daraus ist die Gewöhnung entstanden, nichts mehr ernst zu nehmen („lebende Gedächtnisse")[a]. –*C*

---

[a] Cf. Friedrich Nietzsche, Werke in drei Bänden, hg. v. K. Schlechta, Bd. 1, München 1966, S. 209. 210. 232. 233.

ist offenbar durch konkrete Anlässe geleitet, durch ein Wozu, um deswillen man wissen will[3], durch die Sorge, die das Leben bewegt[b]. –*A*

C– *Der Begriff der Wissenschaft* soll nicht aus einem Begriff von Geist (Vernunft) *deduziert*, sondern aus der Beobachtung des Daseins abgenommen werden, aus der jedermann zugänglichen Selbstbeobachtung, und zwar nicht der des „inneren", seelischen Lebens, sondern der des faktischen ganzen, alltäglichen Lebens; denn die Entstehung der Wissenschaft spielt sich immer wieder ab. Die Wissenschaft ist das ausdrücklich gemachte, ins Bewußtsein erhobene, explizite Wissen, das schon im Umgang je mit dem betreffenden Gegenstand da ist. –*C*

D– Der Mensch steht im Leben als Handelnder, Verantwortlicher, und als solcher in der Gemeinschaft als ζῷον πολιτικόν. Wissenschaft muß also „politische" Bedeutung haben. Dabei darf freilich der Begriff des Politischen nicht zu eng gefaßt werden: 1. Er muß den ganzen Bereich des Handelns im Miteinander umfassen. 2. Er muß das direkte und *indirekte* politische Handeln umfassen[4].

Die Frage, ob eine Wissenschaft politisch ist, ist also nicht die Frage nach ihrer direkten politischen Verwertbarkeit. Die Verwertbarkeit ist kein Wahrheitskriterium[5]. –*D*

A– In der Wissenschaft wird das Wissen von seinem Wozu immer mehr gelöst, und zwar zunächst so, daß es von seinem unmittelbaren Wozu gelöst wird, um als allgemeines Wissen vorhanden zu sein und jeweils in den Dienst eines konkreten Wozu gestellt zu werden, so daß die Wissenschaft als Ganze durch ein Wozu geleitet ist: die Rechtswissenschaft für den Staat, die Medizin für den Arzt, die Mathematik und Naturwissenschaft für die technischen Berufe.

Nun aber kann die Lösung vom Wozu noch weitergehen[6]. Das Wozu

---

[3] Cf. das Kind und die Primitiven und die Entstehung der Wissenschaft.

[4] Cf. die Frage der nationalen Bestimmtheit einer Wissenschaft bzw. ihre Internationalität. Im Konkreten ist eine Wissenschaft national, d. h. durch den Volksgeist bestimmt; als Wissenschaft ist sie aber zugleich international. Denn ihr nationaler Charakter ist kein Wahrheitskriterium. Wahrheitskriterium ist nur die Ausweisbarkeit am Gegenstand. Das Sehen des Gegenstandes ist immer individuell; aber das Gesehene kann allen gezeigt werden, die überhaupt ein Verhältnis zum Gegenstand haben.

[5] Cf. amerikanischer Positivismus, Behaviorismus.

[6] *D*– Weil das Wozu nicht das Kriterium der Wahrheitsfrage ist. Ist die Wahrheitsfra-

---

[b] „durch die Sorge usw.": späterer Zusatz (*B* oder *C*). Gleichfalls Zusatz *D*: von „weil man in einer Welt lebt" bis „reduzierbar ist". Am Rand noch folgende Anmerkung *D*: „Cf. die Frage der ‚Objektivität'; moderne Polemik dagegen begreiflich; sie polemisiert im Grunde dagegen, daß Objektivität nur im Hinsehen erfaßt wird, was bei geschichtlichen Phänomenen unmöglich ist (Nicht hinterdrein kommende Wertung!)."

nämlich ist ursprünglich bestimmt dadurch, daß es dem Menschen um sich selbst geht, durch seine Sorge. Die Anlässe, aus denen er wissen will, sind keine mechanischen Antriebe wie bei einer Maschine, sondern sind die konkreten Lebenssituationen, in denen er als Lebendiger, dem es um sich selbst geht, steht. Da er in solcher Sorge seine Welt gestaltet, in Leistung und Werk, und da er lernt, Mittel bereitzustellen für etwaige Bedürfnisse, besteht für ihn die Möglichkeit, die Sorge um sich selbst mit der Sorge um die Welt zu verwechseln und statt für *sich* für sein *Werk* zu sorgen, in der Meinung, für sich zu sorgen. Er versteht sich aus dem, was er macht und leistet[7]. Und wie ein Schuster daher seinen Namen hat, weil er Schuhe macht, so ein Wissenschaftler daher, weil er Wissenschaft macht, Bücher schreibt[8]. Die Wissenschaft ist Selbstzweck geworden, und will man das verstehen und begründen, so nennt man sie einen Kulturwert. Dabei ist Kultur als das Gesamtwerk, die Gesamtleistung des Menschen verstanden, die für den Menschen zum Götzen geworden ist, weil sie sein wirkliches Leben verschlingt, das Wozu wird durch den Hinweis auf eine Abstraktion, die Mensch*heit* beantwortet[9]. Das Wissen ist dann ein Etwas, das, wenn es seine Beziehung zum Leben verloren hat, begreiflicherweise auch seine Gegenstände verliert, da diese nur für das Leben selbst gegeben werden[10]. Und damit hat sich ein Mißverständnis der eigenen Existenz ereignet, insofern das Leben als ein verfügbares, durch die Kulturarbeit zu sicherndes gilt, das sich unabhängig macht vom Geschehen. Die Gegenstände werden nur noch als das stillhaltend Betrachtbare gesehen, nicht als das, als was sie uns zunächst begegnen, als die Fülle der Möglichkeiten für mein Tun und Leiden, für meine Entscheidungen[11].

Das *Hinsehen* ist freilich begründet in der ursprünglich durch die echte

---

ge erwacht, so kann sie sich gleichsam selbständig machen. Gerade das *Interesse* an der Sache verlangt das interesselose Hinsehen (Klärung der Paradoxie am Problem der Erziehung: Interesse der Eltern am Kind darf die Sachlichkeit nicht verderben; und doch können interessierte Eltern besser erziehen als interesselose – etwa psychoanalytisch interessierte – Lehrer.) Cf. Arzt und Mediziner.

E. *Troeltsch*, Der Historismus und seine Probleme, Gesammelte Schriften Bd. 3, Tübingen 1922, S. 69 gegen eine rein kontemplative Wissenschaft; Streben nach einer Geschichtsphilosophie, kraft derer sich Gegenwart und Zukunft an die historische Schau anschließen. –D

[7] *E*– Damit hat sich aber auch das Leben verirrt! –*E*

[8] Cf. Cohen: „Können Sie mir ein einziges Buch nennen, das von einem Tier geschrieben ist?"

[9] Cf. „Heit" und „Keit" bei Carl Spitteler, Prometheus und Epimetheus, Jena 1923, S. 9.

[10] *D*– Die Entseelung der Natur in der modernen Naturwissenschaft. –*D*

[11] Die Mythologie stirbt ab.

Sorge geleiteten Daseinsart. Vergleiche die Weise eines Botanikers, eine Pflanze zu sehen, mit der eines Gartenbesitzers. Erstere ist in letzterer schon in einem gewissen Sinne enthalten, und sofern das interessierte Sehen den ganzen Apparat des Wissens unter Umständen nötig hat, ist auch die Verwurzelung der Wissenschaft im Dasein deutlich[12]. Aber das Dasein läßt sich dann von dem leiten, was es macht, und die Wissenschaft löst sich vom Wozu. Die Wissenschaft hat kein Interesse mehr am Faktischen, Kontingenten, sondern am Allgemeinen und versteht das Einzelne als Fall des Allgemeinen. –*A*

C– Die das Dasein bewegende *Sorge* ist das ursprüngliche Motiv der Wissenschaft wie der Kultur überhaupt[13]. Indem sich das Sorgen in das Werk verlegt, aus dem Sorgen des Menschen um sich selbst die Sorge um sein Werk wird, wird die Echtheit der Sorge verdorben, wird die eigentliche Sorge abgeblendet, der der Mensch ins Auge sehen müßte. Ohne weiteres gilt *die Sorge um die Kultur* als legitim; und wenn die echte Sorge – sei es auch nur primitiv – erwacht, wird der Mensch auf die Kultur hingewiesen[14]. Die Mensch*heit* soll am Menschen vorbei glücklich gemacht werden[15].

In Wahrheit ist *die Kultur* nicht für alle, weil sie nicht für alle sein kann. Man darf sich aber nicht darüber täuschen, daß für alle die *Zivilisation* ist, die die „Kultur" wieder in den Dienst des Wozu stellt[16], und die es ehrlich tun sollte. Von der Zivilisation hat auch der etwas, der nicht an der Kultur teilnimmt, der Arbeiter, der statt ins Wirtshaus ins Kino gehen kann etc.

Der Mensch braucht, wo echte Sorge lebendig ist, nicht die Kultur, aber die Zivilisation. Denn die erste Sorge ist, daß er sein Leben retten will[17]. Daß Kultur ursprünglich aus echter Sorge erwachsen sein kann, ist eine Sache für sich[18]. –*C*

A– Diese Entwicklung wird verstärkt dadurch, daß die Lösung des Wissens von seinem Wozu auch dadurch vollzogen wird, daß es sich von der Neugier regieren läßt. Es kommt auch hier zum Wissen um des Wissens willen und zu dem Bekenntnis Wagners „Zwar weiß ich viel, doch

---

[12] Cf. besonders die Medizin!

[13] *O*– Ontisch verstanden, ohne Rücksicht darauf, welche ontologische Struktur des Daseins sich in der ontischen Sorge offenbart. –*O*

[14] Cf. in einer Predigt Moerings[c]: Der sorgenbewegte Zeitungsausträger und der Arbeiter am laufenden Band wird auf seine „Kulturbedeutung" hingewiesen.

[15] Cf. *Dostojewskis* Großinquisitor (in den Brüdern Karamasoff) und darüber *Franz Werfel*, Die christliche Sendung – Ein offener Brief an Kurt Hiller, Die neue Rundschau = XXVIIIter Jahrgang der freien Bühne, 1917, 92–105.

[16] Cf. Nahrung und Wohnung, Verkehr, Heizung und Beleuchtung etc.

[17] Leider verkennt das der Sozialismus, der von einem Kulturideal träumt.

[18] *D*– Kultur hat soweit Sinn, als sie den Menschen wirklich zu sich selbst bringt. –*D*

---

[c] Moering, Ernst; seit 1915 Pastor in Breslau. Befreundet mit Bultmann. „Erfolgreicher Prediger der Gebildeten . . ." (RGG²).

möcht ich alles wissen."[d] Dabei ist in dem Gedanken des „alles wissen" das Mißverständnis der eigenen Existenz am deutlichsten, sofern diese Existenz in Wahrheit nie eine abgeschlossene, sondern eine geschichtliche ist, und also auch das Wissen nie ein abgeschlossenes sein kann. Hier ist auch am deutlichsten, daß ein Lebensinteresse am Faktischen, Kontingenten nicht mehr vorliegt, denn das Faktische kann in seiner Allheit ja nie gewußt werden. Das Ideal des „alles wissen" kann sich also nur erheben, wo der Mensch sich ansieht als in Sicherheit außerhalb des Lebens stehend, an dem das Leben für seine Beobachtung vorbeiläuft, also wo sich der Mensch bei lebendigem Leibe vergräbt, wenn auch nur in Bücher[19].

Diese Neugier, gleichfalls beim Kind und beim Primitiven schon zu beobachten, beruht aber auf dem gleichen Motiv wie jene Verlegung des Verständnisses seiner selbst aus der lebendigen Existenz in das Werk: nämlich auf der Flucht vor sich selbst[20].

So ist also die organisierte Wissenschaft, die Kultur, sobald sie als Idee genommen wird, die jenseits des Lebens stehend, dies beherrscht, die organisierte Flucht des Menschen vor sich selbst[21]. Die Wissenschaft ist eine dem Menschen gegenüberstehende Größe, in die er sich flüchtet, der er sich hingibt. Die Wahrheit innerhalb dieser Wissenschaft ist die allge-

---

[19] *D*– Beim Wissen des Wagner ist vergessen, daß das Leben selbst je die eigentlichen Wissensmöglichkeiten und -notwendigkeiten bringt, und daß ich nichts wirklich weiß, wenn ich es nicht in seiner Bedeutsamkeit erkenne. Cf. Faust II 2 (Hochgewölbtes enges gotisches Zimmer) Mephistopheles:

„Es kommt mir wahrlich das Gelüsten,
Rauchwarme Hülle, dir vereint,
Mich als Dozent noch einmal zu erbrüsten,
Wie man so völlig recht zu haben meint.
Gelehrte wissen's zu erlangen,
Dem Teufel ist es längst vergangen."
„. . . Auch ein gelehrter Mann
Studiert so fort, weil er nicht anders kann.
So baut man sich ein mäßig Kartenhaus,
Der größte Geist baut's doch nicht völlig aus."
Aber cf. auch Faust I (Studierzimmer) Mephistopheles:
„Verachte nur Vernunft und Wissenschaft,
Des Menschen allerhöchste Kraft,
Laß nur in Blend- und Zauberwerken
Dich von dem Lügengeist bestärken,
So hab ich dich schon unbedingt." *–D*

[20] *D*– Cf. Paul de Lagarde, Deutsche Schriften, S. 37f. (bei Hermann Mulert, Religion Kirche Theologie – Einführung in die Theologie, Gießen 1931, S. 9). *–D*

[21] *B*– Cf. K. Barths Versuch, die Kultur theologisch zu bestimmen: Die Kirche und die Kultur, ZZ 4, 1926, 363–384. *–B*

---

[d] Johann Wolfgang v. Goethe, Faust. Der Tragödie erster Teil. Nacht.

meine Verbindlichkeit ihrer Sätze, die Allgemeingültigkeit, die niemanden konkret etwas angeht, der sie nicht zu praktischen Zwecken, d.h. in technischem Interesse gebraucht.

Und das Verhältnis dieser Wissenschaft zu ihren Gegenständen ist das betrachtende Hinsehen aus der Distanz[22]. Der Mensch, der außerhalb des Lebens steht, sieht sich gleichsam um nach dem, was er wissenschaftlich behandeln kann. Oder er lebt unkritisch von der Tradition, aus der er angebliche „Werte" der Kunst, Wissenschaft etc. übernimmt. –A

D– Heute macht sich – vielfach noch ungeklärt – das Bewußtsein geltend, daß das Verhältnis zu den Dingen und damit die Wissenschaft und die Kultur überhaupt bedingt ist und bedingt sein muß durch *die Bindung des Menschen an sein Volk*[23]. Richtig, sofern ein Mensch normalerweise in Familie und Volksgemeinschaft aufwächst und sofern ihm diese Gemeinschaft das Verhältnis zu den Dingen gibt[24].

Es ist z.B. selbstverständlich, daß man deutsche Geschichte studiert, damit man sich und die Möglichkeiten und Notwendigkeiten seines Handelns versteht. Die Geschichtswissenschaft als abstrakte Wissenschaft kennt solche Grenze nicht. Aber die konkrete Wissenschaft ist gebunden durch ihr Wozu, und deshalb ist das Studium fremder Geschichte, z.B. der griechischen, soweit gefordert, als es die gegenwärtige Situation klärt. Die Idee des Volkstums schneidet das rein abstrakte endlose Nachfragen der Wissenschaft ab. Man darf das freilich nicht durch Statuten regulieren wollen, sondern muß die Spannung bestehen lassen. Es ist z.B. auch sehr die Frage, ob das Studium der deutschen Vorgeschichte wesentliche Bedeutung für die Erkenntnis der deutschen Geschichte im Dienste der deutschen Gegenwart hat[25].

Auch darf der Gedanke des Volkstums nicht romantisch oder historisch verfälscht werden; d.h. die nähere Bestimmung des Volkstums darf nicht durch Vergleich mit andern Volkstümern gewonnen werden. Man kann wohl sagen: deutsch sein, heißt wahr sein. Das ist aber nicht empirische Feststellung, sondern Forderung. Man kann aber nie Deutschsein

---

[22] Das Hinsehen ursprünglich einmal eine berechtigte Art des Sehens, sofern es in dem von der echten Sorge bewegten Dasein begründet ist.
[23] Im Hinweis auf „die" Kultur kann das Bewußtsein stecken, daß der Mensch, um zu sich selbst zu kommen, nicht bei sich selbst bleiben darf. Aber er darf auch nicht in eine Sphäre gewiesen werden, in der er nicht zu sich selbst kommt.
[24] Volkstum geschichtliche Größe; sie kann nicht als gegebene Voraussetzung angesetzt werden, sondern wird durch die gegenwärtigen Entscheidungen mit erzeugt.
[25] Aber cf. z.B. die Isländer Sagas.

zum Kriterium des Handelns machen, sondern nur Wahrsein[26]. Freiheit, Wahrheit, Recht, Reinheit, Adel soll man für sein Volkstum erstreben. Aber dies Ziel ist Forderung für die Angehörigen anderer Volkstümer auch. Daß bei deutschem Handeln etwas spezifisch Deutsches herauskommt, ist selbstverständlich und kann nicht gemacht werden. Unter diesem Gesichtspunkt ist auch die Frage des Volkscharakters der Wissenschaft zu betrachten[27]. –*D*

A– In dieser Art zu sehen hat sich unsere Naturwissenschaft und damit unser Begriff „Natur" ausgebildet: die Umwelt, *sofern* sie in diesem Hinsehen wahrgenommen wird, nicht an sich selbst. Die Ausbildung dieses Sehens hat dann dazu verführt, den Menschen selbst und sein Leben als ein Stück Natur bzw. als Naturprozeß zu sehen. Nicht nur im Materialismus und sofern bewußt die Geschichte als Naturprozeß verstanden wird, sondern auch in den Geisteswissenschaften, sofern die Geschichte als der große Relationszusammenhang von Ursache und Wirkung gedeutet wird, etwa psychologisch oder wirtschaftsgeschichtlich, oder wenn sie biologisch oder morphologisch behandelt wird[28].

Umgekehrt ging Goethes Wissen aus seinem Lebensverhältnis zum Seienden hervor: „Man lernt nichts kennen, als was man liebt, und je tiefer und vollständiger die Kenntnis werden soll, desto kräftiger und lebendiger muß die Liebe, ja Leidenschaft sein." M. Scheler[29] stellt neben dies Goethewort das Wort Leonardos: „Jede große Liebe ist die Tochter einer großen Erkenntnis."[30] Beide Worte, die einen tiefsten Zusammenhang zwischen Liebe und Erkenntnis, wenn auch in entgegengesetzter Weise, konstatieren, stellt er in Gegensatz zum „spezifisch modernen[e] Bourgeoisurteil, daß Liebe eher ‚blind' als sehend mache, daß mithin alle echte Erkenntnis der Welt nur durch die äußerste Zurückhaltung dieser emotionalen Akte und durch das gleichzeitige Absehen von den Wertunterschie-

---

[26] Deutsch kann wohl ein Index des Richtigen sein, aber nicht ein Kriterium. Man kann sich auf deutsche Sitte besinnen in einer Zeit des Zerfalls. Aber es gibt auch deutsche Unsitten, cf. schon Tacitus.

[27] Die Wissenschaft in ihrer geschichtlichen Tatsächlichkeit konstituiert den Volkscharakter mit und setzt ihn nicht einfach voraus; denn er ist selbst geschichtlich.

[28] Die Reaktion bei Goethe, Nietzsche, Spitteler, cf. oben S. 35 Anm. 2, 37 Anm. 9.

[29] Max Scheler, Liebe und Erkenntnis, in: Krieg und Aufbau, Leipzig 1916, 393–429.

[30] *C*– Der Fehler bei Scheler ist, daß er die „Liebe" nicht als ein bestimmtes, erst im Christentum mögliches Verhältnis von Ich und Du faßt. Liebe ist für ihn eine allgemein menschliche Möglichkeit, und zwar eine Möglichkeit des Sichverhaltens zum Seienden überhaupt. Cf. Hannah Arendt, Der Liebesbegriff bei Augustin, Berlin 1929. –*C*

---

[e] „modernen" bei Scheler gesperrt.

den der Gegenstände . . . beruhen könne". Dem wird dann wieder Pascals Wort gegenübergestellt: „Liebe und Vernunft sind ein und dasselbe."[f] Auffassung des Verhältnisses von Erkenntnis und Liebe bei den Indern und Griechen, unter sich zwar verschieden, darin gleich, daß ontologisch die Werte Funktionen des Seins, noetisch die Liebe eine abhängige Funktion der Erkenntnis ist[31]. Die Liebe ist also intellektualistisch gedacht. – Umgekehrt im Christentum, wo die Liebe die Erkenntnis fundiert, was freilich in der „christlichen" Philosophie, auch bei Thomas, nie systematisch klar entwickelt wurde. Höchstens bei Augustin und im Augustinismus (Malebranche, Port Royal, Pascal). Während für *Thomas* jeder Tätigkeit des Strebevermögens (der vis appetitiva) eine Tätigkeit des Verstandes (der vis intellectiva) vorhergehen muß, der Regung der Begierde die Gegenwart einer species sensibilis in der Sinnenwahrnehmung, dem Wollen ein Akt intentionaler Erkenntnis, in dem das begriffliche Wesen der Sache erfaßt ist, so daß Liebe und Haß sich nur als Modifikationen des *strebenden* Seelenvermögens darstellen, ist für *Augustin* sowohl Erkenntnis wie Streben und Wollen in der Liebe fundiert. „Volo ergo sum", wobei „volo" die Liebe und das Interessenehmen als elementarste Grundtendenz des menschlichen Geistes bedeutet.

Ein echtes Wissen kann es nur geben, wo es durch seinen Gegenstand bestimmt ist[32], und wo Wahrheit die Erschlossenheit des Gegenstandes bedeutet. Die Bestimmtheit durch den Gegenstand aber ist dem Wissen nur zu eigen, wo es nicht als nachträgliche Betrachtung zum Leben hinzukommt, sondern selbst im Verhältnis des Menschen zum Gegenstand begründet ist, bzw. dieses Verhältnis *mit* ist, wo in ihm dieses Verhältnis zum Gegenstand deutlich wird, wo das Verhältnis zum Gegenstand durch das Wissen explizit wird. Denn faktisch ist das Wissen nicht etwas, was einmal abrupt beginnt, sondern das Dasein bewegt sich immer schon in einem vorläufigen, dunklen Wissen, das in jedem Verhältnis zu einem Seienden mit da ist. Das Dasein selbst kann sich aber diese vorläufige

---

[31] *C–* Wieweit Schelers Auffassung der Griechen richtig ist, ist freilich eine Sache für sich. Cf. P. Friedländer, Platon I, 1928: Die „Mitte" ist für Platon der Staat, das Interesse an ihm. – S. 37: „das Eidos wurde seelenhaft, vielmehr war es von Anfang an. Denn das Gerechte, Tapfere, Fromme, Gute: so hießen die Ideen, die Platon zuerst auf Sokrates' Seele blickend sah". S. 51–67: Eros die treibende Macht (S. 59: „So wird Eros Führer zur Philosophie, zur Idee." S. 61: die Einheit von Liebeserfahrung und Ideenschau, S. 63 von Eros und Polis. „Es gibt keine Arete und Paideia, die nicht staatlichen Sinn hätte."). *–C*

[32] Genauer: durch Seiendes, das die Möglichkeit hat, Gegenstand für das Wissen zu werden.

[f] Zitate bei Scheler S. 393. 394. Weiterer Literaturhinweis Bultmanns am Rand *D*: Max Scheler, Wesen und Formen der Sympathie, Bonn ³1931.

Entdecktheit der Welt ausdrücklich zueignen, indem es sich in das Wissen hinein verlegt. Aber ein echtes Wissen ist es nur dann, wenn es[g] nicht aus dem Verhältnis des Daseins zum Seienden herausfällt. Ein Wissen aber ist dem Dasein damit immer schon zu eigen, daß es geschichtlich ist, kein Naturgeschehen, das durch das Jetzt läuft. Das Tier hat kein Wissen, weil es nur im Jetzt lebt, durch die Zeit hindurchgeht, ohne selbst zeitlich zu sein. Das Jetzt des Menschen hat die Möglichkeit, durch Vergangenheit und Zukunft bestimmt zu sein, und im Wissen um sich und seine Welt hat der Mensch diese Möglichkeit, nämlich wenn ihm im Wissen der Inhalt seines Jetzt gegenständlich wird und festgehalten und zu Kommendem in Beziehung gesetzt werden kann[33].

Will aber das Wissen in diesem Verhältnis den Gegenstand erschließen, also Wahrheit, Objektivität haben, ist klar, daß Objektivität (überhaupt) nicht von *einer* bestimmten Wissenschaft aus, die ein bestimmtes Verhältnis zu bestimmten Gegenständen bedeutet, bestimmt werden darf, also von der mathematisch-mechanischen[h] Naturwissenschaft aus[34], sondern daß sie jeweils verschiedenes bedeutet. Oder daß *Wahrheit allgemein den Sinn des Anspruchs* hat: Anspruch des Gegenstandes auf uns. Die Exaktheit ist nicht die durch die Mathematik bestimmte, sondern ist Sachlichkeit[35].

Echtes Wissen ist also nicht etwas, was nachträglich zum Leben hinzukommt, sondern was ein Stück des Lebens selbst ist. Wissenschaft ist deshalb materiell nicht etwas, was nur einige Leute haben, sondern ist nur ein unter besondere Absicht gestelltes Verhalten des Daseins überhaupt[36]. Es kann nicht außerhalb des lebendigen Verhältnisses zu den

---

[33] Goethe (Auf einen Besuch des Herzogs und der Herzogin von Cumberland): „Liegt dir Gestern klar und offen, / Wirkst du Heute kräftig frei, / Kannst auch auf ein Morgen hoffen, / Das nicht minder glücklich sei."
E– Cf. Karl Loewith, Nietzsches Philosophie der ewigen Wiederkunft des Gleichen, Berlin 1935, 139 ff.! *–E*

[34] *O–* Cf. M. Heidegger, Kant und das Problem der Metaphysik, Bonn 1929, S. 8. *–O*

[35] *B–* Falsches Auseinanderreißen von Wissenschaftlichkeit und Sachlichkeit bei Barth, Chr. Dogmatik I, S. 115 f. *–B*

[36] *B–* Cf. Heidegger: zur Positivität einer Wissenschaft gehört: 1. daß überhaupt ein gewisses Seiendes als mögliches Thema vorliegt, 2. daß das vorliegende Positum in einer vorwissenschaftlichen Zu- und Umgangsart vorfindlich ist, worin sich schon seine Sachhaltigkeit und Seinsart zeigt, 3. daß das vorwissenschaftliche Verhalten schon erleuchtet und geführt ist von einem un- und vorbegrifflichen Seinsverständnis. *–B*

---

[g] „es" vom Herausgeber eingefügt.

[h] Im Ms. abgekürzt: „mathemat.-mech.", so daß auch die Auflösung: „mathematisch-mechanistisch" denkbar wäre.

Gegenständen gemacht werden als eine allgemeingültige Methode, nach der sich jede Gegenstandserkenntnis zu richten hätte, sondern seine Methode bedeutet seine Angemessenheit an seinen Gegenstand, das Hören des Anspruchs des Gegenstandes. *Der Gegensatz zwischen Leben und Wissen* ist also, wo es sich um echtes Wissen handelt, gar nicht vorhanden. Wo er besteht, handelt es sich um falsches Wissen, das seinen Gegenstand nicht mehr kennt, sei es leere Spekulation, sei es unkritisch übernommene Tradition, die ein Scheinwissen ist, solange sie nicht kritisch am Gegenstand geprüft wird[37].

Es kann aber auch umgekehrt das *Leben* sich verlaufen, im „Betrieb" zum Beispiel, und das gesellschaftliche Leben (Traditionen und Konventionen) sich völlig von dem echten Miteinander entfernen, und im Wissen darum kann ein wirkliches Verhältnis zum Gegenstand vorhanden sein, so daß auch das Wissen das Leben kritisieren kann.

Die Möglichkeit aber, sich vom Leben zu entfernen, hat das Wissen von vornherein deshalb, weil es das begegnende Seiende in die Sphäre des Gegenständlichen erhebt und damit bewahrt und es also noch „weiß", wenn die aktuelle Beziehung zum Seienden nicht mehr da ist. So wird das Wissen weitergegeben, und damit ist es stets wieder der Kritik am Gegenstande bedürftig. Das Wissen selbst aber bewegt sich nicht in Antwort und Anrede, sondern in allgemeinen Sätzen. −A D− Denn das Wahrheitskriterium ist nicht im individuellen subjektiven Verhältnis zum Gegenstand gegeben, sondern im Gegenstand selbst[38].

Aber eben deshalb kann die Wissenschaft das „Leben" kritisieren, in dem sich durch die Traditionen Urteile festgesetzt haben, die von der Wissenschaft am Gegenstand geprüft werden. Für die Wissenschaft ist „Wahrheit" nicht das definitiv Gewonnene, sondern der Anspruch des Gegenstandes. Dies der von der Wissenschaft unabtrennbare „Liberalismus"[39]! −D

C− Die erwachende Frage nach dem Wozu aber nimmt die Form an: Was ist Wahrheit? und will dabei nicht Wahrheiten wissen, sondern fragt

---

[37] *B*– Cf. Heidegger, Sein und Zeit I, Halle 1927, § 4, S. 11–15. „Dasein versteht sich in irgendeiner Weise und Ausdrücklichkeit in seinem Sein. Diesem Seienden eignet, daß mit und durch sein Sein dieses ihm selbst erschlossen ist. Seinsverständnis ist selbst eine Seinsbestimmtheit des Daseins. Die ontische Auszeichnung des Daseins liegt darin, daß es ontologisch ist." (aaO S. 12). § 31 Das Da-Sein als Verstehen. § 32 Verstehen und Auslegung. § 34 Dasein und Rede. Die Sprache. § 44 Dasein, Erschlossenheit und Wahrheit. −*B*

[38] Cf. Lagarde (oben Anm. 20).

[39] Cf. Hans v. Soden, Christentum und Kultur, SGV 165, Tübingen 1933. Nietzsches „Unzeitgemäße Betrachtungen" gegen die Zeit für die Zeit und Zukunft.

nach *der* Wahrheit. Indem die Wissenschaft die Beantwortung dieser Frage übernimmt, unterwirft sie faktisch das Dasein und sein Verständnis der gleichen hinsehenden Betrachtung wie ihre anderen Gegenstände, als ob sie als außerhalb des Daseins befindliche dies von außen sehen könnte. Sie übersieht dabei, daß die Sorge des Daseins faktisch im Grunde die Sorge um das Jetzt, daß die Frage nach der Wahrheit die Frage ist, wie ich mich verstehe, und zwar, da das Dasein zeitlich, geschichtlich ist, wie ich den Augenblick verstehe.

Offenbar kann eine positive Wissenschaft überhaupt nicht auf die Frage antworten: Was ist Wahrheit?, da sie diese Frage ja nur je für ihr Gegenstandsgebiet aufwerfen kann. Der Sinn dieser Frage wird aber noch von einer andern Seite her deutlich. Wenn es so steht, daß jede Wissenschaft ihre Wahrheit hat, weil sie ihr Gegenstandsgebiet hat und Wahrheit je die Erschlossenheit des Gegenstandes bedeutet, so gibt es offenbar so viele Wahrheiten wie es mögliche Gegenstandsgebiete gibt[40]. Die Frage: Was ist *die* Wahrheit? beantwortet keine von ihnen, weil diese je jetzt vom Dasein selbst aufgeworfen wird und nur von ihm selbst beantwortet werden kann. Alle Wahrheiten stehen nur im Dienste der einen Frage nach *der* Wahrheit, sofern das Dasein um je sich zu verstehen, seine Welt, den Gegenstand verstehen will, der ihm gerade entgegensteht.

Aber sie läßt sich von diesen Wissenschaften *auch gar nicht stellen,* weil sie recht verstanden die Frage des Daseins je nach seinem Jetzt ist, die in den Bereich solcher Wissenschaft, deren Sätze zeitlos sind, gar nicht fallen kann. Es ist eine Verirrung, sei es die Natur-, sei es die Geschichtswissenschaft zu befragen: Was ist Wahrheit? Eine Verirrung des Daseins, wenn es meint, durch zeitlose Wahrheiten der jeweils vom Jetzt gestellten Frage Herr werden zu können[41].

Wahrheit bedeutet allgemein *die Erschlossenheit des Gegenstandes*[42]. Darin liegt, daß Wahrheit „*allgemeingültig*" ist, das heißt: jeder, der den betreffenden Gegenstand, der in Rede steht, überhaupt sieht, muß ihn *so*

---

[40] *E*– Cf. Ms. Wahrheit und Gewißheit, unten S. 184 f. In der griechischen Weltanschauung ist „die" Wahrheit als Wahrheit des Augenblicks das Resultat des Wissens aller Wahrheiten bzw. aller Wahrheit über den κόσμος, die ihn in seiner Allheit als Einheit versteht (Depravation im Positivismus, wo „die" Wahrheit Ergebnis der empirischen Forschung ist). Umgekehrt das Verhältnis vom geschichtlichen Daseinsverständnis aus: alle Wahrheiten treten in den Dienst der Verantwortung für den Augenblick, in den Dienst der Frage nach „der" Wahrheit. –*E*

[41] Cf. Carl Spitteler, Prometheus und Epimetheus, Jena 1923.

[42] M. Heidegger, Sein und Zeit I, S. 212–230; H. v. Soden, Was ist Wahrheit? Marburg 1927; R. Bultmann, Untersuchungen zum Johannesevangelium, A. Ἀλήθεια, ZNW 27, 1928, 113–163 (Exegetica, Tübingen 1967, 124–173).

sehen wie ich[43], muß über ihn *so* reden wie ich, wenn anders wir den *gleichen* Gegenstand sehen und über ihn reden. Natürlich kann man ihn von verschiedenen Seiten sehen oder Verschiedenes an ihm hervorheben. Aber soll das Verschiedene vom gleichen Gegenstand gelten, so muß dieser Gegenstand im Entscheidenden, Wesentlichen, was er ist, gleich gesehen sein; alles Verschiedene muß von *ihm* gelten und von *ihm* zu verstehen sein.

Allgemeingültigkeit bedeutet aber an sich nicht, daß jeder den Gegenstand sehen muß, von dem die Rede ist[44]. Denn sie ist kein empirisches Faktum, besteht nicht darin, daß alle den Gegenstand sehen, sondern sie bedeutet das grundsätzliche Faktum, daß alle, *die* ihn sehen, ihn so sehen müssen, wie er ist.

Die *mathematischen Sätze* sind allgemein gültige Wahrheiten, für alle, die mathematisch denken können; aber das mathematische Denken hat seinen Gegenstand offenbar nicht am Schönen. *Sätze über das Schöne* bzw. ein Kunstwerk sind, wenn sie wahr sind, auch allgemein gültig; sonst ist das Kunstwerk nicht als das gesehen, was es ist[45]. Man darf sich nicht dadurch täuschen lassen, daß man z. B. über eine Statue sehr verschiedene Sätze sagen kann. Aber sie kann ja abgesehen davon, daß sie ein Kunstwerk ist, noch in anderer Hinsicht gesehen werden: als ein vorhandener Gegenstand, dessen Proportionen mathematisch, dessen Material chemisch oder ökonomisch beurteilt werden können. Es ist dann ein anderer Gegenstand, der gesehen (im Sehen konstituiert) ist. Auch das ästhetische Urteil kann differieren; aber wenn z. B. klassizistisches oder romantisches Urteil eine griechische Statue anders beurteilt als impressionistisches Urteil, so liegt das daran, daß hier oder dort das Kunstwerk nicht in seinem eigentlichen Sein gesehen ist – oder nicht ganz gesehen; d. h. es ist dann ein neues Kunstwerk im neuen ästhetischen Sehen konstituiert. Vielleicht ist es nicht mehr ganz zugänglich, aber auf alle Fälle: Urteile, die es sehen, wie es ist, stimmen überein.

So sind auch *Urteile des Glaubens* über seinen Gegenstand nicht dadurch von wissenschaftlichen Urteilen unterschieden, daß sie „subjektiv" sind,

---

[43] *E– Formaler* Sinn von Wahrheit = Entdecktheit der gleiche! Daher auch Allgemeingültigkeit. –*E*

[44] *D–* Freilich doch insofern, als die Zugänglichkeit der Gegenstände für das Dasein in der Wissenschaft vorausgesetzt ist. Jeder *kann* also den Gegenstand sehen. –*D*

[45] *O–* So auch „*die* Wahrheit" als die Wahrheit des Augenblicks allgemeingültig. Zwar nicht: jeder „vernünftige" Mensch muß das einsehen; aber: der Augenblick *fordert* diese Antwort, diese Erkenntnis. Sieht der Glaube *die* Wahrheit, so ist er um deswillen nicht „subjektiv". Cf. Ms. Wahrheit und Gewißheit, unten S. 203 ff. –*O*

so daß also der Wahrheitsbegriff im glaubenden Denken relativiert würde im Gegensatz zum wissenschaftlichen Wahrheitsbegriff[46]. Die Wahrheit des Glaubens ist grundsätzlich genauso allgemeingültig wie die der Wissenschaft, und die „Subjektivität" der Glaubensurteile kann nur besagen, daß der Gegenstand des Glaubens nicht „allgemein" zugänglich ist, bzw. nicht für die Zugangsweisen, in denen zunächst weltliche Phänomene nicht[i] sichtbar werden. Wenn Gott nicht durch physikalische Forschung zugänglich gemacht wird, so ist damit Gotteserkenntnis so wenig „subjektiv" wie die Erkenntnis von „Geschichte", die der Physik auch verschlossen bleibt. Es bedeutet aber nicht, daß über Gott beliebige Sätze wahr sind.

Beruht die Wahrheit der Erkenntnis in ihrer Allgemeingültigkeit darauf, daß der Gegenstand so gesehen wird, wie er *ist*, so läßt sich sagen, daß die *„Wahrheit"* als Erschlossenheit des Gegenstandes einen *Anspruch* an die Erkenntnis erhebt: um einen Gegenstand zu erkennen, muß ich ihn so erkennen, wie er ist und sich zeigt. Vom *Anspruch der Wahrheit* läßt sich deshalb reden, weil ja die Frage nach dem Gegenstand je aus der Bewegtheit des Daseins erwächst. Damit, daß das Dasein in seiner Bewegtheit durch die Sorge Erkenntnis ausbildet, zeigt es, daß es auf das Sich-zeigen der Gegenstände angewiesen ist, daß es sich nicht selbst in der Verfügung hat, sondern von seiner Welt abhängig ist, deren Anspruch hören muß, um seine Situation im Augenblick zu verstehen. Der Anspruch je einer Wahrheit wird laut im Anspruch des Augenblicks. Und die Erschlossenheit des Augenblicks läßt sich als *die* Wahrheit bezeichnen, in deren Interesse ich je eine Wahrheit wissen will bzw. muß.

Wahrheiten gibt es so viele, wie es Gegenstände bzw. Gegenstandsgebiete, die der Erschließung zugänglich sind, gibt. In der Frage: τί ἐστιν ἀλήθεια; (Joh 18,38) ist nicht gefragt nach der Wahrheit eines Gegenstandsgebietes, und sie ist nicht durch den Hinweis auf irgend etwas Wahres beantwortet. Die explizite Frage: Was ist Wahrheit? erhebt sich, sobald das Dasein im naiven Verständnis seiner selbst und der Welt unsicher wird, wenn es sieht, daß ihm das Verständnis des Jetzt nicht durch das Wissen um das Einzelne, mit dem es zu tun hat, erhellt wird. In der Frage: Was ist Wahrheit? zeigt sich, daß Wahrheit in einem bestimmten

---

[46] *O*– Zunächst: *theologische* Urteile: allgemeingültig für jeden, der die Beziehung zum Gegenstand hat. Während der Gegenstand für die Wissenschaften sonst dem natürlichen Leben zugänglich ist, so der Gegenstand der Theologie nur für den Glauben. Der Glaube weiß *die* Wahrheit und mit ihm die Theologie. *–O*

---

[i] Das im Ms. stehende zweite „nicht" ist sicher zu streichen.

Sinne zum Dasein selbst gehört. Das Dasein fragt nach Wahrheit, weil es sich verstehen muß, um bei sich selbst zu sein, um zu seiner Eigentlichkeit zu kommen, und das heißt – da Dasein immer Handeln ist – zugleich, um zu wissen, was ich je tun soll. Es fragt dann nicht nach Wahrheiten, sondern nach der Wahrheit; es erwacht ἡ πολλὴ σπουδὴ, τὸ ἀληθείας ἰδεῖν πεδίον οὗ ἐστίν[47], nämlich nach einer Sicht, die ihm den unverstellten Blick auf Welt und Leben eröffnet, wie sie wirklich sind.

Wie findet es *die* Wahrheit? Indem es *alle* Wahrheiten findet? Aus ihnen ein Bild der Welt als Ganzer zusammensetzt? So die *Aufklärung* und der *Positivismus*. Es ist verständlich, daß das Dasein, um sich selbst zu verstehen, sich zunächst an die Welt wendet, um *sie* zu verstehen. Denn es lebt von vornherein in einer Welt, und es muß sie verstehen, um nicht blind in der Welt zu stehen. Die Meinung ist also verständlich, daß man möglichst viel, ja möglichst alles wissen muß. Kennt man alles, so kann man sich nicht mehr versehen, vergreifen. Dabei ist das menschliche Handeln wie eine technische Fertigkeit aufgefaßt, die völlige Kenntnis des Materials und der Regeln voraussetzt und sich dann mit Sicherheit vollzieht. Und alles Handeln ist verstanden als „Etwas herstellen", nicht als ein Handeln, in dem das Ich *wird,* zu sich selbst kommt. Vielmehr ist vorausgesetzt, daß das Ich immer bei sich selbst, in seiner Eigentlichkeit ist, und daß die Wissenschaft dies Dasein von außen sehen und verstehen kann. –*C*

D– Die Frage nach *der* Wahrheit ist dabei im Grunde eliminiert, weil das Dasein die Frage nach seiner Eigentlichkeit nicht mehr kennt. Ich brauche dann das Wissen nicht, um *mich* zu verstehen, sondern um je etwas zu verstehen. Die Frage: Was ist Wahrheit? kann nur noch als die nach einer einzelnen Wahrheit erhoben werden. Sie ist die Frage nach dem Praktischen, den Erfolg Sichernden, während der Erfolg selbst nicht mehr unter die Frage nach der Wahrheit gestellt wird. –*D*

C– In der Frage nach der ἀλήθεια ist nach der Beschaffenheit des Vorhandenen, auch meiner selbst, als eines Vorhandenen mit bestimmten Qualitäten gefragt; und bei steigender und vollendeter Erkenntnis der Wahrheit hätte das Jetzt alle Problematik verloren; ich weiß, warum ich tue, was ich tue, aber frage nicht mehr: Was soll ich tun[48]?

Der ursprüngliche Sinn der Frage: Was ist Wahrheit? als nach dem Anspruch des Augenblicks, ist aber die Frage: Was soll ich tun? von der

---

[47] Platon, Phaidros 248b.
[48] *O*– bzw. diese Frage ist als vereinzelte gemeint: was ist jetzt das Praktische, Erfolgversprechende, während der Erfolg selbst nicht unter der Frage nach der Wahrheit steht. Wenn ich alles weiß, weiß ich immer, was jetzt am Platze ist. –*O*

Voraussetzung aus, daß es je jetzt um mich geht, daß ich durch mein Tun zu etwas werde. Die *ganze* Wahrheit, *meine* Wahrheit steht in Frage. Ich will *mich* verstehen. So wird im *Griechentum* und im *Idealismus* nach der ἀλήθεια gefragt als nach der Norm für das individuelle Leben. Im Lichte der ἀλήθεια, der Erschlossenheit von Welt und Leben, entsprechend der unverschleierten Wirklichkeit soll das individuelle Leben geführt werden. Auch hier wendet sich das Dasein zunächst zum κόσμος, aber unter der Voraussetzung, daß er verstanden ist, so daß man nicht alle möglichen Wahrheiten zu wissen braucht, sondern nur *eine,* nämlich das, was den κόσμος zum σύστημα macht und ihm wie mir selbst so seine Wirklichkeit gibt. Und zwar ist die Frage nach der ἀλήθεια hier geleitet von der Voraussetzung, daß ich die ἀλήθεια in mir habe und in mich zu blicken habe, um sie zu finden: γνῶθι σαυτόν. Denn das, was der Welt wie mir selbst ihre Wirklichkeit gibt, ist der λόγος, die Vernunft, der Geist. Ihn zu kennen, brauche ich nicht alle Wahrheiten zu kennen, sondern nur eine, deren Derivate alle Wahrheiten sind, das was allem Sein, auch meinem eigenen, seine Wirklichkeit gibt[49]. Die ἀλήθεια, die mein individuelles Handeln bestimmen soll, ist einerseits die Erschlossenheit meines eigenen eigentlichen Seins, also dessen, was ich faktisch will; sie wird andrerseits im λόγος, im Denken erfaßt. Deshalb sind für das Griechentum wie für den Idealismus das Wissen um die ἀλήθεια und das entsprechende Handeln so aneinander gebunden, daß, wo das Wissen da ist, das Handeln notwendig folgt. Die ἀλήθεια ist letztlich die Erschlossenheit meines eigenen Daseins, und zwar unter der Voraussetzung, daß sich mir diese Erschlossenheit im λόγος eröffnet, und daß ich in ihr zur Eigentlichkeit meines Daseins kommen soll und kommen kann. Im λόγος offenbart sich aber meine Wahrheit in der Weise, daß er, an die Welt sich wendend, diese als Einheit, aus einer ἀρχή entspringend, versteht; die Welt als Einheit verstehen, heißt ihren Sinn kennen, und dieser Sinn ist zugleich mein Sinn, denn ich bin ein Glied des ganzen σύστημα, des κόσμος.

Der λόγος redet in allem Reden; aber er kommt zu sich selbst in der Wissenschaft. Die Wissenschaft übernimmt also die Beantwortung der Frage: Was ist Wahrheit? Freilich nicht die positiven Wissenschaften, nicht der Empirismus, aber die Philosophie. Sie beansprucht also, die Frage nach dem Anspruch des Augenblicks beantworten zu können, und sie muß den Augenblick deshalb aus der Sphäre des Endlichen und Zeitlichen herausheben in die Sphäre des Ewigen, Zeitlosen, der Idee.

---

[49] Cf. Platon, Phaidon 99e: ἔδοξε δή μοι χρῆναι εἰς τοὺς λόγους καταφυγόντα ἐν ἐκείνοις σκοπεῖν τῶν ὄντων τήν ἀλήθειαν.

Die griechische und idealistische Antwort kann nur so lange gelten, als *das Ich als ein Phänomen des* κόσμος verstanden wird. Dann kann die Frage: Was ist Wahrheit? durch den Hinweis auf eine zeitlose Wahrheit, auf ein zeitlos geltendes Gesetz beantwortet werden, oder als sinnlos eliminiert werden, weil „alles" wahr ist, weil alles sich mit Notwendigkeit vollzieht.

Ist *Dasein* aber *zeitlich geschichtlich,* dem es je im Jetzt um sich selbst geht, das je im Jetzt nicht unter ihm sich bietenden Möglichkeiten eine auswählt, sondern (indem es dies auch tut) je eine Möglichkeit seiner selbst ergreift, – ist das Sein des Daseins also *Seinkönnen,* indem jedes Jetzt wesenhaft neu ist und eben jetzt seinen Sinn erhält, eben durch seine Entscheidung, also nicht aus einem zeitlosen Sinn der Welt, – dann hat die Frage nach der Wahrheit nur Sinn als die Frage nach der *einen Wahrheit des Augenblicks,* meines Augenblicks.

Also kann Wissenschaft überhaupt nicht die Frage: Was ist Wahrheit? beantworten. Oder gibt es doch eine Wissenschaft, die *Philosophie?* Stellt nicht diese die Frage: *Was ist der Mensch?* und ist diese Frage nicht letztlich mit der: Was ist Wahrheit? gleichbedeutend?

Und andrerseits *die Theologie,* wenn sie die *Frage nach Gott* behandeln, wenn *Gott* ihr Gegenstand sein soll[50]? Denn was ist die Frage nach Gott anders als die Frage: Was ist Wahrheit? Gerade wenn die Frage nach der Wahrheit als die nach dem Augenblick gestellt ist, kann sie dann etwas anderes sein als nach Gott, der, wenn er überhaupt gedacht ist, als die das Jetzt beherrschende Macht, als der in das Jetzt lautwerdende Anspruch gemeint ist?

Die Fragen sollen so behandelt werden, daß zunächst die Frage nach der Theologie als Wissenschaft von Gott und dann ihr Verhältnis zu der Existenz-Philosophie[k] geklärt wird. –*C*

---

[50] *O–* Ist die Frage nach der Wahrheit die Frage nach Gott, so kann die Theologie nicht die Frage nach der Wahrheit beantworten. Die „Wahrheit" der Theologie ist nur Wahrheit der Wissenschaft; inwiefern kann sie dann doch Wissenschaft von Gott sein? –*O*

---

[k] Ursprünglich stand im Ms. anstelle von „Existenz"(-Philosophie) *D:* „als Daseins-Ontologie verstandenen" (Philosophie).

§ 8 Die Unerkennbarkeit Gottes

D– Ist die Frage: Was ist Wahrheit? die Gottesfrage, so kann Gott nicht der Gegenstand einer positiven Wissenschaft sein, die aus dem ursprünglichen Verhältnis des Daseins zu seiner Welt heraus das in diesem Verhältnis gegebene Verstehen ausarbeitet, die die Erkenntnis des Gegenstandes in allgemeinen Sätzen fixiert und bereitstellt. Ist die Frage: Was ist Wahrheit? die je im Augenblick erwachende Frage nach dem Anspruch des Augenblicks, so kann sie nur je jetzt von mir beantwortet werden; denn der Anspruch ist stets neu. Gott ist also für die Wissenschaft unerkennbar. Und diese Unerkennbarkeit bedeutet nicht, daß der Gegenstand „Gott" für unser Wissen zu groß, zu umfangreich, unübersehbar wäre, daß *unsere Erkenntnis nicht „adäquat"* wäre[1]. Kein leichtfertiges Reden von Gottes Unerkennbarkeit[2]!

Gott ist nicht ein ganzes oder teilweises X, so daß unser Nichtwissen von ihm den Charakter eines Nichtwissens von irgendwelchen verborgenen Dingen, irgendeiner Hinter- oder Überwelt hätte. Dann wäre die Gotteserkenntnis grundsätzlich als Welterkenntnis gedacht, und die Unzulänglichkeit unserer Welterkenntnis wäre mit Gotteserkenntnis verwechselt.

Fragen wie die, wie Gott dies oder jenes macht oder gemacht hat, warum dies oder jenes so oder so ist, mißverstehen den Gottesgedanken und fragen nach einem verständlichen Weltprinzip, einer ἀρχή, von der aus die Welt verständlich wird. Ein Weltprinzip aber ist selbst Welt. Und wenn wir ein solches verständliches Prinzip nicht finden und die Welt als ganze dunkel bleibt, so bedeutet das nicht Unadäquatheit der Gotteserkenntnis, sondern Unzulänglichkeit der Welterkenntnis. *–D*

A– Auch unter dem *„Unbedingten"* kann nur ein Weltprinzip verstanden werden[3], und zwar ist in der Frage nach einem Unbedingten (d. h. also nicht nach einer unbedingten Wahrheit, Forderung etc.) nicht nach einer Wirklichkeit gefragt, sondern nach einer Idee. Denn der Gedanke des Unbedingten ist eine Abstraktion oder ein Grenzbegriff. Wir kennen faktisch nur einzelnes und bedingtes als wirklich, und sofern wir uns selbst

---

[1] Cf. Max Reischle, Erkennen wir die Tiefen Gottes? Eine Untersuchung über Adäquatheit und Inadäquatheit der christlichen Gotteserkenntnis, ZThK 1, 1891, 287–366.

[2] Act. 17,27f.: ζητεῖν τὸν θεόν, εἰ ἄρα γε ψηλαφήσειαν αὐτὸν καὶ εὕροιεν, καί γε οὐ μακρὰν ἀπὸ ἑνὸς ἑκάστου ἡμῶν ὑπάρχοντα. ἐν αὐτῷ γὰρ ζῶμεν καὶ κινούμεθα καὶ ἐσμέν (cf. 14,17: καίτοι οὐκ ἀμάρτυρον αὐτὸν ἀφῆκεν ἀγαθουργῶν).

[3] Cf. Paul Natorp, Religion innerhalb der Grenzen der Humanität, Tübingen ²1908, S. 39ff. 99f.

als bedingt wissen, kommen wir zu einem Grenzbegriff des Unbedingten, der faktisch nichts weiter ist als die Negation unser selbst und der Versuch ist, alles Bedingte in seiner Allheit und Einheit als Unbedingtes zu verstehen und uns selbst, sofern wir in der Allheit als einzelne aufgehoben sind, auch als Unbedingte[4]. Sofern wir den Begriff des All oder des Unbedingten nicht anschaulich haben, sondern nur als logischen Begriff, kann wieder der Gedanke der Inadäquatheit unserer Erkenntnis auftreten. Er besagt aber nichts weiter als eben dies, daß wir vom Unbedingten keine Erfahrung und Anschauung haben, und hat mit Gotteserkenntnis nichts zu tun. –A E– Er besagt, daß wir, weil wir selbst Welt sind, nicht „hinter" die Welt kommen, sie als Ganzes anschaulich haben können. –E A– Nur ein anderer Ausdruck für das Unbedingte kann sein: das *Ewige*. Er ist uns gleichfalls nur verfügbar als ein Grenzbegriff, während wir als wirklich nur zeitliche Wesen kennen[5]. Der Gedanke des Ewigen würde nur den Gegensatz zum Ausdruck bringen zu dem, was wir sind und nicht sein wollen.

Faßt man freilich die *Gedanken des Unbedingten oder des Ewigen als Ausdruck einer Forderung*[6], unter der wir uns stehend wissen, nämlich der Forderung, aus der Triebhaftigkeit eines Lebens im isolierten Jetzt herauszukommen und unabhängig und frei etwas für uns zu sein, also als den Gedanken unsrer Verantwortlichkeit als der Verantwortlichkeit des Jetzt vor der Zukunft[a], so wird damit freilich die Wirklichkeit unserer Existenz erfaßt. –A D– Es wird damit aber nur gesagt, daß wir unter einer Forderung stehen, nicht über uns selbst verfügen, im Tun sowenig wie im Denken. Auch damit ist noch nicht Gott gedacht.

Der Gedanke des Unbedingten als einer *unbedingten Forderung* ist auch nur ein *formaler Gedanke*. Er besagt, daß wir uns jeweils unbedingt gefordert wissen; daß die Verantwortung, unter der wir stehen, eine unbedingte ist. Über das Konkrete der Forderung, der Verantwortung, ist im Gedanken des Unbedingten nichts gesagt. Und es ist vergeblich, sich von dem Unbedingten eine Anschauung machen zu wollen als von einem „höchsten Gut" oder „höchsten Wert". Wir erfahren die unbedingte For-

---

[4] *E–* Das „Unbedingte" entweder als bloßes Negativum oder als der Inbegriff alles Bedingten in seiner Einheit bzw. als einheitsgebender Ursprung. Dann der Gott des Griechentums bzw. des Idealismus. *–E*

[5] Das „Unbedingte" ist mehr am Raum, das „Ewige" mehr an der Zeit orientiert. Es fragt sich, ob man ein Recht hat, statt *das* Ewige *der* Ewige zu sagen.

[6] *D–* Sofern der Gedanke des Unbedingten etwas *Positives* sagt, ist er der Gedanke einer unbedingten Forderung. *–D*

---

[a] Einfügungen *D* in diesem Satz: „isolierten" und „als der Verantwortlichkeit des Jetzt vor der Zukunft".

derung im *Gewissen*. Aber das Gewissen gibt uns nicht ein anschauliches
ethisches Prinzip oder eine Werttafel, sondern sagt uns je im Augenblick,
daß wir tun sollen, was wir als gut erkannt haben, oder daß wir erkennen
sollen, was jeweils gut, gefordert ist. –*D*

A– Jedenfalls aber ist es[b] ein Mißverständnis, den Gedanken des Unbedingten und Ewigen, der in der Erkenntnis der Forderung liegt, zu hy-
postasieren und für Gott zu halten[7]. „Nicht das Ewige rettet uns, sondern
der Gott, der des Zeitlichen und Ewigen mächtig ist."[8] –*A*

E– Die Einsicht in die Unmöglichkeit, die Welt als Ganzes zu verstehen,
ist auch dann noch keine Erfassung Gottes, wenn sie bedeutet: die Unmöglichkeit, das Schicksal zu verstehen, das Eingeständnis, daß die Welt
für uns unheimlich ist, weil wir uns zwar von der Natur unterscheiden, aber
doch in die Natur verflochten sind (Hunger und Liebe, Krankheit und
Tod), weil wir die Geschichte gestalten und doch in die Geschichte verfan-
gen sind (Schicksal), weil wir Gutes wollen und uns doch in Schuld ver-
stricken. –*E*

A– Diese Unheimlichkeit ist nicht Gott, und die Angst, die unser Leben
durchzieht, nicht Gottesfurcht. Ist „das Schaudern der Menschheit bestes
Teil", so deshalb, weil in diesem Schaudern der Mensch sich selbst wohl
tief erfassen kann, Gott aber nicht.

So ist auch das *Irrationale* nicht gleich Gott[9]. Denn es ist wieder nur ein
Grenzbegriff[10]. Soll damit einfach gesagt sein, daß Gott nicht Gegenstand
rationaler Erkenntnis ist, so ist das zwar richtig. Aber das Irrationale ist ein
rein formaler Begriff und sagt nichts weiter als das Nicht-Erkennbare[11].
Dies als Gott zu bezeichnen, liegt kein Grund und kein Recht vor. Sofern
aber mehr als ein bloß Formales damit gemeint ist, besagt es eben das
Rätsel unser selbst. Und wenn wir dies X für Gott ausgeben, so hat uns in
Wahrheit der Teufel am Kragen. Denn die Qualitäten des Tremendum wie
des Fascinosum eignen dem Teufel so gut wie Gott. –*A*

---

[7] *D*– Die Tatsache, daß wir nicht *das* Gute anschaulich kennen, sondern je im Jetzt
wagend erkennen müssen, besagt andrerseits nicht die Unadäquatheit der Gotteserkenntnis, sondern nur die Erkenntnis, daß wir geschichtlich sind. –*D*

[8] Wilhelm Herrmann, Warum bedarf unser Glaube geschichtlicher Tatsachen, Ges.
Aufsätze, Tübingen 1923, 214–238, zit. S. 236.

[9] *D*– Mißverständnis der Gnosis. –*D*

[10] *O*– H. E. Eisenhuth, Philosophische Studien zum Begriff des Irrationalen, Frankfurt 1931. –*O*

[11] *O*– Ursprung des Begriffs des Irrationalen im Neuplatonismus! –*O*

---

[b] „es" vom Herausgeber ergänzt.

B– Die häufige populäre Redeweise (aus der Mystik stammend), daß Gott das Unbegreifliche, Unsagbare etc. ist, übersieht zweierlei:

1. Der Begriff des Unbegreiflichen, Unsagbaren etc. ist durchaus der Begriff eines Gedachten. Um das Unbegreifliche etc. denken zu können, muß das Begreifliche etc. mitgedacht werden, und Gott wird einfach als dessen Negation gedacht. Deshalb ist es sinnlos, von Gott schlechthin als dem Unbegreiflichen zu reden. Was damit gesagt sein soll, ist dies, daß er durch die Vernunft nicht primär enthüllbar ist, daß er „auf rationalem Wege weder in seinem Sachgehalt zu ergründen noch in seinem Recht zu begründen ist" (Heidegger)[c]. „Allein es kann sehr wohl etwas unbegreiflich und durch Vernunft nie primär enthüllbar sein, es braucht gleichwohl nicht eine begriffliche Fassung von sich auszuschließen. Im Gegenteil: wenn die Unbegreiflichkeit als solche gerade in der rechten Weise enthüllt sein soll, dann geschieht das nur auf dem Wege der angemessenen und d. h. zugleich an ihre Grenze stoßenden begrifflichen Auslegung. Sonst bleibt die Unbegreiflichkeit gewissermaßen stumm" (Heidegger)[d].

2. Barth[12]: „Denken wir nicht gering vom Denken, machen wir nicht mit mit dem Antiintellektualismus unserer Tage! Man kann nicht handeln ohne zu denken! Die große Forderung, die die Barmherzigkeit Gottes an uns richtet, ist primär die Forderung eines richtigen Denkens, eines Wissens, aus dem dann das richtige Tun hervorgehen soll! Buße heißt: es muß in unserem Denken die unseren Willen bewegende Erkenntnis Platz greifen, daß wir Gott dankbar zu sein haben."

Der Rede von der Unbegreiflichkeit Gottes gegenüber ist also zu fragen: wie ist sie gemeint[13]?

1. Als Unbegreifbarkeit Gottes als eines vorhandenen Wesens? Dann ist sie sinnlos, weil Gott als Welt gedacht, weil also gar nicht von Gott die Rede ist.

---

[12] Karl Barth, Vom christlichen Leben, München 1926, S. 37 (zu Rm 12,1f.).

[13] *D*– Gott ist nicht ein schlechthinniges X. Über ein solches könnte man nicht reden, und es hätte kein Interesse. Sagt man: das X treibt uns eben um, so hat man damit ja etwas über seine Bedeutsamkeit, seine Funktion im Leben gesagt, und eben dies gilt es, angemessen zu bestimmen. –*D*

---

[c] Bultmanns Heidegger-Zitat (ohne Angabe des Fundorts) stimmt nahezu wörtlich mit der erst 1969 erfolgten Veröffentlichung von Heideggers Vortrag „Phänomenologie und Theologie" überein, der am 9. 3. 1927 in Tübingen gehalten und am 14. 2. 1928 in Marburg wiederholt worden war (statt „auf rationalem Wege" heißt es in der Druckfassung: „auf rein rationalem Wege"). Martin Heidegger, Gesamtausgabe, 1. Abt., Bd. 9: Wegmarken, Frankfurt 1976, 47–67; zit. S. 62.

[d] AaO.

2. Als Unbegreiflichkeit des Gottesbegriffs? Dann ist sie ebenso sinnlos; denn das, wovon die Rede ist, muß in irgendeinem Sinne begriffen sein. Es ist also entweder von der Unbegreiflichkeit überhaupt die Rede, – dann also nicht von Gott, oder die Unbegreiflichkeit Gottes ist doch schon eben als die Gottes begriffen.

So wenig die Frage: Was ist Wahrheit? nach *einer* Wahrheit oder nach Wahrheit überhaupt fragt, vielmehr nach der Wahrheit des Augenblicks, – so wenig ist die Unbegreiflichkeit Gottes die Unbegreiflichkeit von Etwas oder die Unbegreiflichkeit überhaupt, sondern die des Augenblicks!

3. Als Unbegreiflichkeit des Jetzt in seinem Woher, Warum, Wozu? Dann richtig! Aber diese Unbegreiflichkeit ist in dem üblichen Reden von der Irrationalität Gottes gerade nicht gemeint; die Mystik will ja gerade vermeiden, hier im konkreten zeitlichen Jetzt Gottes inne zu werden, sondern will das Jetzt seiner Zeitlichkeit entkleiden. –*B*

E– Daß die Wissenschaft nicht von Gott reden kann, ihn nicht zum Objekt des Forschens und Erkennens machen kann, bedeutet einfach, daß *Gott nicht zum Objekt unseres Verhaltens gemacht werden kann*[14]. Sowenig wie wir direkt auf Gott handeln können, ihn zum Objekt unseres Tuns machen können, so wenig zum Objekt unseres Denkens. Er „hält" gleichsam nicht „still"; er *steht nicht zur Verfügung*. Gott ist nicht mehr Gott, wenn er als Objekt gedacht wird, das außerhalb des Denkens ist und diesem gegenübersteht. Denken wir Gott im echten Sinne, so denken wir den Allmächtigen, der unsere Existenz schlechthin bestimmt, oder wir denken ihn überhaupt nicht. Wir müßten also, um ihn denken zu können, auch über unsere Existenz verfügen, uns ihr gegenüberstellen können[15]. Aber wir existieren ja doch auch in solchem Akt, bzw. in der Einbildung solchen Aktes.

Die *Unverfügbarkeit Gottes* ist also nicht eine zufällige, wie die Unverfügbarkeit eines unverfügbaren Seienden[16]. Sondern sie ist *zugleich* die *Unverfügbarkeit des Menschen über sich selbst*. Der Mensch ist Gott anheimgegeben; nicht sein eigener Herr[17]. Er ist nie von Gott entlassen, sich

---

[14] Die Unerkennbarkeit Gottes bedeutet: *die Unerkennbarkeit des Augenblicks,* wenn die Frage nach Gott die Frage nach der Wahrheit ist, und wenn die Wahrheit der Anspruch des Augenblicks ist.

[15] Weder für Gott noch für uns selbst steht uns ein Zuschauerstandpunkt zur Verfügung.

[16] Cf. „Welchen Sinn hat es, von Gott zu reden?", Glauben und Verstehen (1), Tübingen 1933, 26–37.

[17] *O*– Gott nicht schlechthin X. Das Umgetriebensein durch ein X zeigt, daß es hinsichtlich seiner Bedeutsamkeit und Funktion für das Leben bekannt ist. (Auch in der Natur kann es ein X nur im Anstoß dagegen geben.) –*O*

selbst so überlassen, daß er sich selber gegenständlich machen könnte. Er *ist* nur existierend.

Das heißt aber: er ist nur insofern sein Objekt, als er zugleich sein Subjekt ist[18]; d. h. *er hat seine Existenz je zu ergreifen* in der Entscheidung des Augenblicks. Im Augenblick, der ihn fordert, fordert Gott ihn. Die Unerkennbarkeit Gottes ist begründet nicht in mangelnden Erkenntnisorganen des Menschen, sondern in der *Zeitlichkeit* des Menschen. Das Rätsel des Augenblicks ist das, daß ich *die Zukunft nicht kenne*. Aber das Nichtkennen der Zukunft ist nicht gleich dem Nichtkennen eines dunklen, unerforschten Raumes. Denn die Zukunft ist *meine* Zukunft; die Zeit ist meine Zeitlichkeit. Die Zukunft bringt mich mir selbst als verloren oder gewonnen. Der Mensch *ist* zeitlich und läßt die Zeitlichkeit nicht an sich vorbeilaufen wie den Raum, den er durchschreitet.

Daß Gott erkennen heißt, des Augenblicks Herr werden, zeigt der *stoische* Gottesbegriff. –E

D– Wirklich meint die *Stoa* in diesem Sinn adäquate Gotteserkenntnis zu haben, da sie zu wissen meint, welche Antwort jeder Augenblick verlangt. Sie kennt ja die Ewigkeit, nämlich als das zeitlose Wesen des Geistes. Die Entscheidung für diesen Geist und das heißt für die Freiheit des Innern gegen das Begegnende ist der stets gleiche Sinn des Augenblicks[19]. Stoa und christlicher Glaube könnten formal in gleicher Weise sagen:

> „Es kann mir nichts geschehen,
> als was er ausersehen,
> und was mir heilsam ist."[c]

Aber der Sinn ist hier und dort verschieden, da für die Stoa nie etwas Neues begegnen kann; das Jeweilige des Augenblicks wird auf das Allgemeine reduziert. Ich weiß immer schon, wie ich zu entscheiden habe (ἀνέχεσθαι und ἀπέχεσθαι), und nichts Neues kann mir begegnen. Im Christentum ist die Frage des Augenblicks je neu. Und die Erkenntnis ist aufgegangen, daß die Voraussetzung falsch ist, daß ich mein Innenleben

---

[18] *O–* Er ist freilich auch sein Subjekt, indem er sein Objekt ist. Er ist nicht nur ontisch, sondern auch ontologisch. *–O*

[19] *E–* Voraussetzung, daß ich freier Herr in meinem Innenleben bin, meine Vorstellungen und Triebe und Entschlüsse frei regeln kann und dadurch von der Welt frei werde. *–E*

---

[c] Paul Fleming (1609–1640): „Nach des VI. Psalmens Weise" („In allen meinen Taten . . ."): „Es kann mir nichts geschehen, / Als was er hat versehen / Und was mir selig ist." (cf. EKG 292).

frei zur Verfügung habe. Das hängt zusammen: erstens mit der andern Auffassung vom Du, das mir je im Augenblick begegnet, zweitens mit der Auffassung von der Freiheit, die für die Stoa die Verfügbarkeit meiner Innerlichkeit bedeutet, die Unabhängigkeit von etwas Anderem, als ich selbst bin, während für das Christentum gerade *diese* Freiheit in Frage gestellt ist[20]. –*D*

E– Es fragt sich aber, ob sie die Existenz des Menschen wirklich versteht. Es ist ein Herrwerden über den Augenblick, der das Spezifische des Augenblicks gerade eliminiert. Daß Gott erkennen heißt, des Augenblicks Herr zu werden, zeigt ebenso die *Mystik,* die im Augenblick Ewigkeit haben will, aber dadurch, daß sie den Augenblick seiner Zeitlichkeit entkleidet und ihn damit vernichtet, ihn seines Augenblick-Charakters beraubt.

Die Erkenntnis Gottes ist die *Erkenntnis der Forderung des Augenblicks.* Sein Ruf wird als die Forderung des Augenblicks an uns laut. Gott ist unsichtbar für die hinsehende Forschung der Wissenschaft.

Gott ist sichtbar in der Forderung des Augenblicks!? Ja, er *sollte* hier sichtbar sein! Aber *ist* er es[21]?

Ist uns die Forderung des Augenblicks eindeutig vernehmbar? Wohl wissen wir uns vom Augenblick gefordert. Aber die Stimme des *Gewissens* sagt uns nur das *Daß* der Forderung, und wir haben wagend das *Was* der Forderung zu finden. Und wir können nicht selbst als Richter entscheiden, ob wir recht gewählt haben. Das „gute Gewissen" ist nur die Abwesenheit des bösen und kein positives Phänomen[22]. Es bleibt das „böse", verurteilende Gewissen, oder es bleibt die ständige Unsicherheit.

Aber schon, daß uns die Wahrheit des Augenblicks im Gewissen als Forderung begegnet, als „du sollst!", als Ruf, der uns aus der Verlorenheit an die Welt zurückruft zu uns selbst, zeigt an, daß wir für die Wahrheit des Augenblicks nicht offenstehen, sondern sie ständig im Kampf mit uns selbst suchen müssen[23]. Im Gewissenhabenwollen entschließt sich der Mensch, er selbst zu sein in eigener Verantwortung; er entschließt sich zur Schuldbereitschaft[24]. Das heißt aber: er erkennt das Dunkel des Augen-

---

[20] Hans Jonas, Augustin und das paulinische Freiheitsproblem, FRLANT NF 27, Göttingen 1930. *E*– H. Schlier, Art. ἐλεύθερος κτλ., ThWNT 2, 484–500. –*E*

[21] Gott ist unerkennbar auch in dem zweiten Sinne, daß uns die Wahrheit des Augenblicks nicht nur theoretisch, sondern auch praktisch unerkennbar ist.

[22] Im „guten Gewissen" *ruht* das Gewissen nur.

[23] Cf. A. Ritschl, Über das Gewissen 1876, Ges. Aufsätze, Neue Folge, Freiburg/ Leipzig 1896, 177–203. M. Heidegger, Sein und Zeit I, Halle 1927, 267–301. H. G. Stoker, Das Gewissen, Bonn 1925.

[24] Das „begleitende" Gewissen ist im Grunde auch ein verurteilendes, insofern sich

blicks an und wagt auch in diesem Dunkel, er selbst zu sein. Er hört im Augenblick nicht Gott, sondern sich selbst.

Gerade indem der Mensch im Gewissen sich zu sich selbst ruft, hört er Gott nicht. Der Ruf des Augenblicks ist Anklage und Forderung, nicht Trost und Erfüllung[25]. Es ist idealistische Deutung, im Ergreifen der Forderung des Augenblicks faktisch Gottes inne zu werden. Christliche Überzeugung ist, daß Gott nicht in der Forderung gehört wird. Beziehungsweise die Forderung des Augenblicks als Forderung *Gottes* könnte nur die Forderung sein: die *Gnade* des Augenblicks offen zu empfangen; die Wahrheit des Augenblicks könnte nur sein: seine Verständlichkeit als *Geschenk*. Die für Gott offene Haltung des Menschen könnte nur sein, was das Christentum *Glaube* nennt.

Das ist in gleicher Weise deutlich, wenn bedacht wird, daß der Ruf des Augenblicks nicht nur zur Tat ruft, sondern auch *Schicksal* gibt. Als solcher Schicksal-gebender Augenblick ist er die Frage, ob wir dieses Schicksal als das unsere bejahen können, es als Gabe, durch die wir werden, empfangen können, – oder ob wir ihm mit Vorbehalt, mit Auswahl, Kritik, Ablehnung begegnen. Das würde doch heißen, Gott im Augenblick sehen, wenn unser selbstwilliges Ich schwiege und wir uns rein von Gott zu uns selbst bringen ließen. Das würde voraussetzen die schlechthinnige Preisgabe unser selbst: ἡ γὰρ δύναμις[f] ἐν ἀσθενείᾳ τελεῖται ... διὸ εὐδοκῶ ἐν ἀσθενείαις, ἐν ὕβρεσιν, ἐν ἀνάγκαις, ἐν διωγμοῖς καὶ στενοχωρίαις, ὑπὲρ Χριστοῦ. ὅταν γὰρ ἀσθενῶ, τότε δυνατός εἰμι. (2. Kr 12,9f.)[26].

So aber lassen wir als natürliche Menschen das Schicksal nicht begegnen; vielmehr mit ständigen Wünschen und mit ständigem Sträuben. Ein Leben, das je in seinen Augenblicken Gott sähe, müßte ein Leben in Freude sein. Unser Leben ist ein Leben in ständigem Wechsel, das in seiner Freude schon um die Bedrohung der Freude weiß; das weiß, daß alle Lust Ewigkeit will und sie nicht gewinnt; das zum Augenblicke nie sagen kann: „Verweile doch, du bist so schön." – Unser Leben ist ein

---

der Mensch die Handlung schon vor der Tat zueignet und die Verurteilung der Tat vorwegnimmt.

[25] Cf. Fr. Gogarten, Ethik des Gewissens oder Ethik der Gnade, ZZ 1, 1923, 10–29, bes. S. 16.

[26] *O*– Ermöglichung durch das Kreuz. Hoffnung!
Liebe, den Ruf des Augenblicks zur Tat   } im Glauben
Hoffnung, den Ruf des Augenblicks zum Empfang des Lebens } fundiert

                                                                    –*O*

[f] Im Ms. Bultmanns statt δύναμις: χάρις.

Leben der Sorge und Klage, der Unzufriedenheit und Unruhe, der Angst, sei sie offen oder betäubt.

Die *Unerkennbarkeit Gottes* ist also

1. die Unerkennbarkeit der Wahrheit des Augenblicks für die hinsehende Betrachtung; da diese Wahrheit nur im entschlossenen Ergreifen der geforderten Tat und des dargebotenen Schicksals erfaßt wird; nur im Existieren selbst und nicht im Danebenstehen vom Zuschauerstandpunkt aus.

2. Sie ist ferner die Unmöglichkeit, den Augenblick wirklich als Gottes Ruf zu verstehen; da sein Ruf übertönt ist von der Stimme des eigenen Wollens und Wünschens, von der Sünde. –*E*

§ 9 Die Erkennbarkeit Gottes in der Existenz durch die Offenbarung

E– Wenn Gott also unerkennbar ist, wie kann dann überhaupt von Gott geredet werden? Haben wir nicht immer schon, indem wir von der Unerkennbarkeit Gottes redeten, von Gott geredet? Es mußte wohl sein, wenn eben von der Unerkennbarkeit *Gottes* geredet werden sollte und nicht von Unerkennbarkeit überhaupt. Und gerade das sollte ja deutlich werden, daß vom Irrationalen reden nicht heißt: von Gott reden.

In der Tat: die Unerkennbarkeit Gottes ist eine in einem bestimmten Sinne begrenzte, wenn von ihr überhaupt soll geredet werden können[1].

Es ist das gleiche Phänomen wie das, daß wir von Dankbarkeit und Vertrauen, von Freundschaft und Liebe wissen und reden können, obwohl wir doch nie im allgemeinen Dankbarkeit und Vertrauen, Freundschaft und Liebe haben können, sondern nur im konkreten Fall. Wissenschaft kann nie einen Freund entdecken, Treue entdecken, Liebe entdecken; sondern nur in der wagenden Hingabe wird dergleichen entdeckt.

Aber dennoch gibt es ein Wissen darum. Und zwar deshalb, weil unsere Zeitlichkeit nicht allein darin besteht, daß der Augenblick uns als neuer begegnet, sondern weil wir in der Erinnerung die Zeit bewahren, weil wir die Vergangenheit in das Jetzt mitbringen, und der Charakter des Augenblicks gerade darin besteht: uns, die durch ihre Vergangenheit qualifizierten, zu fragen[2]. Deshalb ist ja auch das Rätsel des Augenblicks für jeden

---

[1] *O–* Schon sofern von Gottes Unerkennbarkeit im ersten Sinn geredet wurde und damit von Gott als der Wahrheit des Augenblicks, ist seine Erkennbarkeit in einem bestimmten Sinne vorausgesetzt worden. Wie ist das möglich? –*O*

[2] *O–* Zeitlichkeit kein bloßer Ablauf, sondern ein Sein zu und Sein aus. –*O*

ein anderes, weil jeder *seine* Vergangenheit hat. Das heißt aber: gerade der Augenblick fordert Rechenschaft über unsere Erlebnisse und fordert, daß wir sie uns vergegenständlichen. Ihre Bedeutsamkeit kommt uns zum Bewußtsein; wir können um sie wissen und von ihnen reden. Wir haben sie nicht im Wissen, – sie können uns gerade im Wissen verloren gehen. Aber in ihrem Erlebnis haben wir auch ein Wissen um sie[3].

Das Wissen und Reden *hat* sie nicht; es weiß und redet im Grunde nicht von ihnen, sondern hat nur ihren Begriff[4]. In der Tat ist der Gottesbegriff auch außerhalb des Glaubens faßbar. Außerhalb des Glaubens ist auch der Sinn der Unerkennbarkeit Gottes soweit sichtbar, als sie bedeutet: die wissenschaftliche Unerkennbarkeit der Wahrheit des Augenblicks; das heißt also: außerhalb des Glaubens gibt es ein Wissen um Gott. Und zwar ist es deshalb möglich, außerhalb des Glaubens von Gott zu reden und einen Gottesbegriff zu entwickeln, weil jedes Dasein von der Frage nach der Wahrheit bewegt ist. In der Frage nach Gott weiß das außergläubige Dasein um Gott.

Das entspricht der Tatsache, daß auch außerhalb der Liebe, der Freundschaft etc. das Reden von Liebe und Freundschaft verstanden werden kann; zum Beispiel in der Sehnsucht. Ja, es ist möglich, daß in der Frage nach der Sache ihr Sinn deutlicher zum Bewußtsein gebracht werden kann als im Lebensverhältnis zur Sache.

Luther setzt voraus, daß der Mensch einen Gottesbegriff hat, d. h. in der Frage um Gott weiß[5]. Gesagt ist hier, daß es zum Menschen gehört, sein „Herz zu hängen und sich zu verlassen" auf eine Macht, der man sich „alles Guten versieht"[a], daß also der Mensch als solcher um sein Angewiesensein auf . . . weiß.

Luther setzt auch die Möglichkeit eines philosophischen Gottesbegriffs voraus, freilich mit dem Zusatz, daß uns der philosophische Gott nichts angeht[6]. Aber er lehrt auch eine natürliche Gotteserkenntnis, und zwar die Erkenntnis Gottes, die uns etwas angeht: die Erkenntnis Gottes nämlich durch das Gesetz ist der Vernunft bekannt; sie erhebt sich im Gewissen, ist also das Wissen um das Gefordertsein[7]. „Alle Türcken, Jüden,

---

[3] Wir haben unsere Existenz nicht im Wissen um sie, aber wir haben in unserer Existenz zugleich ein Wissen um sie.
[4] O– Der Mensch nicht nur ein ontisches, sondern auch ein ontologisches Wesen. –O
[5] Cf. Anfang der Erklärung des ersten Gebots im Großen Katechismus.
[6] Theodosius Harnack, Luthers Theologie, Bd. 1, München ²1927, S. 69f.
[7] AaO S. 70f.

---

[a] BSLK S. 560.

Papisten, Tatern und Heiden sagen auch, das ein Gott sey, schöppfer Himels und der erden, der da wil dis und das gethan und gelassen haben, so sollen wir leben."[8] –*E*

O– Was weiß der Glaube mehr von Gott[c]? Erstens: er bestreitet dem Unglauben das Recht, von Gott anders als von der Gottesfrage zu reden. Zweitens: er sieht die radikale Unmöglichkeit, Gott zu erkennen. Drittens: er redet auf Grund der Offenbarung von Gott, nämlich seinem Wort, das die Situation interpretiert: das Gewissen als Ruf Gottes, die Schuldvergebung (pecca fortiter, sed crede fortius), die Welt gekreuzigt. –*O*

C– Soll *von Gott* die Rede sein, so ist freilich klar, daß von ihm nur als dem Herrn, d. h. als dem, der den Augenblick schickt und seinen Anspruch in ihm stellt, die Rede sein kann, als von dem, dessen Anspruch eben im Anspruch des Jetzt vernommen wird[9]. Es müßte damit von ihm die Rede sein als dem, den das Gewissen vernimmt, und zugleich als dem, der auch in der knechtenden Welt erfahren wird, wenn anders er der Allmächtige ist.

Aber es darf nicht einfach gesagt werden, *daß* der Anspruch des Augenblicks der Gottes ist, *daß* die Stimme des Gewissens die Gottes ist, *daß* Gott der Herr der knechtenden Welt bzw. der Herr der begegnenden und beschenkenden Wirklichkeit[d] ist. Denn damit wäre ohne Grund und Recht die einfache Tatsache des im Jetzt Beanspruchtseins und des Geknechtetseins bzw. Beschenktseins[e] als Gott bezeichnet, also Gott nur ein Name für Phänomene, die auch ohne ihn sichtbar sind.

Kann *der Anspruch Gottes unter andern Ansprüchen* begegnen? wie

---

[8] AaO S. 72[b], cf. S. 74 f., wo dies Wissen deutlich als Wissen in der Frage geschildert wird. *O*– Das Wissen der Empörung; Prometheus (Karl Jaspers, Philosophie, Bd. 3 Metaphysik, Berlin 1932, 71 ff.: die Empörung gegen den Grund, aus dem ich kam. Die Frage, ob das Sein zu rechtfertigen ist. Die Abschiebung der Verantwortung auf den Schöpfer. Hinter die Welt kommen wollen.) –*O*

[9] *O*– Vernommen wird je von *mir* und je *neu*! –*O*

---

[b] WA 46, 669, Z. 24–26 (Auslegung v. Joh. 1.2 in Predigten 1537/38).

[c] Die mit Blei geschriebenen Ausführungen dieses Abschnitts ersetzen folgenden Text (*C*, gestrichen und eingeklammert): „Die Frage nach Gott ist die Frage nach der Wahrheit, nach dem Anspruch des Augenblicks. Die Frage ist hervorgetrieben vom Gewissen, das den Menschen anweist, im Jetzt sich selbst zu übernehmen. Aber damit, daß der Mensch um seine Existenz weiß, den Anspruch des Augenblicks im Gewissen vernehmen kann, glaubt er noch nicht an Gott, und die Wissenschaft, die diese Strukturen des Daseins aufweist, ist nicht Theologie sondern philosophische Analytik des Daseins."

[d] Von „bzw. der Herr . . ." bis „Wirklichkeit": Zusatz *E*.

[e] „bzw. Beschenktseins": Zusatz *E*.

etwa der Anspruch dieses oder jenes bestimmten Menschen? Offenbar
nicht. Es gäbe seinen Anspruch dann neben anderen, und die Frage nach
der Wahrheit müßte bald auf Gott, bald auf anderes zielen. In *jeder* Frage
nach der Wahrheit ist nach *ihm* gefragt, in *jedem* Anspruch des Jetzt
begegnet *er*. Die Frage und der Anspruch sind je konkrete; in *jeder*
konkreten Situation muß also *er* der Herr sein. Was heißt das aber?

Es kann ja nicht heißen, daß die Tatsachen der Frage und des Anspruchs
einen besonderen Namen bekommen, nicht daß sie von der Empfindung
ihres Gewichts „religiös" verklärt werden. Auch nicht, daß aus ihnen auf
einen dahinterstehenden Jemand oder ein Etwas *geschlossen* wird. Dann
wäre die Endgültigkeit des Anspruchs verkannt, der sich nicht erst durch
ein Dahinter legitimiert; wir hören faktisch nichts als den Anspruch, und
Gott ist keine Hypothese.

Der Augenblick ist je meiner und ist je neu. Erschließt sich Gott im
Augenblick, so ist *Gott in seinem Was gar nicht allgemein zu bestimmen,*
sondern er ist der, der je zu mir und je neu zu mir redet. Aber welchen Sinn
hat es zu sagen, daß eben in meinem je neuen Augenblick *Gott* redet? *Was
weiß ich mehr,* wenn ich weiß, daß Gott zu mir im Augenblick redet?

Ich weiß, wenn ich Gott im Augenblick vernehme, daß ich den Augenblick *recht* verstehe; ich weiß die *Antwort* auf die Frage nach der Wahrheit[10]. Ich weiß ohne Gott, daß der Augenblick über mich entscheidet, daß
ich in ihm mich selbst wähle. Ich weiß ohne Gott, daß ich mich in ihm
finden oder verlieren kann, meine Eigentlichkeit ergreife oder verfehle.
Ich kann auch formal meine Eigentlichkeit bestimmen, so, daß ich nur im
Entschluß eigentlich bin. Aber ich weiß nie, ob ich mich wirklich entschlossen habe oder nicht, ob ich vor dem Entschluß geflohen bin. Denn
der Entschluß setzt die völlige Klarheit über meine Situation voraus, und
ich weiß nie, ob ich sie mir verdeckt habe aus Leichtsinn oder aus Angst[11].
Deshalb meldet sich ja gerade das Gewissen, das mir sagt: ich muß mich,
so oder so, als Schuldigen übernehmen.

Ich kann also weder aus der Situation selbst Gott erkennen, denn sie
bietet mir nur ihren Anspruch, weiter nichts; noch in mir selbst als Ent-
schlossenem durch meine Entschlossenheit Gott finden. Das heißt aber:
innerhalb meiner menschlichen Möglichkeiten kann ich Gott überhaupt
nicht finden. Soll von Gott die Rede sein, so muß diese Rede zu der

---

[10] *E*– Der Augenblick als Rede Gottes ist fraglos, rätsellos geworden, voll „Freude",
die keiner nehmen kann (Joh 16,22), voll „Friede", wie ihn keiner geben kann (Joh
14,27). –*E*

[11] *E*– Ich weiß nicht, ob ich mich ohne Vorbehalt entschlossen habe, sei es zur Tat, sei
es zur Übernahme des Schicksals. –*E*

menschlichen Möglichkeit, *zum Augenblick hinzugesagt* werden. Und diese Rede kann sich nicht an dem Phänomen des Augenblicks ausweisen, als in ihm enthalten, sondern sie kann nur hingenommen werden. D. h. von Gott kann nur die Rede sein auf Grund seiner *Offenbarung,* und die Offenbarung kann nur vernommen werden im *Glauben.* Damit sind die Themata der folgenden Untersuchung gewonnen worden.

Schon jetzt aber können diese Themata soweit geklärt werden, wie sich aus dem Vorigen ergibt. Festgehalten muß werden: es läßt sich von Gott nur als dem *Wie unserer Existenz* reden, d. h. als dem im Augenblick je mir neu begegnenden. Aber eben mein Augenblick müßte, damit ich Gott in ihm vernehme, *bestimmt sein durch eine Tatsache,* ein Faktisches, dadurch, daß in ihm, d. h. zu ihm gesprochen, die Offenbarung begegnet, d. h. also vom Standpunkt der philosophischen Analyse aus ein zufälliges geschichtliches Faktum.

Dieses Faktum muß aber besonderer Art sein, nämlich sich von andern Fakten, die meine Situation konstituieren, dadurch unterscheiden, daß es *nicht* die Situation als eine menschlich geschichtliche konstituiert, daß es nicht den (im Jetzt auch *ohne* es enthaltenen) Anspruch erst schafft, nicht die Wahrheit, nach der gefragt ist, erst enthält, sondern die Situation in ihrem Anspruch, in ihrer Wahrheit erst vernehmbar macht.

Es muß also *seinen besonderen Anspruch, seine besondere Wahrheit* neben der Situation haben, und doch nur so, daß dadurch eben Anspruch und Wahrheit der Situation deutlich werden[12].

Eine spekulative Theorie, eine allgemeine Wahrheit kann dies Wort nicht sein; sonst wäre es ja nicht das im Augenblick und mit ihm vernommene Wort. Und woher sollte sie stammen? Es kann nur das zufällige geschichtliche je jetzt begegnende Wort sein, das nur für meinen Augenblick Sinn hat, auf den es sich bezieht. Soll der Gedanke des Augenblicks als des Anspruchs Gottes festgehalten werden – und er muß es –, so hat er ja je neu seine eigene augenblickliche Wahrheit. Das Offenbarungswort darf ihm diese nicht nehmen, sondern es kann sie nur erkennen lassen; das heißt aber, daß das Offenbarungswort in gewisser Weise auch je neu verstanden (besser: neu gehört)[f] werden muß; sonst würde es die Geschichtlichkeit des Augenblicks aufheben. –C

D– Das ändert sich nicht grundsätzlich, wenn die objektive Welt, die

---

[12] Also z. B. das Wort von der Sündenvergebung soll mir die Augen für den bestimmten Nächsten öffnen.

---

[f] „in gewisser Weise" und „(besser: neu gehört)": Einfügung *O.*

durch die Teilhabe an ihr das Individuum konstituiert, nicht mehr in der
Weise des Idealismus als die Welt des Geistes verstanden wird, als die
zeitlose Welt der Sittlichkeit, der Wissenschaft und Kunst, des Guten,
Wahren und Schönen, sondern in romantischer Weise als die Welt der
irrationalen Lebenskräfte, aus denen das Individuum wächst und die ihm
seine Wirklichkeit geben.

Die sog. Weltanschauung der nationalen Bewegung[g] ist in der Gefahr,
diesem Weg zu verfallen. Die wahre positive Kraft der Bewegung erhebt
sich zu eigenem Bewußtsein in einer Ideologie, die sie zu verdecken und
damit zu verderben droht. Ihre Kraft entspringt einem verborgenen Wissen um die Geschichtlichkeit des Daseins, dem Wissen darum, daß die
konkreten geschichtlichen Gegebenheiten mit ihrem Anspruch und die
konkreten geschichtlichen Entscheidungen die Wirklichkeit des Lebens
konstituieren. Daher die Abwendung von Idealismus, Rationalismus, von
Liberalismus und Demokratie, sofern in diesen zeitlose Ideen dem Leben
Forderung und Wirklichkeit geben wollen und das Einzelne am Allgemeinen gemessen werden soll. Diese Bewegung steht in Negation und Position
in der Richtung, die gegen Idealismus und Romantik ihre ersten großen
Angriffe in Kierkegaard und Nietzsche gemacht hat, die in den kritischen
Geschichtsbetrachtungen Jakob Burckhardts[13] und in der „Lebensphi-
losophie" Diltheys und des Grafen York um ihre Klarheit ringt[14], die sich
in der Phänomenologie Heideggers wie in der dialektischen Theologie
geltend macht[15].

Im Rückschlag gegen Idealismus und Rationalismus ist aber die Gefahr
groß, in die Romantik und eine materialistische Biologie zu verfallen. Die
konkreten Gegebenheiten des Lebens, die unsere Wirklichkeit konstituieren, können es nur als *geschichtliche* Gegebenheiten. Immer wird der
geschichtliche Moment und sein Anspruch durch das konkret Gegebene
mitbestimmt. Aber als geschichtlich Gegebenes ist es nie eindeutig in
seiner Vorhandenheit bestimmbar. Auch das nicht, was Volkstum heißt;

---

[13] Cf. Weltgeschichtliche Betrachtungen.
[14] In der Dichtung C. Spitteler, St. George.
[15] Diese sitzt also nicht – wie Hirsch meint – im chambre séparé; und wenn ihre
Leistung nur darin bestünde, daß sie unter dem Einfluß des Kriegserlebnisses die
Unheimlichkeit Gottes zum Bewußtsein gebracht hat, so wäre ihr Verdienst gering.
Aber ihre Gottesauffassung steht im Zusammenhang mit der ganzen Anschauung von
der menschlichen Existenz, wie sie selbst im Zusammenhang mit der geistigen Bewegung steht, die auf allen Gebieten des Lebens um ein neues Existenzverständnis ringt.

---

[g] Statt „der nationalen Bewegung" stand im Ms. zuerst „des Nationalsozialismus".

es ist[h] nie ein eindeutig Gegebenes als Vorhandenes, sondern ist immer zugleich ein Aufgegebenes; alles aus der Vergangenheit und der Natur Gegebene ist vor der Zukunft in Frage gestellt und kann nur so echt angeeignet werden. Volkstum, so wie es unsere Wirklichkeit konstituiert, ist keine naturhafte, biologische Größe, sondern eine geschichtliche. Hat Heidegger in seiner Rektoratsrede gefordert[i], daß wir uns unter die Macht unseres Anfangs stellen müssen, wenn wir unser Wesen wirklich wollen, und sagt er, daß dieser Anfang der Aufbruch des Menschen zu sich selbst sei, der mit der Philosophie der Griechen beginnt, des uns „nächsten" Volkes, – so ist klar, daß ein dabei leitender Begriff von Volkstum kein biologischer ist, sondern ein geschichtlicher, zu dem man sich aus geschichtlicher Besinnung entschließt. Und wenn Heidegger sagt, daß dieser Anfang nicht hinter uns liegendes Vergangenes sei, sondern vor uns stehe, als in unsere Zukunft eingegangene ferne Verfügung über uns, so heißt das, daß Volkstum nichts einfach Gegebenes, sondern nur etwas im entschlossenen Ergreifen sich Verwirklichendes ist.

Das heißt aber: das deus in nobis des Idealismus darf nicht interpretiert werden in ein: Gott im Volk, wobei Volksgeist und Gotteswille gleichgesetzt werden. Volk ist im echten Sinne kein biologisches, sondern ein geschichtliches Phänomen, das heißt unsere Teilhabe daran ist nicht eine Frage der Abstammung, sondern ist eine Frage der Existenz. Gott ist nicht im Volk gegeben, sondern er begegnet im Schicksal des Volks, wenn wir existierend das Volk mitkonstituieren[16]. –D

---

[16] Was für dies Schicksal Abstammung, Art, Rasse bedeute, ist eine drängende Frage, die zum Bewußtsein gebracht zu haben, ein Verdienst ist; aber es ist eine unabgeschlossene Frage, die nicht durch eine biologische Ideologie verdeckt werden darf.

[h] „ist" vom Herausgeber eingefügt.
[i] Martin Heidegger, Die Selbstbehauptung der deutschen Universität, Breslau 1933, durchgesehene Neuauflage, Frankfurt 1983 (Rektoratsrede vom 27. 5. 1933).

Kapitel 4

Der Gedanke der Offenbarung

§ 10   Der kirchliche Offenbarungsbegriff und seine Zersetzung

C– *Der allgemeine Begriff von Offenbarung* ist der der Erschließung von Verborgenem, der Aufdeckung von Verdecktem[1]. In diesem Sinne wird in zweifach differenzierter Weise von Offenbarung gesprochen:

1. *Offenbarung ist Wissensvermittlung* (durch das Wort), Belehrung, durch die bisher Unbekanntes bekannt gemacht und nunmehr gewußt wird. In diesem Sinne kann ein Unterricht Offenbarung vermitteln, ein Buch oder ein Vortrag einem eine Offenbarung sein.

2. *Offenbarung ist ein Geschehen,* das mich in eine neue Lage meiner selbst versetzt, das mir bisher verhüllte Möglichkeiten an den Tag bringt[b], in der freilich auch die Möglichkeit eines Wissens (nämlich eben darum zu wissen) gegeben ist, aber ohne Rücksicht darauf, ob dies Wissen explizit wird. An einem Verbrechen z. B. offenbaren sich mir die Abgründe der Menschennatur. Mir „gehen" durch ein Erlebnis „die Augen auf" über diesen oder jenen, bzw. über mich selbst oder über einen Sachverhalt. Einer „offenbart" sich dem andern durch eine Tat der Liebe, der Freundschaft oder auch des Hasses, der Gemeinheit.

Auf dem Gebiet der Religion wird von Offenbarung in beiderlei Sinn geredet[2], aber unter der Voraussetzung, daß das in der Offenbarung vermittelte Wissen bzw. der erschlossene Sachverhalt für den Menschen als Menschen unzugänglich ist, aber daß seine Erschließung für ihn schlechthin entscheidend ist, wenn er zum „Heil", zu seiner Eigentlichkeit gelangen soll. Das heißt: Offenbarung ist hier die Erschließung Gottes. Es verrät sich, wo von Offenbarung geredet wird, ein Daseinsverständnis, das

---

[1] ἀποκάλυψις, φανέρωσις, revelatio. Cf. R. Bultmann, Der Begriff der Offenbarung im Neuen Testament, SGV 135, Tübingen 1929[a].

[2] Cf. Emil Brunner, Der Mittler. Zur Besinnung über den Christusglauben, Tübingen 1927, S. 3f.: alle Religionen berufen sich auf Offenbarung.

---

[a] Glauben und Verstehen 3, Tübingen 1960, 1–34.

[b] Von „das mir bisher" bis „bringt": Einfügung *D*.

um die Begrenztheit des Daseins weiß und sie sprengen will. Die Frage ist, welche jener beiden Auffassungen den Gedanken der Offenbarung bestimmt, und worin die Grenze und ihre durch die Offenbarung vollzogene Überwindung gesehen wird. –C

A– Der Gedanke soll durch einen Überblick über die Geschichte des Problems geklärt werden; diese ist charakterisiert durch die Frage nach dem Verhältnis von Vernunft und Offenbarung.

a) Im *mittelalterlichen Katholizismus*[3] wird ein *konsequenter Rationalismus* nur von einigen vertreten: Johannes Scotus Eriugena (Vorsteher der Hofschule Karls des Kahlen), von Abaelard (1079–1142), von Raymundus Lullus († 1315, der den Mohammedanern die Wahrheit des Christentums beweisen will).

Nach Eriugena kann es keinen Widerspruch zwischen Glauben und Wissen geben; denn die recta ratio und die vera auctoritas (Schriftlehre und Tradition) stammen aus der gleichen Quelle. Die wahre Religion ist deshalb mit der wahren Philosophie identisch. Ebenso Abaelard: nihil credendum, nisi prius intellectum. Der Glaube ist eine vorläufige Stufe, die erst gesichert ist, wenn sein Inhalt (die Lehren) durch die Vernunft begriffen sind. Das Ziel ist das intelligere.

Dem Rationalismus tritt in Duns Scotus, Wilhelm von Occam und teilweise in der Mystik ein *Irrationalismus* gegenüber[4]. *Duns Scotus* († 1308) unterscheidet Vernunft- und Offenbarungswahrheiten. Wenn auch die Gewißheit in der Theologie am größten ist, weil sie sich auf die göttliche Wahrhaftigkeit gründet, so hat sie doch keinen eigentlich wissenschaftlichen Charakter, weil sie sich nicht auf evidenten Prinzipien aufbaut und keine volle Einsicht in die Offenbarungslehren gewährt. Diese letzteren wollen dem für das übernatürliche Ziel der visio dei bestimmten Menschen die dafür nötige doctrina supernaturaliter addita geben, die ihn über sein Ziel und dessen Erreichung belehrt. Gleichzeitig wird aber ein Beweis für die Glaubwürdigkeit der Offenbarung geführt aus den erfüllten Weissagungen, aus den Wundern, der Übereinstimmung der biblischen Schriftsteller, der Fortdauer der Kirche trotz der Verfolgungen und aus der Übereinstimmung der christlichen Lehre mit dem gesunden Menschenverstand. Eine grundsätzlich andere Anschauung ist also hier nicht

---

[3] Knapp und wenig einsichtig: J. M. Verweyen, Philosophie und Theologie im Mittelalter, Bonn 1911.

[4] O– Walter Betzendörfer, Glauben und Wissen bei den großen Denkern des Mittelalters, Gotha 1931; Ernst Wolf, Der Mensch und die Kirche im katholischen Denken, ZZ 11, 1933, 34–57. –O

erreicht; die Skepsis gegenüber der Tragweite der Vernunftbeweise und nicht die Skepsis gegenüber dem *ganzen* Menschen[c] bestimmt die Anschauung über ihr Verhältnis. Die Begrenztheit, die die Offenbarung sprengt, ist also lediglich die des Wissens.

Ähnlich bei *Wilhelm von Occam* († 1347): Skepsis gegen die Vernunft, die nicht zwingende Beweise für Dasein und Eigenschaften Gottes bringen kann, auch nicht für die Nicht-Ewigkeit der Welt und für die Existenz einer immateriellen Seelensubstanz. Da für den Ungläubigen die Glaubenssätze nicht einmal wahrscheinlich, geschweige denn rational auflösbar sind, so folgt die Verdienstlichkeit des Glaubens. – Die Mystik lehrt das Zunichtewerden der Vernunft und die Erfassung des göttlichen Urgrunds im Gemüt.

Der eigentlich kirchliche Standpunkt ist ein *halber Rationalismus,* wie ihn Anselm, Albertus Magnus und Thomas vertreten.

Anselm (1033–1109) variiert das augustinische „credo ut intelligam"; d. h. der gläubigen Erfassung der Offenbarungslehren braucht kein vernünftiges Begreifen vorauszugehen, aber es folgt ihr nach[5], indem die Vernunft sowohl die Tatsache der Offenbarung festzustellen hat, wie dann vor allem den Inhalt der Dogmen spekulativ begründen soll[6].

Albertus (1193–1280) unterscheidet von den begründbaren Lehren solche, die der Vernunft unzugänglich sind (z. B. Trinität und Auferstehung des Fleisches); ihre Quelle ist nur die Offenbarung bzw. das aus dieser stammende übernatürliche Licht. Für die Theologie ist die Offenbarung die Erkenntnisquelle, für die Philosophie Vernunft und Erfahrung. Die Philosophie kann aber eine nachträgliche Begründung für die Glaubenssätze bringen, damit diese noch glaubwürdiger sind. Da beide, Theologie und Philosophie, ihren Ursprung in Gott haben, der sich nicht widersprechen kann, so können auch sie nicht in Widerspruch geraten.

Thomas († 1274) unterscheidet im Anschluß an die arabische Scholastik eine doppelte Wahrheit, die der Vernunft und die der Offenbarung[7],

---

[5] B– Leider verfährt auch Karl Barth in seiner Dogmatik so (cf. Chr. Dogmatik I, 226 ff.). Er will „a posteriori", d. h. hinter dem Glauben drein, auch noch die Denkmöglichkeit der Offenbarung konstruieren, sogar unter ausdrücklicher Berufung auf Anselm, daß der Sachzusammenhang der theologischen Sätze auch von den Außenstehenden in seiner Notwendigkeit verstanden werden müsse. (S. 228). –B

[6] Cf. Anselm, Cur deus homo.

[7] S. th. I q.1 a.2: Es gibt Wissenschaften, „quae procedunt ex principiis notis lumine

---

[c] „die Skepsis gegenüber dem ganzen Menschen" *D* ersetzt das ursprüngliche *A*: „der Ärgernischarakter der Offenbarung". Der folgende Satz („Die Begrenztheit . . ."): Einfügung *D*.

freilich nicht im absoluten, sondern nur im relativen Sinn; denn Theologie und Philosophie stammen beide aus Gott, der die eine Wahrheit ist. Die Vernunft aber kommt nicht zum Ziel, da sie dem Irrtum ausgesetzt ist, vor allem aber, da dies Ziel ein übernatürliches ist, was jenseits der Mittel der menschlichen Vernunft liegt[8]. So ist denn auch der Glaube an unbegreifliche Geheimnisse demütigend und verdienstlich.

Im Grunde werden Offenbarung und Vernunft als Stufen angesehen: über der bloßen opinio erhebt sich schon die fides, die keinen Zweifel kennt. Aber innere Einsicht verleiht erst die scientia. Denn faktisch kann die Vernunft einen Teil der offenbarten Lehren auch von sich aus erkennen: die praeambula fidei, die dem Glauben vorausgehen. Die Existenz Gottes, die Tatsache der Offenbarung, sind nicht nur lumine divinae revelationis, sondern auch lumine naturalis rationis erkennbar. Solche Lehren sind freilich als prima credibilia auch offenbart worden um der Schwachen willen. Die eigentlichen Glaubensgeheimnisse sind nicht durch die Vernunft zu finden, sondern *nur* offenbart, z. B. die Trinität und der zeitliche Anfang der Welt. Aber auch in ihnen hat die Vernunft ihr Objekt, indem sie apologetisch ihre Widerspruchslosigkeit und Möglichkeit beweist. Das Ziel ist in jedem Fall das intelligere, und in der visio beatifica wird dem credere das contemplari folgen.

Überall ist also im mittelalterlichen Katholizismus der Glaube eine Art Wissen und die Offenbarung eine Vermittlung des Wissens. –A B– Wohl ist im Begriff der Offenbarung hier der allgemeine Sinn eines die Grenzen des Menschen überschreitenden Geschehens, das für den Menschen ent-

---

naturali intellectus", z. B. Arithmetik und Geometrie; andere, „quae procedunt ex principiis notis lumine superioris scientiae". So beruht die Musik auf der Arithmetik etc. „Et hoc modo sacra doctrina est scientia, quia procedit ex principiis notis lumine superioris scientiae, quae scilicet est scientia Dei et beatorum."

[8] S. th. I q.1 a.1: ob es außer der Philosophie noch eine Theologie geben muß: „quia homo ordinatur ad Deum sicut ad quendam finem, qui comprehensionem rationis excedit . . . Unde necessarium fuit homini ad salutem, quod ei nota fierent quaedam per revelationem divinam, quae rationem humanam excedunt." Außerdem bedurfte es der Offenbarung auch für solche Erkenntnisse de Deo, die der Vernunft zugänglich sind, weil der Weg der Vernunft zu lang und zu sehr mit Irrtum untermischt ist. Deshalb bedarf es denn auch außer den philosophischen Disziplinen, die per rationem forschen, auch der Theologie, die per revelationem forscht. Der Gegenstand, das Seiende, Gott, kann der gleiche sein, aber die Betrachtungsweise ist eine verschiedene, wie z. B. auch astrologus und der naturalis den gleichen Gegenstand, die Erde, haben, ihn aber verschieden betrachten. Nach q.1 a.5 ist die certitudo der Theologie größer als die der andern Wissenschaften: „quia aliae scientiae certitudinem habent ex naturali lumine rationis humanae, quae potest errare; haec autem certitudinem habet ex lumine divinae scientiae, quae decipi non potest."

scheidend ist, intendiert. Aber die Begrenztheit wird als eine Begrenztheit des Wißbaren verstanden, und sofern das Offenbarungswissen als entscheidend gelten kann, ist eben vorausgesetzt, daß im Wissen der Mensch zu sich selbst kommt und im Wissen bei Gott ist. –*B A*– Das heißt als höchste Möglichkeit des Menschen ist durchweg das Einsehen gedacht, *das antike Ideal der* θεωρία. Die Anschauung (visio) ist nicht nur die höchste und eigentliche Form des Erkennens, sondern die höchste Seinsart des Menschen überhaupt. Denn in ihr ist der Anschauende beim höchsten und eigentlichen Sein, bei Gott, dem ens perfectissimum. Die visio ist reine Anschauung, pures Gegenwärtighaben; das Verhalten der Anschauung weist nicht wie das Wollen über sich hinaus, sondern ist erfüllt, während das Wollen unerfüllt ist[9]. Das christliche Leben ist also der βίος θεωρητικός.

Dabei ist vorausgesetzt, daß *Gott ein Seiendes ist, ein Objekt der Erkenntnis.* Und zwar macht es die Art der Gottesbeweise deutlich, daß Gott als Welt gedacht ist; denn die Existenz Gottes wird aus der Welt bewiesen wie in der Stoa. Gott ist das rational verständliche Weltprinzip oder das Weltganze. Das Vaticanum (1869/70) anathematisiert sess. III de revelatione can. 1 diejenigen, die lehren: „Deum unum et verum, creatorem et Dominum nostrum, per ea, quae facta sunt, naturali rationis humanae lumine certo cognosci non posse."[d] In diesem Sinne wird auch eine angeborene Gottesidee abgelehnt und die Notwendigkeit des Beweises für das Dasein Gottes ausdrücklich behauptet, und zwar einer Beweisbarkeit a posteriori (aus der gegebenen Wirklichkeit der Welt)[10].

Dazu kommen Beweise aus der Übernatur: Erfüllung der Weissagungen, Wunder des Alten und Neuen Testaments, Christus und sein Werk, also Beweise auf historischem Gebiet. Sie sind aber grundsätzlich Vernunftbeweise wie die Beweise aus der Natur; d. h. das Beweisverfahren beruht auf dem Kausalitätsgesetz. Die Beweise aus der Geschichte (der „Übernatur") sind aber wichtiger, weil mächtigere Taten auf eine vollkommenere Ursache schließen lassen[11].

Die Gottesbeweise aus der Übernatur sind zugleich praeambula für den übernatürlichen Glauben an Gottes Dasein, so daß das Problem entsteht, wie Glauben und Wissen sich auf den gleichen Gegenstand richten kön-

---

[9] Cf. Thomas v. Aquin, S. th. II/1 q.3 a.5c.
[10] J. Pohle, Lehrbuch der Dogmatik I, Paderborn [4]1908, S. 16f.
[11] Cf. Pohle, aaO S. 19.

---

[d] Bultmann zitiert nach Pohle. DS 3026.

nen: das Objekt ist das gleiche[12], aber das Wissen beruht auf Evidenz, der Glaube auf Autorität[13].

b) Die Auffassung des *orthodoxen Protestantismus* ist die gleiche[14]. „Theologia viatorum est duplex, naturalis et revelata (supernaturalis). *Illa* est, qua Deus tum ex notitiis insitis tum ex intuitu rerum creatarum innotescit[15]. *Haec* est notitia de Deo et rebus divinis, quam Deus vel per immediatam revelationem sive inspirationem (prophetis et apostolis), vel per revelationem mediatam seu verbum divinum, literis consignatum, hominibus viatoribus communicat." (Hollaz)[e].

Der Unterschied der revelatio generalis und specialis wird weiter bestimmt. *Jene:* die „manifestatio naturalis, qua Deus se patefecit tum per lumen naturae insitum, tum per effecta in regno naturae conspicua". (Hollaz)[f]. Dazu gehört „communis illa notio de Deo, hominis cuiusque animo per naturam, inde ab utero insculpta et impressa", das Gewissen und die Werke Gottes in der Natur (Joh. Gerhard)[g].

Diese ist supernaturalis: „actus divinus externus, quo Deus sese humano generi per verbum suum patefacit ad salutarem eiusdem informationem". (Quenstedt)[h].

Also das gleiche Mißverständnis wie im Katholizismus, nur noch grotesker, da hier der Glaubensbegriff ein anderer ist, nämlich die eigentliche Möglichkeit des menschlichen Seins nicht mehr im Erkennen gesehen wird. Sofern auch hier die Offenbarung in allgemeinen Sätzen gesehen wird, ist der Rationalismus konsequent, der die übernatürliche Offenbarung streicht. Die Orthodoxie will freilich das Moment der Mitteilung

---

[12] Cf. Ernst Troeltsch, Die wissenschaftliche Lage und ihre Anforderungen an die Theologie, SGV 20, Tübingen/Freiburg/Leipzig 1900, S. 25 ff.

[13] Cf. Pohle, aaO S. 23.

[14] *B–* Die orthodoxe Entwicklung angebahnt durch Melanchthons Loci 1535 (im Gegensatz zu 1521), die die Theologie im System der Wissenschaften verstehen wollen. Cf. Wilhelm Dilthey, Gesammelte Schriften II: Weltanschauung und Analyse des Menschen seit Renaissance und Reformation, Leipzig/Berlin 1914 (bes. S. 179). *–B*

[15] *D–* Gott als substantia spiritualis. *–D*

---

[e] Bultmann zitiert die Theologen der altprotestantischen Orthodoxie nach Kaftan, Dogmatik, Tübingen/Leipzig 3·41901 oder nach einer älteren Auflage von H. Schmid, Die Dogmatik der evangelisch-lutherischen Kirche (1. Aufl. 1843). Wir geben die Zitate in der Regel nach der von H. G. Pöhlmann besorgten Neuauflage dieses Sammelwerks (Abk.: Schm.-P.). Hollaz: Schm.-P. S. 28.

[f] Schm.-P. S. 32.

[g] Schm.-P. S. 81.

[h] Bei J. Kaftan, aaO (Anm. e), S. 36.

ernst nehmen, aber das Mitgeteilte macht nichts offenbar. Der Rationalismus hält das Moment des Offenbarens fest, sofern er einsichtige Lehren hat, aber sie sind keine mitgeteilten, sondern produzierte[16].

c) *Die Offenbarung* ist hier also überall *Mitteilung von Lehren;* die Art ihrer Erfassung ein Erkennen, und zwar zunächst ein unvollkommenes, das durch Spekulation oder im Jenseits zu einem vollkommeneren gemacht wird. Das eigentliche Sein des Menschen wird im Erkennen gesehen. Dann ist *konsequent* der rationalistische Standpunkt, und der eigentliche Sinn der Offenbarung geht überhaupt verloren, wenn ihre Notwendigkeit einer besonderen Begründung (in der Schwächung der natürlichen Erkenntnis durch den Sündenfall) bedarf. –*A*

B– In einer Zeit, in der *die Vernunft* ihrer selbst bewußt wird, erkennt sie die *hier* gegebene Begrenzung nicht an, d. h. sie sieht mit Recht, daß hier die Begrenzung des Menschen nicht liegt, sondern seine Unendlichkeit. Und es ist verständlich, daß, nachdem jenes als die eigentliche Grenze des Menschen behauptet war und diese Grenze gefallen war, man von einer Begrenzung des Menschen überhaupt nichts mehr weiß. Der Begriff der Offenbarung wird überflüssig oder er verliert seinen eigentlichen Sinn. Spricht der Rationalismus von Offenbarung, so von der „natürlichen Offenbarung", eine contradictio in adiecto; denn Offenbarung ist als solche übernatürlich. –*B*

A– Der *„übernatürliche" Charakter der Offenbarung* ist dadurch in Wahrheit beseitigt, daß die Offenbarungslehren in einem direkten Verhältnis zur Vernunfterkenntnis stehen. Richtig Schleiermacher: „Denn wenn eine Verknüpfung von Sätzen verstanden werden kann aus ihrem Zusammenhang mit andern, so war auch zu ihrer Hervorbringung nichts Übernatürliches nötig."[17] Wäre uns wirklich mit Hilfe der Offenbarung die Allheit der Welt anschaulich gegeben, so eben nur Welt.

Wird dagegen die *Widervernunft der Offenbarungslehren* betont, so ist Offenbarung hier nur ein privativer Begriff, d. h. ihren Charakter als Offenbarung haben die Lehren auch nur, sofern sie Vernunftcharakter (mit negativem Vorzeichen) haben[18].

Wird angesichts dessen der Entschluß des Willens zum Glauben betont, so wird das Heil von der eigenen Leistung abhängig gemacht, ganz abgese-

---

[16] *D*– Wird eine übernatürliche Offenbarung festgehalten (Locke 1632–1704), so hat sie den pädagogischen Zweck, zum Ziel der reinen Vernunfterkenntnis hinzuführen. –*D*

[17] Chr. Glaube § 10, 3 Zusatz.

[18] *D*– Das Kriterium der Offenbarungsqualität der Lehren liegt beide Male in der Vernunft. Die Vernunft ist beide Male angesprochen. –*D*

hen davon, daß man sich nicht entschließen kann, etwas nicht Einsichtiges in dem in Frage stehenden Sinn zu glauben, d. h. für doch einsichtig zu halten; man kann sich nur entschließen, nicht zu widersprechen. Also ist der Allmachtsgedanke verletzt. Und es ist keine Korrektur, wenn der Entschluß auf den Beistand des heiligen Geistes zurückgeführt wird[19], da dieser dann als magische Kraft gedacht ist. Denn „die Vorstellung, daß die von Gott gewirkten Kräfte des Glaubens und der Liebe jenseits des Bewußtseins als geheimnisvolle Qualitäten bestünden", heißt „augustinisch zu spekulieren und pelagianisch zu leben" (Herrmann)[20]. Wenn die Wirkung des Geistes nicht als Vorgang der eigenen Existenz gedacht ist, ist überhaupt nicht von ihr die Rede. „Fidei opus et esse videntur idem esse" (Luther)[21]. Ein esse fidei, das noch hinter dem Bewußtseins-(Existenz-) Vorgang (dem opus fidei) steht, gibt es nicht[22]. Es ist dann von einem Glauben die Rede, der „in der Seele erzeugt" wird, „bevor dieselbe aus den Dingen, die sie sich nunmehr als eine göttliche Gabe aneignen will, die Erlösung gewonnen hat. Mit einem solchen Glauben meint der unerlöste Mensch ein von Gott gefordertes Werk zu tun, damit er sich dadurch die Erlösung erwerbe . . . Denn der Glaube, welcher dem Menschen als die Hand oder als das Gefäß für den Empfang der göttlichen Gabe eignen soll, bevor ihm diese Gabe selbst zuteil geworden ist, – ein solcher Glaube ist für den Menschen die Leistung, womit er selbst den Verkehr mit Gott anfängt. Damit kann sich sehr wohl die Meinung verbinden, daß die Kraft zu solcher Leistung aus der verborgenen Einwirkung der Gnadenmittel stamme. Für den Menschen aber bleibt jener innere Vorgang trotzdem ein von ihm selbst angefangener Verkehr mit Gott. Aber, alles, was du selbst anfängst, ist Sünde'"[23].

Vor allem aber: Lehren können deshalb nicht Offenbarung sein, weil der Titel Offenbarung hier nur der (verfehlte) Versuch wäre, ihren Ursprung zu charakterisieren, nicht sie selbst charakterisieren würde. Offenbarung ist nicht deshalb Offenbarung, weil sie einen merkwürdigen Ursprung hat (in der Geschichte und für den Einzelnen), sondern *Offenbarung bleibt Offenbarung.*

---

[19] Pohle, aaO S. 23.

[20] Wilhelm Herrmann, Die Buße des evangelischen Christen, Ges. Aufsätze, Tübingen 1923, 33–85; zit. S. 46.

[21] EA XIV 260 (Archiv z. WA, Operationes in Psalmos 1519–1521, T. II, 1981, S. 317 Z. 14).

[22] Herrmann, aaO S. 47 Anm. 1. *O*– Der *Mensch* ist es, der glaubt. *–O*

[23] W. Herrmann, Der Streitpunkt in betreff des Glaubens, Ges. Aufsätze, 254–274; zit. S. 267.

„Darüber indes werden sich wohl alle leicht vereinigen, daß weder das auf dem Gebiet der Erfahrung von dem einen Entdeckte und andern Überlieferte, noch das von einem durch Nachdenken Ersonnene und so von andern Erlernte jemals als geoffenbart bezeichnet wird; und ebenso darüber, daß eine göttliche Mitteilung und Kundmachung dabei (bei ‚Offenbarung‘, R. B.) vorausgesetzt wird." (Schleiermacher)[24].

Ja, – aber werden als solche Mitteilung Lehren angesehen, so gerät einfach Gott an die Stelle des Entdeckers oder Ausdenkers. Eine geoffenbarte Lehre, die weitergegeben wird, *ist* keine Offenbarung mehr. –*A* *B*– Die Offenbarung hat dann für die natürliche Vernunft den Charakter des Geheimnisses als des Noch-nicht-gewußten. Einmal gewußt (vermöge der übernatürlichen Veranstaltung der Wissensmitteilung) ist aber das Offenbarungswissen ein Wissen wie anderes auch; das Noch-nicht ist vorbei. Seine Übernatürlichkeit ist auf seinen Ursprung beschränkt, und dieser liegt, wenn man das Wissen hat, in der Vergangenheit[25]. –*B*

A– Die Offenbarung ist der Weg, der zugleich das Ziel ist; ἐγώ εἰμι ἡ ὁδὸς καὶ ἡ ἀλήθεια καὶ ἡ ζωή (Joh 14,6). Er *ist* der Weg, nicht *zeigt* er ihn; er *ist* die Wahrheit, nicht *lehrt* er sie; er *ist* das Leben, nicht *vermittelt* er es. Jesus führt nicht zu etwas, wo man dann ist und was man dann hat, er wird nicht *um* Offenbarung, sondern *als* Offenbarung angegangen. Das bedeutet aber auch, daß es für die Erfassung der Wahrheit nicht ein „abgekürztes Verfahren" geben kann[26]. Der Besitz der Wahrheit ist nicht durch ihre einmalige Entdeckung gesichert und dann abgekürzt mitzuteilen, sondern jeder muß den Weg zur Wahrheit selber gehen; denn nur im Gehen erschließt sie sich. So *ist* Jesus die Wahrheit, nicht *sagt* er sie[27]. Es gibt also keine Offenbarung, die als Lehre eingesehen oder auch durch Entschluß akzeptiert werden kann, so daß der Lehrer (= die Offenbarung!) erledigt ist. Der Gläubige aber *weiß* und *hat* die Offenbarung nicht, sondern er „*ist* aus der Wahrheit". Wie so jeder stets für sich von vorne im Christentum anfangen muß, so gibt es auch keine Geschichte des Christentums, innerhalb der menschlichen Geistesgeschichte etwa, als Entwicklungs- oder Problemgeschichte, in der es von Stufe zu Stufe, von Lösung zu Lösung

---

[24] Chr. Glaube § 10, 3 Zusatz.

[25] *A*– Der Glaube an Offenbarung als Lehre *hat,* wenn er vollzogen wird, keine Offenbarung mehr, sondern aufbewahrtes Wissen; und eben dies kann es von Gott nicht geben. –*A*

[26] Sören Kierkegaard, Einübung im Christentum. Jena ²1924, S. 179ff.

[27] *O*– Man darf sich nicht dadurch darüber täuschen, daß die Person Jesu auch als Inhalt der Lehre vorkommt. Er kann als Offenbarer nicht anders Inhalt der Offenbarung sein, als eben als Offenbarer. –*O*

ginge; sondern jedes Geschlecht hat das gleiche ursprüngliche Verhältnis zur Offenbarung[28].

Also Offenbarung bleibt Offenbarung und wird nicht zu etwas Geoffen-bartem, sonst würde Gott zum Götzen. Es gibt also kein Hinblicken auf Geoffenbartes (keine ϑεωρία), vielmehr ist *Offenbarung durch Gegen-wärtigkeit charakterisiert;* sie ist in actu oder sie ist gar nicht. Ihr Inhalt ist also weder Natur noch Geschichte, die man kennen kann; denn es gibt kein Wissen von ihr. Sie ist nicht anschaulich als Welt. Sie ist kein γινώσ-κειν, sondern ein γνωσϑῆναι (Gl 4,9; 1.Kr 8,2f.; 13,12); oder: γνῶσις ist nur die eschatologische Möglichkeit der πίστις.

Natürlich ist die Offenbarung dann auch nicht ein zu deutender Tatbestand, so daß in der Offenbarung unterschieden werden müßte zwischen Manifestation und Inspiration: „jene eine Reihe von wunderbaren Geschichtstatsachen und Ge-schichtsveranstaltungen, diese die Erleuchtung, die zur authentischen Auslegung der göttlichen Manifestation befähigt"[29]. Absurd, da ja so die Offenbarung erst offenbart werden müßte! „Sinndeutung" und dergleichen ist nicht das Verhältnis des Gläubigen zur Offenbarung, vielmehr bleibt Gott in der Offenbarung Geheim-nis und wird nie rational erkennbar, weil er das Du bleibt[30]. –A

B– Das gilt natürlich nicht nur, wenn die „Lehren", die als Offenbarung angesehen werden, durch[k] übernatürliche Veranstaltung in die Welt ge-kommen sind, sondern von der denkenden Vernunft, der Spekulation gewonnen sind und also die Theologie mit einer Sinndeutung von Natur und Geschichte zur Religionsphilosophie wird[31]. Es gilt gegen *jeden* Ratio-nalismus. Einerlei, ob die Ideen „Gott, Freiheit, Unsterblichkeit" heißen wie im alten Rationalismus, oder ob der Gedanke der Entwicklung aufge-nommen wird und die Ideen, in denen der Menschengeist sich und sein

---

[28] Kierkegaard, aaO S. 20–26.

[29] R. Rothe (Zur Dogmatik, [2]1869, S. 67) bei Julius Kaftan, Dogmatik, Tübingen/Leipzig [3·4]1901, S. 37.

[30] Der „Actus" der Offenbarung ist also nicht die zum Offenbarten hinzukommende „Sinndeutung", denn sie wäre ja offenbar γινώσκειν und nicht γνωσϑῆναι, und sie machte das Offenbarte erst zum Offenbarten, was es ohne sie nicht wäre[i]. Es kann etwas nur Offenbarung sein, wenn es nicht als ein Weltfaktum oder Vorgang schon vorher erkannt sein kann und nachträglich durch eine Deutung Offenbarungsqualität erhält, sondern nur etwas, was, indem es wahrgenommen wird, schon als Offenbarung wahrge-nommen wird.

[31] Cf. die Persiflage des rationalistischen Vorsehungsglaubens bei C. Spitteler, Pro-metheus der Dulder, Jena 1924, S. 146ff.

---

[i] Spätere Randbemerkung Bultmanns *D? E?*: „Darin etwas Richtiges! Die Offenba-rung im Fleisch! Sie kann doppelt gesehen werden!"

[k] Im Ms. „nicht durch"; „nicht" vom Herausgeber getilgt.

Dasein in der Welt interpretiert, in ihrer geschichtlichen Folge als sich entwickelnde Offenbarung angesehen und auf ein religiöses Apriori zurückgeführt werden. In solchem Erkennen würde der Mensch sich selbst, d. h. seine Idee, aber nicht Gott erkennen. Die Offenbarung ist eine „natürliche", also keine.

d) Ist der Offenbarungsbegriff von Katholizismus, Orthodoxie und Rationalismus unhaltbar, so scheint sich ein echter Offenbarungsbegriff wieder zu ergeben, wo man einsieht, daß das Leben des Menschen nicht auf der Vernunft steht. Wenn der Mensch sein Leben wieder in seiner Begrenztheit versteht und als Offenbarung das Ereignis versteht, das diese seine Grenzen sprengt. So der *Offenbarungsbegriff der Romantik.* Er sieht, daß man nicht in einsichtigen und besitzbaren Lehren Gott hat; er sieht, daß Offenbarung Offenbarung bleiben muß und durch Gegenwärtigkeit charakterisiert ist. *–B*

A– Mit dem orthodoxen und rationalistischen bzw. idealistischen Offenbarungsbegriff ist aber auch der romantische abzulehnen, der nicht am Offenbarten bzw. Offenbarer, sondern am Empfänger der Offenbarung orientiert ist. *–A*

C– Vorbereitung des romantischen Offenbarungsbegriffs im *Pietismus,* sofern in diesem die „religiöse Innerlichkeit" gegen den dogmatistischen Glauben der Orthodoxie reagiert. Daß die Begrenztheit des Menschen nicht die des Wissens ist, daß Offenbarung durch Gegenwärtigkeit charakterisiert wird, empfindet der Pietismus. Aber statt streng nach dem Gegenüber zu fragen, sucht er die Offenbarung im eigenen Erleben. Er trennte „die subjektive persönliche Frömmigkeit von dem übernatürlichen Gnadeninstitut der Kirche und verselbständigte sie auch der Bibel gegenüber zu einem durch sie nur angeleiteten persönlichen Verkehr mit Gott. Ja die radikalen Pietisten verlegten das Übernatürliche so sehr in die religiöse Erhebung selbst, daß nur noch ein Schritt zur Anerkennung der gleichen Übernatürlichkeit in allen religiösen Erlebnissen, auch den außerchristlichen, übrig blieb und die prinzipielle Kluft zwischen Christentum und Nicht-Christentum überwunden wurde"[32].

Die Grenzen des Menschen werden im Grunde in der Alltäglichkeit gesehen, in Grenzen, die der Ernst und der Enthusiasmus des Menschen selbst sprengt. *–C*

A– Offenbarung ist hier das, was nicht im Denken, sondern in Anschauung, Gefühl und Ahndung ergriffen wird. Was aber ergriffen wird, ist hier nichts anderes als die Welt als Ganzes, als Universum[33]. Offenbarungs-

---

[32] E. Troeltsch, Die wissenschaftliche Lage (o. Anm. 12), S. 36.
[33] „Anschauen will sie (die Religion, R. B.) das Universum, in seinen eigenen Darstellungen und Handlungen will sie es andächtig belauschen, von seinen unmittelbaren Einflüssen will sie sich in kindlicher Passivität ergreifen und erfüllen lassen." (Schleier-

empfang ist das Innewerden der Welt als schöpferischem Ganzen, und zwar nicht im Denken als ein begriffenes Unbedingtes, sondern im Gefühl, so daß also diese Anschauung sich am Einzelnen, durch das Einzelne hindurch öffnet: „So alles Einzelne als einen Teil des Ganzen, alles Beschränkte als eine *Darstellung* des *Unendlichen* hinnehmen, das ist Religion."[34] Daß es sich um ein ästhetisches Anschauen handelt, macht besonders Schleiermachers Illustrierung durch die griechische Religion deutlich: „So schauten sie an die immer rege, immer lebendige und heitere Tätigkeit der Welt und ihres Geistes, jenseits alles Wechsels und alles scheinbaren Übels, das nur aus dem Streit endlicher Formen hervorgeht."[35] Entsprechend ist der Mensch ein Glied in diesem Kunstwerk: „Sie will im Menschen nicht weniger als in allem andern Einzelnen und Endlichen das Unendliche sehen, dessen Abdruck, dessen Darstellung . . . Die Religion atmet da, wo die Freiheit selbst schon wieder Natur geworden ist; jenseits des Spiels seiner besonderen Kräfte und seiner Personalität faßt sie den Menschen und sieht ihn aus dem Gesichtspunkte, wo er das sein muß, was er ist, er wolle oder wolle nicht."[36]

Deshalb verschwindet auch die Wahrheitsfrage, denn jede einzelne solche Anschauung des Universums ist „wahr": „Im Unendlichen aber steht alles Endliche ungestört nebeneinander, alles ist eins und alles ist wahr."[37] Das Universum gilt dabei als Kunstwerk, Gott ist eigentlich der Künstler, und in diesem Sinne ist vom Irrationalen und Schöpferischen die Rede.

Zugleich ist aber auch der Mensch der Künstler, und in ihm ist das Schöpferische, Irrationale, das Unmittelbare lebendig in der religiösen Anschauung, und diese Anschauung ist als Überwältigtwerden und schöpferischer Akt nichts anderes als die Äußerung „poetischer Genialität." „Dieselben Handlungen des Universums, durch welches es sich Euch im Endlichen offenbart, bringen es auch in ein neues Verhältnis zu Eurem Gemüt und Eurem Zustand; indem Ihr es anschaut, müßt Ihr notwendig von mancherlei Gefühlen ergriffen werden."[38] „Ihre (der Religion, R. B.)

---

macher, Über die Religion, Reden an die Gebildeten unter ihren Verächtern, Berlin 1799, S. 50.)
[34] AaO S. 56. Cf. S. 57: „Alle Begebenheiten in der Welt als Handlungen eines Gottes vorstellen, das ist Religion, es drückt ihre Beziehung auf ein unendliches Ganzes aus." („Handlungen" verstanden als künstlerisches Schaffen; denn diese „Handlungen" werden im Anschauen wahrgenommen.)
[35] AaO S. 57.
[36] AaO S. 50. 51f. Cf. auch die Abgrenzung gegen die theoretische Erfassung der Welt als Einheit, aaO S. 58. 60f.
[37] AaO S. 64.   [38] AaO S. 67.

Gefühle sollen uns besitzen, wir sollen sie aussprechen, festhalten, darstellen; wollt Ihr aber darüber hinaus mit ihnen, sollen sie eigentliche Handlungen veranlassen und zu Taten antreiben, so befindet Ihr Euch auf einem fremden Gebiet."[39] Was aber ist Reden und Tun des Menschen, wenn es nur „Darstellung" ist, anders als ein ästhetisches Verhalten? So sehr deutlich die Schilderung des religiösen Erlebnisses: „Schnell und zauberisch entwickelt sich eine Erscheinung, eine Begebenheit zu einem Bilde des Universums. Sowie sie sich formt, die geliebte und immer gesuchte Gestalt, flieht ihr meine Seele entgegen, ich umfange sie nicht wie einen Schatten, sondern wie das heilige Wesen selbst. Ich liege am Busen der unendlichen Welt[40]: ich bin in diesem Augenblick ihre Seele; denn ich fühle alle ihre Kräfte und ihr unendliches Leben wie mein eigenes; sie ist in diesem Augenblicke mein Leib, denn ich durchdringe ihre Muskeln und ihre Glieder wie meine eigenen, und ihre innersten Nerven bewegen sich nach meinem Sinn und meiner Ahndung wie die meinigen."[41]

Diese Romantik freilich ist noch echt, und auch in ihr kommt die Frage der Religion zu deutlichem Ausdruck[42]. Sie sieht, daß das begriffliche Erfassen der Welt als Einheit nicht das Erfassen Gottes wäre und daß kein direktes Handeln auf Gott und keine Verwirklichung des Göttlichen durch zweckvolles Handeln möglich ist[43]. Sie sieht, daß die Anschauung der Welt als Einheit eine Forderung des Gedankens der Allmacht Gottes ist[44], und auch, daß die Anschauung dieser Allmacht dem Menschen nur geschenkt werden kann. Sie verwechselt aber das Geschenk dieser Anschauung mit dem ästhetischen Schauen, das freilich nicht aus Reflexion und Absicht entspringt, aber gleichwohl ein menschliches Verhalten ist. Sie übersieht, daß die anschauliche Einheit der Welt und das Verständnis der Übel als bloßen Scheines gar nicht für den wirklichen Menschen möglich

---

[39] AaO S. 68.

[40] Cf. Goethe, Ganymed („Umfangend umfangen! / Aufwärts an deinen Busen, / Alliebender Vater!" etc.). Satyros. *D–* Fragment Prometheus, (2. Akt, Prometheus:) „Wenn aus dem innerst tiefsten Grunde." *–D*

[41] AaO S. 74.

[42] Also Schleiermacher aus der Polemik gegen den Rationalismus und Moralismus positiv zu würdigen!

[43] *O–* Echtheit, wo wirklich künstlerisch geschaut wird. Aber diese „Anschauung" kann man nicht predigen! *–O*

[44] „Denn unser Glaube erhebt den Anspruch, daß er allein und zwar in ganz anderer Weise als es eine lahme Wissenschaft in Aussicht nehmen kann, uns in der unendlichen Welt ein Ganzes sehen läßt." (W. Herrmann, Die mit der Theologie verknüpfte Not der evangelischen Kirche und ihre Überwindung, RV IV 21, Tübingen 1913, S. 7.)

ist[45]. Sie kennt nicht die menschliche Existenz als ungesicherte, geschichtliche[46]. Sie sieht nicht, daß der Glaube dem Schein zum *Trotz* glaubt, daß dem Glauben das Ärgernis korrespondiert. Sie sieht also letztlich Gott im Menschen.

Echt ist diese Romantik aber, sofern sie wirklich vom ästhetischen Schauen, vom Erlebnis des Künstlers ausgeht. Sie wird aber unecht und abgeschmackt in ihrer *Modernisierung und Trivialisierung,* in der nun ohne weiteres Welt und Mensch als Offenbarungen gelten, indem der entscheidende Gedanke weggefallen ist, daß die Offenbarung im Augenblick des schöpferischen Verhaltens erlebt wird, und wo man meint, das Schöpferische als ein sichtbar Vorhandenes in Welt und Geschichte konstatieren zu können[1]. Erscheint ursprünglich der Mensch, sofern er in der Anschauung, *im* schöpferischen Moment und *für* diesen die Einheit mit dem Universum erlebt, zugleich als Offenbarungsempfänger und Offenbarer, so gilt nunmehr der Mensch ohne weiteres als schöpferisch, jede Persönlichkeit als etwas Irrationales und Unmittelbares, das angeblich Gott offenbart, so daß man durch historisch anschauliche Darstellung einer Persönlichkeit (zumal der religiösen!) Offenbarung vermitteln kann; oder die anschauliche Geschichte gilt als Offenbarung[47]. So ist der *Geschichtspantheismus* der liberalen Theologie eine unklare Vermengung romantischer und idealistischer Motive[48]. Man redet von den Kräften des Wahren, Guten und Schönen, die als solche Gotteskräfte sein sollen. Die Geschichte sei ein einheitsvolles, sinnvolles Ringen, in dem diese Kräfte den Sieg behalten, ein Ringen, an dem der Mensch teilnimmt, indem er zugleich von diesen Kräften getragen ist und so aus der Naturgebundenheit zur freien Persönlichkeit mit ihrem inneren Reichtum wird[49]. In

---

[45] Cf. die Kritik C. Spittelers, Olympischer Frühling, besonders ‚Hera und der Tod‘ (= Teil V 4), Bd. 2, Jena 1922, S. 329f.; Prometheus der Dulder, Jena 1924, S. 142ff.

[46] *B–* Sie versteht damit die Begrenztheit des Menschen nicht echt. Sie setzt voraus, daß ihm der Zugang zu Gott = dem Universum stets offen steht. Sie kennt weder den Tod noch die Sünde. *–B*

[47] E. Troeltsch, Art. Glaube III. Dogmatisch, RGG[1] II, Sp. 1437–1447: Die Offenbarung „eine gesteigerte, das Durchschnittsmaß überragende und ihre Kraft ausstrahlende Gläubigkeit“, „heroische(r) und grundlegende(r) (nämlich für eine geschichtliche Entwicklung, R. B.) Gläubigkeit“. „Die Offenbarung ist die produktive und originale Erscheinung neuer religiöser Kraft oder Lebenserhöhung, die sich als ein praktisches Ganzes des Lebens und der Gesinnung darstellt und von ihrem Träger aus ihre Kräfte mitteilt.“ (aaO Sp. 1439).

[48] Cf. Bultmann, Die liberale Theologie und die jüngste theologische Bewegung, ThBl 3, 1924, 73–86 (Glauben und Verstehen 1, 1933, 1–25) bes. S. 75ff.

[49] *B–* K. Barth, Chr. Dogmatik I, S. 345f.: die orthodoxe Inspirationslehre und die

---

[1] Von „indem der“ bis „zu können“: Einfügung *B.*

diesen Kräften, die in menschlich sittlichen Leistungen und Kulturschöp-
fungen sichtbar sind, liegt der Sinn, die Göttlichkeit der Geschichte, zumal
in den Persönlichkeiten, den Trägern dieser Kräfte, offenbart sich Gott,
und so auch in der Persönlichkeit Jesu. Er wird dazu erfaßt in dem
Zusammenhang der geschichtlichen Erscheinungen unter dem Gesichtspunkt einer Teleologie[50].

Und wenn dieser Geschichtspantheismus nicht mehr befriedigt, so treten die romantisch-ästhetischen Motive wieder stärker hervor. –*A*

B– Das echte Motiv der Frage nach Offenbarung läßt sich nicht zum
Schweigen bringen. Es bleibt das dunkle Bewußtsein lebendig, daß Offenbarung doch etwas die Grenzen des Menschen Sprengendes, nicht platt
zutage Liegendes sein muß. Und – freilich mit großer Bescheidenheit –
wird das Erlebnis als Offenbarung namhaft gemacht. Das Erlebnis, in dem
man des Schöpferischen in Welt und Geschichte inne wird, zumal an der
Begegnung mit „religiösen Persönlichkeiten". Das Erlebnis, in dem man
aus dem Alltag und den eigenen Grenzen herausgerissen wird und sich in
den Fluten eines größeren, des göttlichen Lebens spürt[51]. –*B A*– *Das
Erlebnis* erscheint als Offenbarung, wobei man dann nicht mehr weiß, was
Offenbarung und was Offenbarungsempfang ist, was eigentlich offenbart
wird, und wer offenbart; sondern die ganz allgemeine Vorstellung
herrscht, daß, wo etwas Irrationales, Schöpferisches, Unmittelbares ge-
spürt wird, Offenbarung vorliege. Der Gegenstand der Offenbarung spielt
also keine Rolle mehr, es gibt nichts Geoffenbartes mehr[52].

---

liberale Theologie sind in gleicher Verdammnis. „Der Satz, daß die Bibel Gottes Wort ist,
ist gerade wie der Satz, daß Jesus der Herr ist, sinnvoll nur, wenn er fällt in einer
Entscheidung, stattfindend auf des Messers Schneide zwischen Glauben und Ärgernis."
Das versteht die Orthodoxie nicht. „Ein Versuch, den Entscheidungscharakter jener
Erkenntnis zu beseitigen, war doch auch das absurde ‚Gott in der Geschichte‘ der
neueren Theologie, das jenes spät-orthodoxe Theologumen abgelöst hat. Der gewaltsa-
men Beseitigung des Ärgernisses dort entsprach der Versuch, es in sein Gegenteil
umzudeuten, hier." –*B*

[50] *B*– Also Offenbarung in Hülle und Fülle wie im Rationalismus. –*B*

[51] *B*– Zur Erlebnistheologie cf. Barth, Chr. Dogmatik I, S. 360: „Offenbar*heit* ist
nicht Offenbarung, und wenn es eine Offenbartheit in der heiligsten, tiefsten Tiefe
unseres Inwendigen wäre. Was in mir ist, ist an sich so wenig Gottes Wort wie ein heiliges
Buch an sich. Subjektivismus und Objektivismus sind beides gleich verkehrte Verkehrt-
heiten. Auch zur Selbstevidenz der göttlichen Wahrheit gehören *zwei*, sagten wir, und
wiederholen es nun im umgekehrten Sinn: Es gehört dazu nicht nur *Der, dem* etwas,
sondern auch *Das, was* durch sich selbst gewiß werden soll." –*B*

[52] Im Begriff „Erlebnis" kommt die Tendenz, die Objektivität der Offenbarung von
der bloßen Objektivität eines geschichtlichen Faktums zu unterscheiden, noch schwach
zum Ausdruck. Aber: „Man brauchte also nur ein halbes Jahr vorübergehen zu lassen,
und dann wäre der Gegensatz, der hier erfaßt ist, gar kein Gegensatz mehr. Denn aus

Das Widerspiel zur katholischen und orthodoxen Auffassung ist also vollkommen: dort wird die Offenbarung auf das Geoffenbarte beschränkt und der actus der Offenbarung in der Gegenwart ignoriert. Hier glaubt man, von einem Offenbarungsakt reden zu können, ohne ein Geoffenbartes zu haben. Von Offenbarung aber läßt sich nur reden, wenn davon geredet werden kann, daß im Akt der Offenbarung etwas offenbar wird, m. a. W., wenn von Gott als Offenbarer die Rede ist[53]. *–A*

B– Der modern-liberalen Verbindung von Romantik und Liberalismus versucht die theologische (und allgemein religiöse) Richtung zu entgehen, die im Gegensatz zum Rationalismus das *Irrationale* als göttliche Offenbarung faßt[54]. Im Gegensatz zur Schleiermacherschen Romantik ist aber das Erlebnis der Offenbarung nicht die ästhetische Anschauung des Universums, sondern das Innewerden des Unheimlichen und Rätselhaften und zugleich Bestrickenden und Anziehenden, in dem wir stehen. Die Scheu vor dem Numinosen mit seinen Elementen des Tremendum und Fascinosum, das Sich-als-Kreatur-Fühlen und doch von Gott ergriffen und zu ihm gezogen Fühlen ist das Erlebnis der Offenbarung. –

Daran ist das Negative richtig, daß die Ratio nichts über das, was jenseits der Grenzen des Menschen ist, aussagen kann, kein Jenseits entwerfen kann. Aber falsch ist es, das Irrationale mit Gott zu verwechseln und zu meinen, daß man von Gott redet, wenn man vom Irrationalen redet[55]. Soll mit dem Numinosen mehr bezeichnet werden als eben das Innewerden des Rätsels unserer Existenz, so ist das Nichthaben zum Haben erklärt und Gott mit dem Teufel verwechselt worden. Im Numinosen wird der Mensch nicht Gottes, sondern seiner selbst inne; und er betrügt sich, wenn er das Unheimliche für Gott ausgibt; er nimmt das Rätsel seiner Existenz dann gar nicht ernst.

Der eigentliche Fehler der Theorie vom „Numinosen“ ist der, daß sie das Erlebnis des Numinosen von der Erfassung des Augenblicks löst. Es ist nur echt, wenn ich mich des Unheimlichen als *der* bewußt werde, der in einer konkreten Situation steht, mit andern verbunden ist, jetzt handeln muß, dem im Unheimlichen alles bedroht und fraglich wird, was er ist und

---

dem ‚innersten Erlebnis‘ wäre inzwischen auch nichts anderes geworden als eine ‚bloß objektive geschichtliche Tatsache‘, und es wäre nichts mehr da, was man mit gutem Recht eine Offenbarung nennen könnte. Aber dergleichen war eben von vornherein nicht da.“ (Friedrich Gogarten, Mystik und Offenbarung. in: Die religiöse Entscheidung, Jena 1921, 54–74, zit. S. 57 f.).

[53] *O–* Aus der Bestimmung der Offenbarung als Sprengung der *Grenze* folgt die Aufgabe, die Existenz in ihrer Begrenztheit zu verstehen. *–O*

[54] Rudolf Otto, Das Heilige – Über das Irrationale in der Idee des Göttlichen und sein Verhältnis zum Rationalen, 1917 u. ö.   [55] Cf. oben S. 53.

kann. Wird die Beziehung des Unheimlichen auf den Augenblick vergessen, wird das Unheimliche als solches angestarrt, ja zitternd genossen, so
ist es zum Teufel geworden. Die Frage nach der Wahrheit des Augenblicks
ist dann niedergeschlagen, gleichgültig geworden. Die Unheimlichkeit ist
dann gar nicht mehr *meine* Unheimlichkeit.

Für diese Theologie vom Rationalismus zur Romantik und zum mo-
dernsten Irrationalismus entsteht das *Problem der Absolutheit des Christentums. –B*

A– e) Ist der Inhalt der Offenbarung Gott, also Gottes Anrede im Jetzt,
so ist in ihr Gott immer Subjekt, aus dem γνωσθῆναι wird nie ein γινώσκειν, die Anrede verliert nie ihren Anrede-Charakter, die Offenbarung
wird also nie etwas Vorfindliches. Also gibt es *keine religionsgeschichtliche
Entwicklung der Offenbarung,* indem ihre einzelnen Akte als vorfindliche
Geschehnisse in einen Entwicklungszusammenhang gebracht würden, etwa so, daß sich in diesem eine zeitlose Idee offenbarte. Vielmehr ist
Offenbarung stets Handeln Gottes und wird nicht aus der Handlung zu
einem vorliegenden Faktum.

Der Anspruch aber ist verpflichtend; Gott begegnet in ihm als Gegenüber[m]. Also ist kein Fragen möglich: wo sonst noch?, sonst wäre das
Gegenüber mißverstanden, ebenso wie wenn ich fragen wollte: wo kann
ich sonst noch diese Liebe, dieses Vertrauen haben, Vater sagen etc. als in
meiner konkreten geschichtlichen Situation. Daß andere das tun, bedeutet
für mich nichts; denn ihr Angesprochensein ist nicht meines, und ich
verstehe es nur von meinem aus. Als „Vater" bezeichnen kann ich beliebige Väter. „Vater" sagen kann ich nur zu *einem,* zu *meinem* Vater. Vater als
Gattungsbegriff begreift meinen Vater gar nicht in sich, denn „meine
Väter" gibt es nicht. Gott und seine Offenbarung sind kein Gattungsbegriff. Sonst würde mein Gott zur „Gottheit". So ist mein Beanspruchtsein
mißverstanden, wenn ich mich umsehe, ob sich Gott auch außerhalb des
Christentums offenbart hat. Dies ist eine für den Nichtchristen von vornherein sinnlose, für den Christen aber völlig gegenstandslose Frage. *Sehen*
kann ich z. B. im japanischen sola-fide-Buddhismus eine menschliche
Haltung, was mich aber nur warnen kann, *meine* Haltung mit meinem
Glauben zu verwechseln und den intentionalen Charakter des Glaubens
als Glauben an die konkrete und kontingente Offenbarung zu verkennen[56].

---

[56] *D–* H. Frick, Der katholisch-protestantische Zwiespalt als religionsgeschichtliches

---

[m] Hier und im folgenden Satz ursprünglich „Du" *A* statt „Gegenüber" *B? C?.*

Die Frage, ob Gottes Offenbarung auch anderwärts vorhanden ist, macht eben die Offenbarung zu einem Vorhandenen, Menschlichen. Ist sie der auf mich gerichtete Anspruch, so kann sie nie als Vorhandenes konstatiert werden. Die Frage, ob andere auch so angesprochen sind, kann sich als wissenschaftliche gar nicht erheben; denn nur als Angesprochener kann ich den Anspruch vernehmen. –*A*

B– Nur darf die Antithese gegen die religionsphilosophische und religionsgeschichtliche Erweiterung des Offenbarungsgedankens nicht lauten: nur hier *vorhanden.* Denn die Einmaligkeit eines vorhandenen Faktums ist immer eine fragwürdige und höchstens eine zufällige. Sie ist Vereinzeltheit, nicht absolute Einmaligkeit. Die Einzigkeit muß zugleich ihrem Wesen nach Einzigkeit sein.

Analogie: meine Freundschaft und meine Liebe ist eine einzige ihrem Sinne nach, hat ihre schlechthin eigenen Fragen und Gaben. Aber als „Fall" unter andern, als „vorkommendes" Ereignis in der menschlichen Kultur ist sie nur eins unter andern.

E. Brunner betont aufs stärkste die *Einmaligkeit der Offenbarung*[57]. Für *Religionsphilosophie (Idealismus) und Mystik* ist die Offenbarung ein Einziges, und zwar ein Allgemeines, nämlich „das Hervortreten eines immer schon vorhandenen Ewigkeitsuntergrundes aller Erscheinungen im Bewußtsein"; „Offenbarung als das Objektive und Religion als das Subjektive ist ‚im Grunde' ein immer und überall Identisches"[58]. – In den *Volksreligionen* dagegen gibt es Offenbarungen in der Mehrzahl, Theophanien und Orakel, Wunder aller Art; eben Ereignisse, in denen sich die Gottheit manifestiert. – Im *christlichen Glauben* ist Offenbarung 1. ein Geschehnis, Ereignis, und zwar ein schon geschehenes. Nicht das Metaphysische, sondern das Historische macht selig; der christliche Glaube ist durchaus an ein Historisches gebunden, an das Faktum Jesus Christus[59]. 2. Aber dies Ereignis ist ein einziges, einmaliges, und zwar ist es *wesentlich* einmalig. „Die Einmaligkeit der Offenbarung bedeutet nicht nur einen numerischen, sondern einen Sachunterschied."[60] Denn nur als einmaliges ist das Ereignis entscheidend[61]. „Das Entscheidende ist einmalig." „Die Ernsthaftigkeit der Entscheidung ist mit der Einmaligkeit identisch."[62]

Phänomen, in: P. Tillich (Hg.), Kairos. Zur Geisteslage und Geisteswendung, Darmstadt 1926, 345–384. –*D*   [57] E. Brunner, Der Mittler, Tübingen 1927.
[58] AaO S. 4.   [59] AaO S. 6.   [60] AaO S. 7.
[61] So *erklärt* er gar nicht, sondern *definiert* nur das Einmalige als das absolut Entscheidende. Es gibt doch viele Entscheidungen! Und das Problem ist, wie alle qualifiziert werden durch ein einzelnes Ereignis.   [62] AaO S. 7.

Aber der *Begriff der Einmaligkeit* wird nicht hinreichend geklärt und die Frage dadurch verwirrt, daß zwar die Einmaligkeit als Charakter des Naturgeschehens mit Recht bestritten wird (in der Natur gibt es nur einzelne Exemplare der Gattung) und für die Geschichte mit Recht behauptet wird, aber daß gesagt wird, die Geschichte habe nur die Tendenz zur Einmaligkeit, das wahrhaft Einmalige und Entscheidende sei in der Geschichte nicht zu finden. Das ist nicht richtig. Die Entscheidung des Zuges über den Rubikon ist schlechthin einmalig; die Entscheidung für die Ehe, für den Beruf ist schlechthin je einmalig. Man ist nachher ein anderer denn zuvor und kann nie wieder der gleiche werden[63]. Die Frage ist nicht zu entscheiden, so lange nur mit dem *formalen* Begriff Entscheidung disputiert wird. Es kommt darauf an, wofür entschieden wird. Und es genügt auch noch nicht zu sagen: für Gott; denn es ist nicht einzusehen, warum Gottes Entscheidungsfrage nicht öfter an den Menschen ergehen soll, z. B. in der Begegnung des Nächsten, in dem sich Gott für den Christen auch offenbart. Dies freilich nur deshalb, weil er sich in Christus offenbart hat. Aber deshalb ist eben zu klären, was die vom Glauben behauptete Einmaligkeit der Offenbarung in Christus bedeutet[64]. Und solange nur behauptet wird, daß das historische Faktum Christus die Offenbarung sei, und nicht gezeigt wird, inwiefern, ist zwar der Gegensatz gegen den Idealismus deutlich, aber nicht die Einmaligkeit positiv geklärt.

Wenn nun die christliche Behauptung sagt, daß Christus die einzige Offenbarung Gottes sei und daß nur vermöge dessen sich Gott uns auch sonst (im Nächsten, im Schicksal) offenbare, so daß also im Grunde Christus überall die Offenbarung ist, so ist klar, daß Christus nicht nur als in der Vergangenheit vorhandenes historisches Faktum gemeint sein kann, sondern daß dies Faktum in einer eigentümlichen Weise Gegenwart werden kann. Wie? In der Predigt! Ja, – aber inwiefern ist die Predigt mehr als ein bloßes Referat über ein vergangenes Faktum? In welcher Weise vergegenwärtigt sie Christus?

Ist Christus Offenbarung nicht als vorfindliches Faktum der Weltgeschichte, sondern als Gegenwart, so heißt das, daß er in unserer Existenz eine Wirklichkeit ist. Ist die Predigt mehr als ein Referat, so heißt das, daß

---

[63] Auch S. 269–275 bringt keine Klärung des Begriffs „einmalig" und enthält nur eine verwirrende Bestimmung des Begriffs „Geschichte". Und was heißt Erfüllung der Geschichte? Der dort auftretende Begriff des Ewigen ist ebensowenig geklärt!

[64] Bei Brunner sind die zwei, freilich zusammenhängenden, Fragen vermischt: 1. nach der Einzigartigkeit der Offenbarung, die ihr mehrfaches Ereigniswerden nicht ausschließt, 2. die Bindung dieser Offenbarung an das einzige historische Ereignis Jesus Christus.

sie uns unsere Existenz, indem sie in sie hineinspricht, aufdeckt. Dann ist aber, was Offenbarung bedeute, gar nicht zu klären, wenn nicht zugleich unsere Existenz geklärt wird. Wie schon deutlich gemacht war, daß von Gott nur als von einem Wie unserer Existenz geredet werden könne.

Brunner klärt noch nicht genügend: „Denn das grundsätzlich Andere wäre das Urgeschichtlich-Endgeschichtliche, das absolut Entscheidende, und das ist das Einmalige. Entweder einmalig-absolut, oder aber: nur relativ. Entweder eine absolut unvergleichliche, neue Tatsache, vielmehr eine neue Kategorie allem Geschichtlichen gegenüber, also das, was selbst nicht mehr Geschichte ist, die Erfüllung der Zeiten mitten in der Zeit; oder aber ein Innergeschichtliches und damit von allem Geschichtlichen bloß relativ zu Unterscheidendes." – Ja, aber wie ist das zu verstehen[65]? Etwa Vergebung? Ja, aber ist nicht jede Vergebung zwischen Mensch und Mensch absolut neu? Ja, aber nur als Vergebung der Schuld, nicht der Sünde; denn am Mitmenschen wird man nur schuldig, nicht sündig. Nur an Gott wird man sündig[66]. Dann aber ergibt sich wieder die Aufgabe der Existenz-Analyse bzw. der Anthropologie. Und zwar, wenn die Offenbarung in einem Ereignis der Geschichte bestehen und wenn Sündenvergebung ihr Inhalt sein soll, so muß die Beziehung von Sünde und Geschichte durch eine Analyse der Geschichtlichkeit geklärt werden[67].

Man kann das auch so ausdrücken: die Christologie (denn um diese muß es sich doch wohl in der Offenbarung handeln) kann nur von der Ethik aus entworfen und verstanden bleiben, wenn sie nicht in der Spekulation steckenbleiben soll. Ist die Offenbarung die Durchbrechung unserer Grenzen, so fragt es sich zuerst, wo die Frage nach unserer Grenze akut wird, d. h. aber, wo der Mensch eigentlich Mensch ist: im Handeln, in der Geschichte. Und ist Christus als Offenbarer der σωτήρ, so fragt es sich, wofür er σωτήρ ist: für die Sünde.

Dies ist bei Brunner nicht klar; die Einheit von Glauben und Liebe

---

[65] Brunner, aaO S. 63. Cf. S. 456f.: „das Kreuz und also die Versöhnung und Offenbarung *das absolut Einmalige*". Aber „als geschichtliches Ereignis hat das Kreuz des Christus diese Bedeutung des schlechthinigen Wendepunktes nicht". „Was in Christus geschehen ist, die Sühne, ist *nicht Geschichte* . . . Es ist Urgeschichte oder Endgeschichte . . . Daß es *geschehen* ist, daran hängt alles. Ist es aber geschehen, so ist es *ein für allemal* geschehen." Was heißt das alles? Cf. Brunner, aaO S. 258: „Es gibt in der Welt nichts wirklich Einmaliges als dieses. Denn dieses Geschehen allein hat keine Verwandtschaft mit anderen Geschehnissen. Es ist absolut für sich. Denn es ist die Fleischwerdung des Wortes, das Kommen des Gottessohnes, die Versöhnung."
[66] Cf. Brunner, aaO S. 259: „die Menschwerdung des Gottessohnes ist bedingt durch die Sünde . . ." Es handelt sich „um die Wiederherstellung der gefallenen Schöpfung".
[67] *O–* Friedrich Gogarten, Ich glaube an den dreieinigen Gott, Jena 1926, 17–39. *–O*

kommt erst zum Schluß[68]. Aber der Glaube kann nicht ohne die Liebe verstanden werden. Und Barth macht in seiner Dogmatik den Fehler, daß er in § 6,2 sub „Die Möglichkeit des Hörens"[69] den Menschen als im Selbstwiderspruch stehend charakterisiert, aber diesen Selbstwiderspruch gar nicht expliziert, so daß der „Nächste" post festum[70] hereinschneit, während doch, ohne ihn zu verstehen, die Sünde gar nicht verstanden werden kann! –*B*

A– Vom Glauben aus kann sich *die Frage nach einem Allgemeinbegriff von Religion,* zu der der Glaube selbst, etwa als höchste Stufe, gehört, überhaupt nicht erheben[71]. Denn in diesem Moment wäre der Glaube um seine Intentionalität, seine Bezogenheit auf Gott, gebracht und zu einem weltlichen Phänomen gemacht, einer menschlichen Haltung (cf. Troeltsch)[72]. Daß er dies *auch* ist, bedeutet stets die kritische Frage an den Glaubenden, ob er weiß, was Glaube im Glauben ist. Ebenso wie die Tatsache, daß Liebe eine Erscheinung des menschlichen Geisteslebens ist und man zum Beispiel eine Geschichte des Verhältnisses der Geschlechter schreiben kann, für den Liebenden nur eine kritische Frage bedeuten kann. Es würde sich also zeigen, daß der christliche Glaube, sofern er „Religion" ist, ein weltliches Phänomen ist, und daß es keine Sicherung für den Glaubenden bedeutet, um die Religion als notwendige Provinz des menschlichen Geisteslebens zu wissen. Er kann seine Sicherung nur in der Beziehung auf Gott, das heißt als Antwort auf Gottes Tat, haben, auf Gott, der die Krisis des ganzen menschlichen Geisteslebens, also auch der Religion, ist[73].

Das Faktum der Religionen aber kann für den Glaubenden wohl eine revelatio naturalis sein, insofern für ihn jede Religion eine *Frage* nach Gott bedeutet, eine Frage *auch,* sofern sie die Antwort zu haben behauptet. Als

---

[68] AaO S. 547–565.

[69] Chr. Dogmatik I, S. 73 ff.

[70] AaO S. 332.

[71] W. Herrmann, Die mit der Theologie verknüpfte Not, 1913, S. 21: „Jahrtausende haben nicht ausgereicht, um dieses Wort (Glaube, R. B.) dagegen zu schützen, daß es mit dem zusammengerührt wurde, was die Menschen sonst Religion nennen."

[72] *B*– Cf. K. Barth, Chr. Dogmatik I, S. 301–318 (§ 18: Die Gnade und die Religion): die Theologie zur Religionswissenschaft, die Dogmatik zur Religionsphilosophie zu machen, heißt: die Wirklichkeit Gottes der Wirklichkeit der Religion methodisch unterordnen und sie damit irreparabel preisgeben, so daß sie zur Untheologie, ja zur Antitheologie, ja zur Atheologie wird. Dann ist der „Glaube" bzw. die Theologie dem Angriff Feuerbachs rettungslos preisgegeben. Cf. K. Barth, Ludwig Feuerbach, ZZ 5, 1927, 11–33. –*B*

[73] *D*– Cf. Friedrich Gogarten, Die Krisis der Religion, Zeitwende 7, 1931, 22–38. –*D*

Frage nach *Gott* wird jede Religion, auch die christliche, vom *Glauben* aus gesehen, der erst von Gott und vom Fragen nach ihm wissen kann, während jede Religion ohne den Glauben sich selbst mißversteht. Vom Glauben aus aber insofern, als in der Frage (in dem „Heimweh", in dem Verlangen über das Gegebene und Anschauliche hinaus) die Ungesichertheit des Menschen durch Gott zum Ausdruck kommt, bzw. die Sünde des Menschen sich meldet[74]. Die Definition der Religionen als Frage führt über die psychologische oder idealistische Fragestellung hinaus in die existentielle, und sie lehrt das Christentum als „Religion" zu verstehen, ohne den Glauben zu einem „Fall" des religiösen Lebens zu machen[75].

Sofern nun etwa als der Inhalt aller Religionen von der historisch-psychologischen Analyse gefunden wird die *Scheu vor dem Numinosen oder Irrationalen,* wird tatsächlich die Möglichkeit gegeben, den Sinn jener Frage deutlicher zu erfassen. Denn im Irrationalen bzw. Numinosen erfaßt der Mensch zwar nicht Gott, aber das Rätsel seiner eigenen Existenz; er sieht sich selbst, indem er sich als „Kreatur" weiß. Und sofern er dies Irrationale für Gott hält, hat er nur den Teufel. Die Entdeckung des Irrationalen als des Inhalts alles religiösen Glaubens bestätigt die alte christliche Auffassung, daß alle nichtchristlichen Religionen vom Teufel sind, womit ihrer Würde kein Eintrag getan ist, da der Teufel wirklich eine respektable Größe ist, von der [n] man nicht gering zu denken hat.

Vom Glauben aus gesehen ist jenes Fragen und ist die Erfassung des Irrationalen, des Rätsels der menschlichen Existenz in der Tat der Beweis, daß Gott sich nicht unbezeugt gelassen hat, ist also eine Art revelatio naturalis. Die Frage nach der *Absolutheit der christlichen Religion* ist damit erledigt. Ist sie so gemeint, daß von außerhalb des Glaubens eine Rangordnung der Religionen inklusive des Christentums versucht wird, so ist sie sinnlos; denn von hier aus gibt es nur Relatives, nicht Absolutes. Sinnvoll kann die Frage nach den andern Religionen innerhalb der Theologie nur vom Glauben aus gestellt werden, das heißt die Frage der

---

[74] Cf. Walter Gut, Der Sinn freier Theologie, Zürich/Leipzig 1925. *D*– R. Bultmann, Das Problem der ‚natürlichen Theologie', Glauben und Verstehen (1), Tübingen 1933, 294–312. *–D*

[75] Cf. die „Einteilung" der Religionen z.B. bei Julius Kaftan, Dogmatik (§ 2, 5): Natur- und sittliche Religionen; in ersteren die Mystik der Höhepunkt, in letzteren die Erlösungsreligion gegenüber den Volksreligionen. Cf. auch H. Weinel, Biblische Theologie des Neuen Testaments – Die Religion Jesu und des Urchristentums, Tübingen ³1921.

---

[n] Ms.: „von dem".

Absolutheit ist dann schon entschieden, denn der Glaube ist die Antwort auf die Offenbarung[76].

Mehr als „Religion", d. h. als Frage nach Gott, kann aber der Mensch unter Menschen überhaupt nicht wahrnehmen, und sofern er als Glaubender um eine Antwort weiß, kann er nur diese Antwort verkündigen, wo er die Frage laut werden sieht. Über ihr Verhältnis zu andern Antworten reflektieren, heißt aber, die eigene Antwort schon preisgeben. *–A*

§ 11   Die Offenbarung als geschichtliches Ereignis

D–[a] Auf Grund der Klärung der Geschichtlichkeit des Daseins und des Charakters des Jetzt[1] ist nunmehr zu zeigen, in welchem Sinne *Offenbarung das zum Augenblick hinzugesagte Wort* sein könne[2], das die Wahrheit des Augenblicks sichtbar und so Gott sichtbar macht.

Aus der Analyse des Augenblicks als des geschichtlichen Jetzt[3] ist das Phänomen des „Wortes" nicht zu gewinnen. Indessen muß es so bestimmt werden, daß es *dem für die Frage des Augenblicks offenen Menschen verständlich ist;* sonst wäre es ja nicht *in,* sondern *neben* den Augenblick gesprochen. Es wäre verkannt, daß gerade nur im Augenblick der Mensch er selbst ist[4].

Eben dies ist aber auch damit gesagt, daß das begegnende Wort dem Menschen *Vergebung* zuspricht, oder daß es ihm *Leben* aus dem Tode zuspricht. Denn wenn es das Wort von der *Vergebung* ist, so ist vorausgesetzt, daß der Mensch das Wort auf sich, so wie er aus der Vergangenheit in sein Jetzt kommt, beziehen kann, daß es für ihn das notwendige, auf die ihn umtreibende Frage antwortende ist, auf das er angewiesen ist. Wenn es

---

[76] Cf. Fr. Gogarten, Ich glaube an den dreieinigen Gott, Jena 1926, S. 76f.; K. Barth, Chr. Dogmatik I, S. 250f. (im Hinblick auf die Kanon-Frage).

[1] § 10[a].   [2] § 8[a].   [3] § 10[a].

[4] Dies gilt auch dann, wenn faktisch das begegnende Wort einem Menschen erst die Frage des Augenblicks zum Bewußtsein bringt; denn es ist auch dann vorausgesetzt, daß für den Menschen der Augenblick die Frage enthält, und daß er die Möglichkeit der Offenheit hat, die durch das „Wort" wie durch irgendeine andere Begegnung aktualisiert werden kann.

---

[a] Das letzte von Bultmanns Hand vorliegende und für unsere Edition maßgebliche Inhaltsverzeichnis (s. o. S. VI) übergeht den früheren § 10 („Die Geschichtlichkeit des Daseins", vgl. Anhang S. 176), wenngleich die Darlegungen dieses Paragraphen in der Vorlesung des Sommersemesters 1933 anscheinend noch vorgetragen worden sind. Der Anfang von § 11 nimmt darauf Bezug. § 8, auf den hier gleichfalls verwiesen wird, entspricht jetzt § 9.

das Wort vom *Leben* ist, so ist vorausgesetzt, daß er im Tode war, d. h. aber, daß sein Dasein den notwendigen Bezug auf das Leben hatte[b], in bezug auf welches Tod erst Tod ist[5].

Vorausgesetzt ist also, daß *das Dasein unter der Offenbarung in Kontinuität steht mit dem Dasein ohne die Offenbarung,* insofern die Offenbarung das Dasein erst zu dem bringt, was es sein will und soll. Sprengt die Offenbarung Gottes die Grenzen des menschlichen Daseins, so nicht in der Weise, daß dem menschlichen Dasein etwas angestückt wird, daß es ein Plus erhält, daß sein Wissen ergänzt wird. Vielmehr so, daß es so erst zu sich selbst kommt. Seine Grenzen sind nicht zufällige, von außen gesetzte, sondern aus ihm selbst erwachsene, mit ihm selbst gegebene, die das Dasein erst zu dem machen, was es ist[6].

Im Gedanken der Offenbarung ist nun gesagt, daß *das Dasein, so wie es ist,* nie bei sich selbst, *nie eigentlich ist.* Sagt die Philosophie, daß es eigentlich existiert, indem es sich gerade als begrenztes bejaht, indem es im Entschluß todbereit die Situation übernimmt, so sagt der Glaube, daß solcher Entschluß die Verzweiflung ist, in der gerade zum Vorschein kommt, daß es nicht ist, wie es sein will und soll.

Das Wissen um die Begrenztheit des Menschen und ein Fragen nach der Eigentlichkeit, von der das Dasein umgetrieben wird, haben beide: Philosophie und Glaube. Der Unterschied ist der, daß der Glaube bestreitet, daß der Mensch im todbereiten Entschluß in die Situation seine Eigentlichkeit gewinnen könne. Er kann dies aber nur so bestreiten, daß er sagt: das Dasein *dürfe* so seine Eigentlichkeit nicht gewinnen, weil Gott den Menschen anders haben wolle. Denn unmöglich kann sich der *Glaube* mit der *Philosophie* hier auf Diskussion einlassen, weil er sonst selbst zur Philosophie werden würde und die Wahl der gläubigen Existenz als eine freie erscheinen lassen würde. Der Glaube kann die Wahl der philosophischen Existenz nur als einen Akt der sich selbst begründenden Freiheit des Menschen beurteilen, der seine Gebundenheit an Gott verleugnet.

Der Glaube muß aber, wenn er die philosophische Existenz bestreitet und wenn er behauptet, daß das Dasein erst durch Gottes Offenbarung zu

---

[5] Tod gibt es erst, wo es Leben-Wollen gibt; dies macht erst den Tod zum Tode.

[6] Cf. R. Bultmann, Der Begriff der Offenbarung im Neuen Testament, SGV 135, 1929 (Glauben und Verstehen 3, 1960, 1–34).
E– Dies also gegen alle Mystik, die den Offenbarungsempfang als Herausgerissenwerden aus der menschlichen Existenz versteht und die Schöpfung entwertet. *–E*

---

[b] Ms.: „halte".

seiner Eigentlichkeit komme, *verständlich* reden, so daß die Frage: Philosophie oder Glaube, zu einer echten Entscheidungsfrage wird. Er tut das, indem er von der Offenbarung so redet, daß in ihr die Antwort auf die gleiche Frage – eben die nach der Begrenztheit und Eigentlichkeit – deutlich wird, die die Philosophie in ihrer Weise geben will, – aber eben so, daß die Entscheidung zu einer Entscheidung des Willens wird.

Indem er die Offenbarung als das Wort der *Vergebung* bezeichnet, behauptet er, daß das Dasein vor der Offenbarung unter der Sünde stand, daß also die Entscheidungen, die der Mensch je traf, falsche waren, daß der Mensch den Anspruch des Augenblicks verkannt hat. Die Offenbarung setzt voraus, 1. daß der Mensch *Geschöpf* ist, der sein Sein von Gott hat und für Gott sein soll, der für ihn ist, 2.[c] daß der Mensch von je unter der *Forderung der Liebe* stand und so im Vertrauen auf den Schöpfer und[d] in der Liebe je den Anspruch des Augenblicks hören sollte, um so die Wahrheit des Augenblicks und damit Gott zu erkennen.

Natürlich setzt die Offenbarung damit voraus, 1. daß *Gott der Schöpfer für den Menschen wahrnehmbar* ist, daß der Mensch sich als Geschöpf verstehen kann, 2.[e] daß *die Forderung der Liebe dem natürlichen Menschen vernehmbar,* daß liebende Entscheidung im Augenblick für ihn eine Möglichkeit ist. Würde sie das nicht tun, so könnte sie nicht von der Sünde des Menschen reden und könnte von ihm nicht als Wort der Vergebung verstanden werden. Diese Voraussetzung bringt auch das Neue Testament dadurch zum Ausdruck, daß es 1. die Möglichkeit der Gotteserkenntnis behauptet (Rm 1,18ff.; Act 17,27f.; 14,17. cf. Joh 1,4: καὶ ἡ ζωὴ ἦν τὸ φῶς τῶν ἀνθρώπων) und daß es 2.[f] sagt, das Liebesgebot sei nichts anderes als die Summe des Gesetzes (Gl 5,14; Rm 13,8–10), und auch den Heiden die Kenntnis des Gesetzes zuschreibt (Rm 1,32; 2,14f.; cf. Phl 4,8)[g].

Und so kann auch die Philosophie die Möglichkeit der Liebe sehen. Denn sie sieht, daß Dasein nur im Miteinander ist, und daß in solchem Miteinander die Fürsorge die Forderung des Augenblicks sein kann; sie kennt die Phänomene des Danks und des Vertrauens etc., in denen Liebesforderung gehört wird und Liebe wirklich ist.

Aber 1. sie setzt den Anruf an den Menschen, *in der Entscheidung er*

---

[c] Von „1. daß der Mensch Geschöpf" bis „für ihn ist, 2.": Zusatz *E.*

[d] „im Vertrauen auf den Schöpfer und": Zusatz *E.*

[e] Von „1. daß Gott der Schöpfer" bis „verstehen kann, 2.": Zusatz *E.*

[f] Von „1. die Möglichkeit" bis „und daß es 2.": Zusatz *E.*

[g] „und auch den Heiden die Kenntnis des Gesetzes zuschreibt (Rm 1,32; 2,14,f.; cf. Phl 4,8)": Zusatz *E.*

selbst zu sein, und die Forderung, *den Andern zu lieben,* in ein der göttlichen Liebesforderung widersprechendes Verhältnis. Denn wenn *Philosophie und Glaube* auch gemeinsam wissen, daß es dem Menschen um sich selbst gehen müsse, daß er in der Entscheidung des Augenblicks zu sich selbst kommen soll, so sagt doch der *Glaube,* daß er in der Frage nach sich selbst von sich selbst wegsehen müsse, um vom Andern her für den Andern zu sein, daß ihm sein Selbstsein nur in der Preisgabe seiner selbst geschenkt werden könne. Für die *Philosophie* ist die Forderung der Liebe nicht die das Dasein durchherrschende und jede Entscheidung im Augenblick bestimmende Forderung, sondern eine Möglichkeit unter andern, in der jeweils die Möglichkeit, selbst zu sein, verwirklicht werden kann. Selbst zu sein, ist Tat der Freiheit, nicht Geschenk des Anderen.

Die Möglichkeit, hier auseinanderzugehen, ist faktisch darin begründet, daß im Akt der Liebe *die Tat der Freiheit und der Empfang des Geschenks des Anderen* wirklich eine Einheit sind. Es kommt aber darauf an, welches von beiden das andere fundiert; der Glaube sagt: auch die Freiheit zur Tat wird geschenkt; die Philosophie sagt: meine Freiheit ermöglicht den Empfang des Geschenks.

Diese Differenz ist im zweiten Gegensatz begründet:

2. Der Glaube sagt: Ich empfange Liebe *immer als ein Nicht-Liebender,* und dies Nicht-Lieben ist schon Schuld, ist *Haß.* Wie mich konkreter Empfang der Liebe immer beschämt, weil ich seiner nicht würdig bin, so deckt die Liebesforderung mir auf, daß ich im Haß stehe; denn sonst könnte sie mir nicht als das „du sollst" begegnen. Weil die Liebesforderung mir als „du sollst" begegnet, läßt sie den Augenblick in seiner Dunkelheit. Die wirkliche Liebe würde die Wahrheit des Augenblicks sehen; die *Forderung* der Liebe, die nicht durch ein eindeutiges ἔργον zu verwirklichen ist, läßt den Menschen in der Unsicherheit der Entscheidung. Wäre der Mensch ein wirklich Liebender, so wäre für ihn die Forderung der Liebe schon die Offenbarung Gottes; – sie würde ihm freilich nicht mehr als Forderung begegnen. Als Summe des Gesetzes offenbart die Forderung der Liebe wohl Gott, aber nur so, daß sie das Gericht, den Zorn Gottes offenbart; das Gesetz wirkt Zorn.

In der Forderung des Augenblicks als der Forderung der Liebe ist also Gott offenbar; doch wird er nur dann als *Gott* offenbar, wenn mit der Forderung zugleich die Möglichkeit ihrer Erfüllung offenbar wird. Und eben das geschieht in dem in den Augenblick gesprochenen Wort der Vergebung. Denn dies sagt mir, daß ich in meinem Jetzt als Geliebter stehe und als solcher frei zur Liebe bin.

Das tut dieses Wort, eben indem es mir *meine* Vergangenheit als eine durch Nicht-Liebe – und das heißt beim radikalen Verständnis der Liebes-forderung: *durch Haß* – bestimmte aufdeckt.

Indem mich das Wort von der Vergebung, das mein Bekenntnis, ein Sünder zu sein, herausfordert, die Liebesforderung als radikale verstehen heißt, unter der mein ganzes Dasein steht, lehrt es mich sehen, *daß mein Dasein stets unter der Frage steht, von Liebe oder von Haß bestimmt zu sein.* Es gibt kein anderes Miteinander, das nicht in der Liebe oder im Haß stünde. Alle Formen menschlichen Daseins in Staat, Gesellschaft und Kultur sind aus Liebe oder Haß erwachsen, und sie stehen in der Möglich-keit, dem Selbstbehauptungswillen oder der Liebe zu dienen. Keine Tat und kein Unterlassen ist bedeutungslos für dies Entweder–Oder.

Aber gerade, indem die radikale Liebesforderung dies sehen lehrt, lehrt sie sehen, daß faktisch *meine ganze Vergangenheit im Haß steht,* daß ich je als durch Haß bestimmter in die Gegenwart komme. Sie bringt es mir daran zum Bewußtsein, daß mir je die Liebesforderung als „du sollst" begegnet, und sie öffnet mir dadurch die Augen dafür, daß die Geschichte, aus der ich komme, faktisch durch den Haß bestimmt ist. Nicht so, als ob ich in der Vergangenheit hier und dort Akte des Hasses konstatiere; denn ihnen gegenüber könnte ich ja auch Akte der Liebe konstatieren. Sondern so, daß ich sehe, daß die aus meiner Geschichte erwachsenen Bedingun-gen meines gegenwärtigen Handelns mich in die Ratlosigkeit angesichts der Liebesforderung versetzen. Worin soll sich ein Handeln der Liebe vollziehen? Die *Ordnungen des*[h] *Staates* sind die Ordnung von *Recht und Gewalt;* ich verstehe sie als notwendig, weil sonst der Kampf aller gegen alle die Menschen vernichten würde. Aber ich sehe, daß in diesen Ord-nungen zunächst gar nicht in Liebe gehandelt wird, daß durch sie Mensch dem Menschen in der Distanz der Sache gegenübergestellt wird, indem diese Ordnungen den Menschen gegen den Menschen sichern und dadurch das gegenseitige Verhältnis der liebenden Entscheidung entrücken. Jesus muß durch sein „Ich aber sage euch . . ." erst wieder zum Bewußtsein bringen, daß Legalität der Deckmantel für Selbstsucht sein kann, daß Gesetzesgehorsam noch nicht die Liebespflicht erfüllt. Wir sind durch unser Herkommen aus den Rechtsordnungen zunächst angeleitet, unser Verhältnis zu den Mitmenschen unpersönlich aufzufassen.

Die Notwendigkeit von Staat und Recht zeigt aber, daß Eigenwille, Kampf aller gegen alles, faktisch das menschliche Miteinander regiert, und daß wir alle angeleitet sind, zunächst das Unsere zu suchen. Wir begegnen unsern Mitmenschen zunächst abwartend, d. h. im Mißtrauen, d. h. im

---

[h] „des" vom Herausgeber hinzugefügt.

Haß. Und ebenso begegnen sie uns, d. h. wir stehen im Gehaßtwerden. Wir wissen wohl, was Liebe ist; denn wohl uns allen ist schon Liebe begegnet. Wir verstehen das Liebesgebot, weil Liebe eine Möglichkeit unseres Daseins ist. Aber Liebe ist immer nur als Überwindung des Eigenwillens möglich; d. h. wir stehen faktisch im Haß, kommen aus einer Geschichte des Hassens und Gehaßtwerdens, in der Erscheinungen der Liebe Ausnahmen sind. Und wir sind alle daran beteiligt, daß diese Geschichte eine Geschichte des Hassens und Gehaßtwerdens bleibt.

Das Wort der Vergebung zwingt deshalb zur Anerkenntnis dessen, daß wir im Bösen stehen. Es setzt die Liebesforderung voraus und hält sie als Wort der Vergebung aufrecht. Es macht klar, daß die Forderung der Liebe den Augenblick nicht erhellt, seine Wahrheit nicht zeigt, weil wir als Hassende und Gehaßte in das Jetzt kommen. Nur wenn ich aus einer Geschichte der Liebe in das Jetzt käme, würde mir das Gebot der Liebe die Wahrheit des Augenblicks zeigen. Das Wort der Vergebung sagt nun positiv, *daß ich als Geliebter in mein Jetzt komme,* daß aller Haß, aus dem ich komme, schon getilgt ist durch Gottes Vergebung, daß ich nicht anzuheben brauche mit dem Lieben, sondern daß ich die Liebe als Geschenk empfange[7]. Ἐν τούτῳ ἐστὶν ἡ ἀγάπη, οὐχ ὅτι ἡμεῖς ἠγαπήκαμεν τὸν θεόν, ἀλλ᾿ ὅτι αὐτὸς ἠγάπησεν ἡμᾶς καὶ ἀπέστειλεν τὸν υἱὸν αὐτοῦ ἱλασμὸν περὶ τῶν ἁμαρτιῶν ἡμῶν (1. Joh 4,10). *–D*

E– Die Offenbarung der Liebe Gottes in der Vergebung bedeutet aber zugleich die Enthüllung der Welt als Schöpfung und damit die Befreiung des Menschen von der Angst, die den Schöpfer verleugnet. Hier wird deutlich, daß der Haß des Menschen in seiner Angst gründet. Er gibt sich nicht an den Andern hin, weil er sich zu verlieren fürchtet. Paulus bemüht sich Rm 5,1–11 zu zeigen, daß mit der δικαιοσύνη die ζωή gegeben ist, so daß der Mensch nicht in der Angst zu leben braucht, sondern in der ἐλπίς leben kann und der Zukunft sicher ist als der, dem Gott vergeben hat.

Cf. Rm 8,32: ὅς γε τοῦ ἰδίου υἱοῦ οὐκ ἐφείσατο ἀλλὰ ὑπὲρ ἡμῶν πάντων παρέδωκεν αὐτόν, πῶς οὐχὶ καὶ σὺν αὐτῷ τὰ πάντα ἡμῖν χαρίσεται; 8,15: οὐ γὰρ ἐλάβετε πνεῦμα δουλείας πάλιν εἰς φόβον ἀλλὰ ἐλάβετε πνεῦμα υἱοθεσίας, – das begründet die Mahnung, nicht nach dem Fleisch zu leben, sondern die πράξεις τοῦ σώματος zu töten (8,12f.), also jedes Sich-selbst-sichern-Wollen fahren zu lassen. Cf. 1. Joh 4,17.18: φόβος οὐκ ἔστιν ἐν τῇ ἀγάπῃ ἀλλ᾿ ἡ τελεία ἀγάπη ἔξω βάλλει τὸν φόβον, ὅτι ὁ φόβος κόλασιν ἔχει, ὁ δὲ φοβούμενος οὐ τετελείωται ἐν τῇ ἀγάπῃ. *–E*

---

[7] R. Bultmann, Das christliche Gebot der Nächstenliebe, Glauben und Verstehen (1), Tübingen 1933, 229–244.

D– Das ist die eigentümliche christliche Verkündigung, daß *in Jesus Christus Gott Vergebung* geschenkt und uns zur Liebe befreit hat, daß uns die Liebesforderung nicht mehr als Gesetz begegnet, sondern die Frucht des Glaubens ist, der in der Liebe wirksam ist (Gl 5,6.22). Die Gegenwart, in der ich stehe, ist also durch Liebe bestimmt. Das bedeutet *nicht, daß in der Vergangenheit, aus der ich komme, einmal ein liebender Mensch, Jesus, gelebt hat,* dessen Sünderliebe in einzelnen Geschichten von ihm anschaulich wird[8]. Denn die Anschauung von Akten der Liebe oder einer liebevollen Persönlichkeit kann mich begeistern oder beschämen oder beides; aber sie macht mich nicht zum Geliebten. Seine persönliche Liebe galt ja nicht mir. Liebe als mir geltende kann nicht als ein Phänomen der Vergangenheit konstatiert werden, sondern nur in der Gegenwart begegnen.

Daß Gott in Christus die Welt geliebt hat, bedeutet deshalb auch *nicht, daß Jesus die Einsicht erschlossen hat, daß Liebe zum Gottesgedanken* gehört, so daß die Predigt der Liebe in der Verkündigung eines reinen Gottesbegriffs bestünde, indem Liebe als eine Eigenschaft Gottes verstanden wäre. Denn solche Einsicht könnte mir nur meine Geschiedenheit von Gott zum Bewußtsein bringen.

Die christliche Verkündigung sagt, daß das, *was in Christus geschehen ist, die Tat der Liebe Gottes ist,* die mir meine Sünde vergibt, eine Tat also, die die menschliche Geschichte der Sünde unterbricht, die die Geschichte nicht mehr sich selbst überläßt, so daß mein Jetzt nicht mehr aus dem sich selbst überlassenen Dasein verstanden werden soll, sondern aus der in Christus geschehenen Vergebung. Das meint das Neue Testament damit, daß Christus gesandt ward, als die Zeit erfüllt war (Gl 4,4), daß in ihm *der neue Äon angebrochen* ist, daß das Alte vorbei ist und alles neu ward, so daß wer „in Christus" ist, ein neues Geschöpf ist (2. Kr 5,17); oder daß Christus die κρίσις *der Welt* ist, daß mit ihm das Licht in die Welt kam, und daß eben damit die κρίσις geschehen ist, je nachdem die Menschen zum Licht kommen oder vor ihm fliehen (Joh 3,18f.), daß jeder, der an ihn glaubt, schon vom Tode zum Leben hinübergeschritten ist (Joh 5,24f.).

Das bedeutet: *das geschichtliche Faktum Jesus Christus* bestimmt die Geschichte und damit unsere Gegenwart nicht so wie andere Ereignisse der Geistesgeschichte, nämlich so, daß ich selbstverständlich unter seinen geistigen Wirkungen stehe, und daß ich mich in deren ausdrücklicher Aneignung innerhalb meines sündigen Lebenszusammenhanges entschei-

---

[8] Gegen Max Reischle, Erkennen wir die Tiefen Gottes? ZThK 1, 1891, 287–366, bes. S. 316f.

de. Vielmehr so, daß durch dies Faktum mein ganzer Lebenszusammenhang in Frage gestellt ist.

Es begegnet mir als meine Gegenwart bestimmendes nicht in der Weise,
wie sonst Ereignisse der Vergangenheit begegnen in der geschichtlichen
Tradition, an der jeder gestaltend mitarbeitet, sondern in einer eigenen
Tradition, in der *Wortverkündigung der Kirche.*

In der *kirchlichen Verkündigung* wird das Faktum der Vergangenheit je
für mich vergegenwärtigt[9]. Mit dem Geschehen, das sich in Christus
vollzogen hat, gehört die Einsetzung des Wortes der Verkündigung untrennbar zusammen. Gott ist es, der die Welt durch Christus mit sich
versöhnt und die διακονία τῆς καταλλαγῆς, den λόγος τῆς καταλλαγῆς
eingesetzt hat (2. Kr 5,18f.). Daher ist das Jetzt, da die Verkündigung den
Menschen trifft, das eschatologische Jetzt: ἰδοὺ νῦν καιρὸς εὐπρόσδεκ-
τος, ἰδοὺ νῦν ἡμέρα σωτηρίας (2. Kr 6,2). Das Jetzt, die ὥρα, da die
Stimme des Gottessohnes erklingt, ist jedes Jetzt, da die Verkündigung
einen Menschen trifft (Joh 5,25).

Wir kommen also *aus einer Geschichte der Liebe,* insofern in Christus
die göttliche Vergebung für die Menschen Wirklichkeit geworden ist und
je Wirklichkeit werden kann in der kirchlichen Verkündigung und Wirklichkeit wird im Glauben, der sie sich aneignet. Über allem, was geschehen
ist und geschieht, steht seit Christus schon das Wort der Vergebung. Es
begegnet uns als das legitimierte Wort der kirchlichen Verkündigung, die
uns mit göttlicher Autorität die Vergebung zuspricht und uns dadurch zur
Liebe befreit. *Gottes Offenbarung als geschichtliches Ereignis ist also Jesus
Christus als das Wort Gottes,* das in dem kontingenten historischen Ereignis Jesus von Nazareth eingesetzt und in der kirchlichen Tradition lebendig
ist. Das Faktum Jesus Christus kommt nicht in Betracht als außerhalb der
Verkündigung sichtbares, sondern als innerhalb ihrer begegnendes, durch
sie vergegenwärtigtes. Er ist das Wort[10]. Die Theologie hat die Aufgabe,
als Christologie die Lehre von Christus als dem Wort Gottes und damit die
Lehre von der Kirche und ihrer Tradition zu explizieren. Das Wort muß
dabei in seinem doppelten Charakter verstanden sein als Liebesgebot und
als Zuspruch der Vergebung; denn nur so kann es als in den Augenblick

---

[9] R. Bultmann, Kirche und Lehre im Neuen Testament, Glauben und Verstehen (1),
1933, 153–187.

[10] Cf. Martin Kähler, Der sogenannte historische Jesus und der geschichtliche, biblische Christus, Leipzig 1892. ²1896, S. 175–178. R. Bultmann, Die Christologie des
Neuen Testaments, Glauben und Verstehen (1), 1933, 245–267; Der Begriff des Wortes
Gottes im Neuen Testament, aaO, 268–293; Die Bedeutung des geschichtlichen Jesus
für die Theologie des Paulus, aaO, 188–213.

gesprochenes verstanden werden. Der Glaube an die Vergebung ist nur wahr, wenn er das Licht ist, das die Forderung des Augenblicks erhellt, so daß ich als Liebender das Was meines Tuns entdecken kann. Der Glaube kann nicht gegen die Liebe isoliert werden, wie Liebe ohne den Glauben unmöglich ist.

Die Vergebung ist ja nicht ein zu konstatierendes, vorhandenes Faktum, sondern sie ist wirklich nur im Empfang je im Augenblick, in den sie gesprochen ist, für den die Liebesforderung besteht, die in der Vergebung bestätigt und zu der der Mensch befreit ist. In der Offenbarung ist die *christliche „Ethik"* begründet, die kein System ethischer Prinzipien, sondern das Liebesgebot ist, bzw. die Liebe, die je das Was ihres Tuns zu entdecken hat. *Der neue Äon* ist Wirklichkeit *in der Gegenwart als immer kommender, der im Kommen da ist.* Er ist immer ein *kommender,* sofern vor dem Augenblick immer die Zukunft steht, in der die Liebe wirklich werden soll. *Er ist da,* sofern die die Zukunft ergreifende Liebe im Glauben begründet ist, der die in Christus geschehene und im Wort vergegenwärtigte Offenbarung ergreift. Der Sinn dieses Glaubens ist nunmehr zu explizieren. –*D*

Kapitel 5

Der Begriff des Glaubens

§ 12 Der kirchliche Glaubensbegriff und seine Zersetzung

A– a) Nach *katholischer Auffassung*[1] ist der Rechtfertigungsglaube der dogmatische Glaube, das theoretische Fürwahrhalten der Offenbarungswahrheiten[2], eben das, was die protestantische Dogmatik als fides historica bezeichnet. Abgelehnt wird die protestantische Auffassung der fides fiducialis[3], die als subjektiver Glaube an die eigene Rechtfertigung bezeichnet wird. Die fiducia sei zwar „im Geschäft der Rechtfertigung" unentbehrlich, aber doch nur als *Folge* des besonderen Fürwahrhaltens, daß der Sünder durch Gottes Gnade gerechtfertigt wird[4]. „Somit ist es kirchliches Dogma, daß der eigentliche Rechtfertigungsglaube *qualitativ* nicht als ‚Fiduzialglaube', sondern als *dogmatischer* oder theoretischer Glaube an die geoffenbarten Wahrheiten zu bestimmen ist."[5]

---

[1] Adolf Harnack, Geschichte der Lehre von der Seligkeit allein durch den Glauben in der alten Kirche, ZThK 1, 1891, 82–178. Heinrich S. Denifle, Die abendländischen Schriftausleger bis Luther über iustitia dei und iustificatio, Mainz 1905.

[2] J. Pohle, Lehrbuch der Dogmatik II, Paderborn ⁷1921, S. 432.

[3] Die katholische Rechtfertigungslehre nach Conc. Trident. sess. 6, cap. 7: „Demum unica formalis causa (scil. iustificationis) est ‚iustitia Dei, non qua ipse iustus est, sed qua nos iustos facit' (can. 10 et 11); qua videlicet ab eo donati, renovamur spiritu mentis nostrae, et non modo reputamur, sed vere iusti nominamur et sumus, iustitiam in nobis recipientes unusquisque suam, secundum mensuram, quam ‚Spiritus Sanctus partitur singulis prout vult' (1 Cor 12,11) et secundum propriam cuiusque dispositionem et cooperationem." (DS 1529). AaO can. 10: „Si quis dixerit, homines sine Christi iustitia, per quam nobis meruit, iustificari, aut per eam ipsam formaliter iustos esse: an. s." (DS 1560).
   Cf. H. Hurter, Theologiae dogmaticae compendium, Tom. III, Oeniponte ⁷1891, Tract. VIII, pars II de gratia habituali seu de justificatione, S. 125–212. Heinrich S. Denifle, aaO (Anm. 1). Dazu Karl Holl, Die iustitia dei in der vorlutherischen Bibelauslegung des Abendlandes, Festgabe A. von Harnack, Tübingen 1921, 73–92.

[4] Dabei ist der Hinweis auf Paulus (Rm 10,9f.) insofern richtig, als πιστεύειν hier mit dem ὅτι-Satz steht und in der Tat der Glaube bei Paulus als Glaube *an* aufgefaßt ist. Sofern die katholische Polemik gegen die Auffassung des Glaubens als eines subjektiven allgemeinen Vertrauens polemisiert, ist sie im Recht.

[5] Pohle, aaO S. 432.

Dabei gelten also die geoffenbarten Wahrheiten als allgemeine Wahrheiten, und es entsteht das Problem, *wieviel davon geglaubt werden muß,*
bzw. wieviel in *fides explicita,* wieviel in *fides implicita* („Ich glaube von
Herzen alles, was Gott geoffenbart hat", oder „Ich glaube alles, was die
Kirche glaubt und zu glauben vorstellt" – d.h. auch wenn ich es im
einzelnen nicht weiß) geglaubt werden muß[6]. Die Diskussion dreht sich
darum, ob sechs Punkte zum Minimum der fides explicita gehören: 1. das
Dasein Gottes, 2. die jenseitige Vergeltung, 3. Trinität, 4. Inkarnation,
5. Unsterblichkeit der Seele, 6. Notwendigkeit der Gnade[7]. Davon gelten
dann 5. und 6. als entbehrlich, weil 5. schon in 2. eingeschlossen ist und 6.
in 1., sofern die Gnadennotwendigkeit zum Dogma von der göttlichen
Vorsehung gehört, das seinerseits ein Stück der göttlichen Vergeltung ist.
Die größere Wahrscheinlichkeit spricht auch dafür, daß 3. und 4. entbehrlich sind, weil ein übernatürlicher Akt der rechtfertigenden Liebesreue an
und für sich aus dem bloßen Glauben an Gottes Dasein und Gnadenvorse-
hung (Vergeltung) sich begreifen läßt, und weil in diesem letzteren Glauben auch der Glaube an Christus (und Trinität) implicite als Begierdeglau-
be (fides in voto) eingeschlossen liegt[8]. Unentbehrlich aber sind 1. und 2.
als Stücke der fides explicita, und zwar necessitate medii, also als Glaube
an die übernatürliche Offenbarung und nicht als bloßer Vernunftglaube[9].

  Dieser *Glaube aber ist unerläßlich zur Rechtfertigung,* während zur Not
die Sakramente entbehrt werden können[10]. Aber *der Glaube allein genügt
nicht.* Vielmehr muß er ergänzt werden durch die guten Werke, bzw.
andere ihn ergänzende Dispositionsakte, die ihn als durch die Liebe wirksam und von der Liebe erfüllt erweisen; d.h. er muß von der fides informis
zur fides formata werden. Nach dem Tridentinum vollzieht sich der Recht-
fertigungsprozeß in der Regel in vier Etappen: 1. vom Glauben zur Furcht
(timor servilis), 2. von der Furcht zur Hoffnung (spes), 3. von der Hoffnung zur anfänglichen Liebe (diligere incipiunt), 4. von der anfänglichen

---

  [6] Georg Hoffmann, Die Lehre von der fides implicita innerhalb der katholischen
Kirche, Leipzig 1903.
  [7] Pohle, aaO S. 384 und 435.
  [8] Pohle, aaO S. 436.
  [9] Und zwar ist dies ein cogitare cum assensione (Augustin), d.h. ein Akt des
Intellekts, der durch den Willen zur Zustimmung bewogen wird.
  [10] Pohle, aaO S. 442: „Ist die am Ende des Weges stehende Reue zugleich diktiert und
erfüllt von der *vollkommenen* Liebe (contritio caritate perfecta), so vollzieht sich die
Rechtfertigung *sofort,* und zwar schon vor dem Empfange des (Tauf- oder Buß-, R. B.)
Sakraments, wenngleich nicht ohne das Verlangen nach dem Sakramente (votum sacra-
menti, sacramentum in voto)"; die unvollkommene Reue (attritio) dagegen führt nur
durch den Sakramentsempfang zur Rechtfertigung.

Liebe zur wahren Reue mit dem Vorsatz der Lebensbesserung (contritio cum proposito novae vitae)[11]. In diesem Prozeß wird die fides informis zur fides formata, die rechtfertigt[12].

Wie hier die Rechtfertigung von der eigenen Leistung abhängig gemacht wird, zeigt am besten der Satz: „Nun setzt aber jede Bewegung einen terminus a quo, der verlassen wird, und einen terminus ad quem, der erstrebt wird, voraus; folglich verlangt die sittliche Hinbewegung zu Gott außer dem Glauben den freiwilligen *Rücktritt* von der Sünde (Reue, Vorsatz) und den freiwilligen *Zutritt* zur Gerechtigkeit (Hoffnung, Liebe, Verlangen)“, wofür dann Thomas, S. th. II/1 q.113 a.5 zitiert wird: „iustificatio impii est quidam motus, quo humana mens movetur a deo a statu peccati in statum iustitiae . . . Unde oportet quod mens humana, dum iustificatur, per motum liberi arbitrii recedat a peccato et accedat ad iustitiam. Recessus autem et accessus in motu liberi arbitrii accipitur secundum detestationem et desiderium . . . Oportet igitur quod in iustificatione impii sit motus liberi arbitrii duplex: unus quo per desiderium tendat in dei iustitiam, et alius quo detestetur peccatum.“[13]

b) Im Gegensatz dazu[a] hat *die protestantische Dogmatik* nach Luther die Rechtfertigung *ohne Werke* gelehrt[14]. Und der Radikalismus der Anschauung tritt besonders darin zutage, daß behauptet wird, daß auch *der Glaube selbst kein Werk des Menschen* ist, das er aus eigener Kraft erzeugen kann[15], weil das Mißtrauen, das der natürliche Mensch gegen Gott

---

[11] Pohle, aaO S. 441f.; ad 4.: ist die wahre Reue von der *vollkommenen* Liebe motiviert, so erfolgt die Rechtfertigung sofort ohne Sakrament; ist sie unvollkommen (attritio), so wird die Rechtfertigung nur durch den Empfang des Sakraments erlangt (s. Anm. 10). Es könnte also fast so aussehen, als ob die fides formata dem protestantischen Glaubensbegriff entspräche, wobei dann die fides informis der notitia und dem assensus der protestantischen Dogmatik entspräche würde. Tatsächlich ist es mit dem protestantischen assensus eine zweifelhafte Sache (s.u.). Aber im Ansatz unterscheiden sich katholische und protestantische Lehre grundsätzlich, da für den Protestanten das überhaupt nicht Glaube ist, was der Katholik so nennt. Auch ist im katholischen Schema der innere Zusammenhang der Stufen (!) des Rechtfertigungsprozesses gar nicht zu sehen.
[12] Pohle, aaO S. 442f.
[13] Pohle, aaO S. 439.
[14] Heinrich Schmid, Die Dogmatik der evangelisch-lutherischen Kirche dargestellt und aus den Quellen belegt, ⁵1863 (neu herausgegeben und durchgesehen von H. G. Pöhlmann, Gütersloh ⁹1979). Cf. Johannes Gottschick, Luthers Theologie, Tübingen 1914. [15] Cf. Luthers Erklärung des dritten Artikels.

---

[a] Bultmann bemerkt am Rand *D*: „Hier zuerst die Polemik gegen die fides informis cf. 99 verso.“ Wir sind dieser Angabe nicht gefolgt. S. 99 verso entspricht in unserer Ausgabe unten Anm. 16. Vgl. auch Anm. 17.

hat, nur durch Gott selbst überwunden werden kann. Der Glaube ist also als ein durch Wort und Sakrament im Menschen gewirktes Werk Gottes selbst zu betrachten. Konkordienformel (Solida Declaratio III 11): „. . . fides donum Dei est, per quod Christum redemptorem nostrum in verbo evangelii recte agnoscismus"[b]. Joh. Gerhard: „Nimirum per peccatum ita sumus corrupti ac depravati, ut non solum indigeamus redemtione, peccatorum remissione, salutis ac vitae aeternae dono; sed etiam, ut ne fidem quidem ex nobis et de nostro adferre possimus, per quam divinae gratiae ac bonorum coelestium participes reddamur. Misertus igitur nostri Deus perinde facit, ut fidelis medicus, qui non solum medicinam adfert aegroto, unde sanetur, sed etiam, si opus sit, et hoc efficere aegrotus nequeat, id agit, ut, quam adfert, capere possit medicinam."[16]

Deshalb wird auch *die fides implicita verworfen,* denn sie widerspricht dem Offenbarungsgedanken. Die fides kann nur explicita sein, wenn sie die fiducia ist zu Gottes Heilstat. Wenn die Heilstat nicht sichtbar ist, kann

---

[16] Schmid-Pöhlmann (Anm. 14), S. 269; CA 4 De iustificatione: „Item docent, quod homines non possint iustificari coram Deo propriis viribus, meritis aut operibus, sed gratis iustificentur propter Christum per fidem, cum credunt se in gratiam recipi et peccata remitti propter Christum, qui sua morte pro nostris peccatis satisfecit. Hanc fidem imputat Deus pro iustitia coram ipso. Rom. 3 et 4." (BSLK S. 56).

ApolCA 4, 27: „Falsum est hoc, quod ratio propriis viribus possit Deum supra omnia diligere et legem Dei facere, videlicet vere timere Deum, vere statuere (,darauf stehen') quod Deus exaudiat, velle obedire Deo in morte et aliis ordinationibus Dei, non concupiscere aliena etc., etsi civilia opera ratio potest (,wiewohl sie äußerlich ehrbar Leben und gute Werke etlichermaßen vermag')." (BSLK S. 165). ApolCA 4, 33: „Si sensus carnis est inimicitia adversus Deum, certe caro non diligit Deum; si non potest legi Dei subiici, non potest Deum diligere. Si sensus carnis est inimicitia adversus Deum, peccat caro etiam, cum externa civilia opera facimus. Si non potest subiici legi Dei, certe peccat, etiamsi egregia facta et digna laude iuxta humanum iudicium habet." AaO 34: „Adversarii intuentur praecepta secundae tabulae, quae iustitiam civilem continent, quam intelligit ratio. Hac contenti putant se legi Dei satisfacere. Interim primam tabulam non vident, quae praecipit, ut diligamus Deum, ut vere statuamus, quod Deus irascatur peccato, ut vere timeamus Deum, ut vere statuamus, quod Deus exaudiat. At humanus animus sine spiritu sancto aut securus contemnit iudicium Dei, aut in poena fugit et odit iudicantem Deum." AaO 35: „Itaque non obtemperat primae tabulae . . . Tales enim operantur cum contemptu Dei, sicut Epicurus non sentit se Deo curae esse, respici aut exaudiri a Deo. Hic contemptus vitiat opera in speciem honesta, quia Deus iudicat corda . . ." AaO 37: „Facile est otiosis fingere ista somnia de dilectione, quod reus peccati mortalis possit Deum diligere super omnia, quia non sentiunt, quid sit ira aut iudicium Dei. At in agone conscientiae et in acie experitur conscientia vanitatem illarum speculationum philosophicarum." (BSLK S. 166.167).

Cf. auch M. Luther bei Martin Rade, Luther in Worten aus seinen Werken, Berlin 1917, S. 119ff. (besonders S. 119.123.125).

---

[b] BSLK S. 918f.

sie auch nicht im eigentlichen Sinn geglaubt werden, sondern nur der Entschluß gefaßt werden, etwas nötigenfalls zu glauben[17]. Der eigentliche Glaube, *die fides specialis,* aber ist eine solche, „qua peccator conversus et renatus promissiones universales de Christo mediatore et gratia Dei per ipsum impetranda, sibi in individuo applicat et credit, Deum velle sibi etiam propitium esse et peccata remittere propter Christi satisfactionem, pro suis et omnium hominum peccatis praestitam. Dicitur itaque fides specialis, non quod specialem aliquam promissionem pro objecto habeat . . ., sed ob applicationem, per quam sub promissione universali de gratia Dei et merito Christi ad se in individuo descendit" (Hollaz)[18].

Die Subjektivität des Glaubens soll damit ebenso abgewehrt werden[19], wie andrerseits das Mißverständnis, daß der Glaube eine Zustimmung zu allgemeinen Wahrheiten wäre. Der Glaube ist wirklich das Erfassen der Gnade, und die Zustimmung zur Schrift und zu allen Lehren hat nur Sinn, sofern in ihnen die Gnade erfaßt wird: „. . . proprium objectum fidei justificantis esse dicimus promissionem gratiae . . . sicut summa, finis scopus et meta totius scripturae est Christus in officio mediatoris: ita fides, cum universo verbo Dei assentitur, respicit ad scopum totius scripturae et omnes alios articulos refert ad promissionem gratiae"[20].

Die fiducia als Vertrauen auf die promissio ist also nicht als eine menschliche Seelenhaltung gedacht, sondern der Glaube ist in seiner Intentionalität verstanden als Glaube *an,* nämlich an Gottes Heilstat, so sehr er auch Vertrauen ist[21]. Das kommt in der Unterscheidung seiner *drei Bestandteile*

---

[17] Deshalb auch die fides informis verworfen. Luther, EA IV 456: „Nec est opus hominis, sed Spiritus donum fides Christi, fides autem informis est cogitatio seu imaginatio hominis . . . quin figmentum et idolum vanissimum est cordis illorum, qui nesciunt, quid loquuntur." (Gottschick, Luthers Theologie, S. 18, Anm. 1 = Contra Satanam et Synagogam ipsius, WA 59, 721, Z. 9–10. 3.4).

[18] Bei Schmid-Pöhlmann, S. 268.

[19] Cf. Chemnitz: „fides iustificans (specialis) praesupponit et includit fidem generalem" (bei Schm.-P., S. 268).

[20] Chemnitz (Schm.-P., S. 268).

[21] Klar ist der Sinn der fiducia auch festgehalten in der Polemik gegen die katholischen Werke. Es ist gesehen, daß der Glaube als ein Wie des geschichtlichen Menschen nicht etwas *an* ihm ist, das ergänzt werden muß, sondern seine ganze Existenz bestimmt. Cf. Hollaz: „Epitheton illud operari per caritatem (Gal 5,6) attributum est fidei, *quae iustificavit,* non attributum fidei, quae adhuc iustificatura est, multo minus forma aut essentia fidei iustificantis, *quatenus* iustificat" (Schm.-P., S. 270). FC.SD 4, 10.11: „. . . est fides illa quiddam vivum, efficax, potens, ita ut fieri non possit, quin semper bona operetur. Neque fides quaerit demum, an bona opera sint facienda, sed priusquam de ea re inquiratur, iam multa bona opera effecit et semper in agendo est occupata." (BSLK S. 941). ApolCA 4, 142.143: „. . . fides illa, de qua loquimur, existit in poenitentia, hoc est, concipitur in terroribus conscientiae, quae sentit iram Dei adversus nostra

zunächst klar zum Ausdruck: notitia, assensus, fiducia. Falsch ist nur die Bezeichnung der *notitia* als Bestandteil des Glaubens. Aber daß sie genannt wird, zeigt, daß der geschichtliche Charakter der menschlichen Existenz wie der Offenbarung behauptet werden soll. Der Glaube ist nur für den Menschen in einer bestimmten geschichtlichen Situation möglich, in der eine bestimmte Verkündigung an ihn herangebracht wird. Er ist weder ein Apriori des menschlichen Geistes noch eine allgemeine Seelenhaltung wie Optimismus oder Gemütsruhe oder dergleichen, keine „Gesinnung".

Der *assensus* ist ursprünglich von der fiducia nicht unterschieden, sondern bedeutet „die innere Hingabe des Menschen an den ihm offenbar werdenden Gnadenwillen Gottes"[22]. Luther: „assentimur *cum* apprehendimus promissionem . . ."[23]. ApolCA IV 48[24]: „Illa fides, quae iustificat,

---

peccata, et quaerit remissionem peccatorum et liberari a peccato. Et in talibus terroribus et aliis afflictionibus debet haec fides crescere et confirmari. Quare non potest existere in his, qui secundum carnem vivunt, qui delectantur cupiditatibus suis et obtemperant eis." (BSLK S. 188). Cf. CA 20 De fide et bonis operibus.

[22] W. Herrmann, Die Lage und Aufgabe der evangelischen Dogmatik in der Gegenwart, Ges. Aufsätze, Tübingen 1923, 95–188, zit. S. 106.

[23] WA 25, 337, Z. 30/31; cf. Gottschick, aaO (Anm. 14), S. 19. Luther, Eine kurze Form der zehn Gebote, eine kurze Form des Glaubens, eine kurze Form des Vaterunsers. 1520 (über das Glaubensbekenntnis): „Hie ist zu mercken / das zweyerley weyß glaubt wirt / zum ersten / von gott / das ist / wen ich glaub das war sey / was man von gott sagt / gleych als wen ich glaub / das war sey / was man vom Turcken / teuffel / hell sagt / dißer glaube / ist mehr eyn wissenschafft odder merckung dan eyn glaub. Zum andern / wirt yn gott geglaubt / das ist / wen ich nit alleyn glaub / das war sey / was von gott gesagt wirt / ßondern setze meyn traw yn yhn / begeb und erwege mich mit yhm zu handeln / und glaub on allen zweyffell er werd mir alßo seyn und thun / wie man von yhm sagt / auff wilch weyß ich nit glaubte dem Turcken oder menschen / wie hoch man seyn lob preyssete / dan ich glaub leychtlich / das eyn man frum sey / ich wags drumb nit / auff yhn tzu bawen. Solcher glaub / der es wagt auff gott wie von yhm gesagt wirt / es sey ym leben oder sterben / der macht alleyn eynen Christen menschen und erlanget von gott alles was er wil / den mag keyn böße falsches hertz haben / dan das ist eyn lebendiger glaub und der wirt gepoten ynn dem ersten gepott / das do sagt ich byn deyn gott / du solt keyn ander götter haben." (BoA II 47, Z. 28 – 48, Z. 5 = WA 7, 215, Z. 1–15).
Luther, Eyn sermon von dem unrechten Mammon. Lu. XVI (1–10): „Es seyndt ettliche, die das Euangelion und vom glawben hören odder leßen und fallen schwindt drauff, und heyssen das glawben das sie dencken: Sie dencken aber nicht weytter denn glawbe sey eyn ding, das ynn yhrer macht stehe tzu haben oder nicht zu haben, als eyn ander naturlich menschlich werck. Darumb wenn sie ynn yhrem hertzen eyn gedancken tzu wege bringen, der do spricht: warlich die lere ist recht, und ich glawbs es sey alßo, ßo baldt meynen sie, der glawb sey da. . . . Aber der recht glawb, da wyr von reden, lest sich nicht mit unßern dancken machen, ßondern ehr ist eyn lautter gottis werck on alles unßer tzuthun ynn uns. . . . Darumb ist er auch gar eyn mechtig, thettig, unrugig, schefftig ding, der den menschen gleych verneuwert, anderweit gepyrtt und gantz ynn eyn new weyße unnd weßen furet, alßo das unmuglich ist, das der selb nicht sollt on

non est tantum notitia historiae, sed est assentiri promissioni Dei, in qua gratis propter Christum offertur remissio peccatorum et iustificatio. Et ne quis suspicetur tantum notitiam esse, addemus amplius: est velle et accipere oblatam promissionem remissionis peccatorum et iustificationis." Apol CA IV 81[25]: „Sic igitur reconciliamur Patri et accipimus remissionem peccatorum, quando erigimur fiducia promissae misericordiae propter Christum."[26]

Aber in dieser Unterscheidung des *assensus generalis und specialis* (der mit der fiducia identisch ist) zeigt sich der Irrweg. Denn als „wahr" können die promissiones gar nicht ohne die applicatio auf mich anerkannt werden[27]. Sie werden sonst eben *allgemeine Wahrheiten.* Und wenn in diesem Sinne der assensus zur notitia und fiducia gestellt wird, kommt der Wahn heraus, daß die Heilstatsachen zuerst anerkannt werden müssen, bevor sie Grund des Glaubens sein können, obwohl sie doch erst *im Glauben* als Heilstatsachen sichtbar werden[28]. Diesem Wahn ist die Orthodoxie erlegen. Dann ist die Folge, daß die Theologie sich selbst zum Gegenstand des Glaubens macht[29], weil sie die Wahrheit der Heilslehren erweist. Als Gegenstand des Glaubens gilt dann nicht mehr Gottes durch die notitia (bzw. das Wort) vermittelte Heilstat, sondern die reine Lehre. Und die Schrift erscheint als Kompendium der Lehre, deren Annahme auf Autorität hin nur so lange gesichert ist, als die Autorität der Schrift (Inspiration) unbezweifelt ist. Und der Glaube wird mißverstanden als die Annahme der *reinen Lehre,* unter Umständen mittels des sacrificium intellectus[30].

---

unterlas gutts thun." (Predigt auf den 9. Sonntag n. Tr., 17. August 1522, WA 10 III, 285, Z. 3–9. 24–26. 28–30).

[24] BSLK S. 169f.

[25] BSLK S. 176.

[26] Cf. Quenstedt bei Schm.-P., S. 266. Baier: „Haec itaque illa fides est, quae dicitur apprehendere Christum aut meritum Christi; scilicet ut est assensus cum fiducia seu fiducia cum assensu conjuncta; ex quibus actibus velut unitis constat, et nunc illius, nunc hujus nomine appellatur, altero semper connotato." (Schm.-P. S. 266f.). Hollaz: „Assensu generali promissiones universales de gratia Dei et merito Christi verae esse judicantur. Assensu speciali statuit peccator conversus et renatus, illas promissiones generales ad se in individuo pertinere." (Schm.-P., S. 267).

[27] Oder die fiducia ist in Gefahr, zur Subjektivität zu werden, zum warmen Herzen etc. Fehler des Pietismus s. u.

[28] Joh. Gerhard, Loci theol. XVI De justificatione per fidem, § 67ff.: Assensus = judicium approbans ea, quae in verbo credenda proponuntur. (O. Kirn, Art. Glaube, RE[3] Bd. 6, 674–682, zit. S. 678).

[29] Cf. oben S. 31.

[30] Cf. oben S. 31–34.

c) Gegen diese Auffassung des Glaubens als Rechtgläubigkeit reagiert einmal der *Pietismus,* dem freilich die Intentionalität des Glaubens verlorengeht, indem der Glaube zu einer menschlichen Haltung wird, sodann die ganze moderne Menschenauffassung des *Idealismus* und der *Romantik,* die auch den Glauben nur als eine menschliche Haltung verstehen kann; endlich die sachgemäße theologische wie anthropologische Einsicht, daß Gott und sein Tun nicht direkt zum Gegenstand der wissenschaftlichen Reflexion gemacht werden kann, wie es in der Orthodoxie der Fall war. Dazu kommt die kritische Bibelwissenschaft, die den Inspirationsglauben und damit die formale Autorität der Schrift als Lehrbuch endgültig zerstörte.

In der *modernen Entwicklung* sind zwei Richtungen in der Auffassung vom Glauben zu unterscheiden: 1. der Rationalismus, 2. die Romantik und ein mit ihr verbundener skeptischer Naturalismus.

Aus dem Rationalismus, freilich konsequent in der Tradition des Katholizismus und der Orthodoxie, stammt die Auffassung des Glaubens als *Weltanschauung*[31]. Damit ist gemeint eine Theorie über die Einheit der Welt, bzw. über Mensch und Welt als Einheit, über Entstehung und Zweck der Welt. Religiös oder christlich wäre die Weltanschauung, wenn sie Ursprung und Sinn der Welt nicht begreifen zu können meint, ohne mit einer Gottheit zu rechnen als einem die Welt transzendierenden oder ihr immanenten Prinzip. Wird aber vom Gottesgedanken aus die Welt verständlich, so hat man eben einen Gedanken, nicht Gott, und was man Gott nennt, ist ein Prinzip, das selbst (etwa als prima causa) Gegenstand der Reflexion, des Denkens ist, Welt ist. Wie es sich eben dadurch als Welt erweist, daß von ihm her die Welt verständlich ist.

Die Weltanschauung spricht sich in *allgemeinen Wahrheiten* aus, deren Allgemeinheit nicht davon abhängig ist, wieviel Menschen sie bejahen, sondern dadurch konstituiert wird, daß die Sätze wahr sind unabhängig von der konkreten geschichtlichen Situation des Redenden, daß sie zeitlos gültig sind; Sätze, in denen Gott und Mensch der zeitlosen Reflexion, dem sich orientierenden Denken als Vorhandenes unterworfen werden. Die Weltanschauung ist dem Glauben also entgegengesetzt; denn sie will auf Grund eines allgemeinen Verständnisses von Welt und Mensch den Au-

---

[31] Cf. Martin Kähler, Der sogenannte historische Jesus und der geschichtliche, biblische Christus, Leipzig ²1896, S. 153f.: Kritik O. Ritschls, dessen christliche „Weltanschauung" Stoizismus ist.

---

[c] Im Ms. steht ursprünglich *A* „mich und mein Schicksal" (nicht gestrichen!), über diesen Worten *B*? „den Augenblick".

genblick^c verstehen als einen Fall des Allgemeinen[32]. Sie sieht also gerade an meiner geschichtlichen Existenz vorbei, an der Wirklichkeit, in der ich stehe. Die Sehnsucht nach einer Weltanschauung ist begreiflich als die Flucht vor sich selbst, als das Bestreben, sich durch allgemeine Gedanken zu sichern, während gerade die Ungesichertheit meine Existenz als menschlich-geschichtliche charakterisiert. Sie will mich von der Entscheidung entlasten, gerade dann, wenn ich mir meiner Unsicherheit bewußt werde, etwa im Konfliktsfalle durch eine ethische Theorie, im Schicksal (Tod) durch eine kosmologische Theorie.

Grundsätzlich ist dabei gleichgültig, ob die Weltanschauung aus rationalen Prinzipien, aus Werturteilen oder aus dogmatischer Tradition entwikkelt wird[33]. Auch wenn sie auf Erlebnissen aufgebaut wird, etwa als ästhetische Weltanschauung, ist der rationalistische Charakter nicht preisgegeben. Er ist mit dem Anspruch ihrer Sätze auf zeitlose Gültigkeit gegeben.

So gefaßt ist zum Beispiel der Gedanke der *Allmacht Gottes* kein Glaubensgedanke, wenn er als verfügbarer und gar einsichtiger Gedanke gefaßt ist, auf Grund dessen das Weltgeschehen verstanden und mein Schicksal als ein Fall desselben begriffen wird. Er ist dann nur ein Grenzbegriff des Denkens, die Vorstellung von einer ins Unendliche gesteigerten Macht, oder die Vorstellung von einer alles bedingenden Kausalität bzw. vom Ursprung der Weltgesetzlichkeit[34]. Als Glaubensgedanke besagt er,

---

[32] Herrmann: „Der Glaube bedeutet doch die Kraft, in der Welt das alles zusammenfassende Wirken eines Lebendigen zu spüren, von dem unser Leben stammt. Wenn aber der christliche Glaube in solcher Weise dem Menschen, der sich sonst in der Weite der Welt verliert, es möglich macht, sie als ein Ganzes zu denken, so hat es offenbar keinen Sinn, wenn christliche Theologen eine Weltanschauung mit wissenschaftlichen Mitteln begründen wollen. Denn sie nehmen ja damit dem Glauben seine Ehre. Von einer christlichen Theologie muß man verlangen, daß sie zu zeigen sucht, was der Glaube selbst damit meine, daß er uns in der Welt ein lebensvolles Ganzes enthülle. Wir sollen diesen Anspruch des Glaubens nicht etwa wissenschaftlich begründen, aber wie der Glaube selbst ihn begründet, das sollen wir in helles Licht zu setzen suchen." (Die mit der Theologie verknüpfte Not, Tübingen 1913, S. 7f. Cf. auch das Folgende und überhaupt S. 6–9.)

[33] Auch „alle ‚christliche' Drapierung dieser Weltanschauung ändert nichts an ihrer Ichhaftigkeit und an ihrer tiefen Unchristlichkeit und ihrem ganz offenbaren Unglauben . . ." (Fr. Gogarten, Ich glaube an den dreieinigen Gott – Eine Untersuchung über Glauben und Geschichte, Jena 1926, S. 190. Cf. überhaupt S. 190f.)

[34] „Den religiösen Gedanken der Allmacht Gottes haben wir z. B. nicht, wenn wir uns eine Macht vorstellen, die alles mögliche kann. Wir haben den Glaubensgedanken der Allmacht Gottes nur dann, wenn wir uns eine Macht vorstellen, die gegenwärtig die ganze Wirklichkeit, in der wir stehen, um unsertwillen wirkt." (W. Herrmann, Der evangelische Glaube und die Theologie Albrecht Ritschls, Ges. Aufsätze, Tübingen

daß Gott alles kann, was er will: „Unser Gott ist im Himmel, alles was er will, tut er" (כֹּל אֲשֶׁר־חָפֵץ עָשָׂה) , (Ps 115,3); „Alles was Jahwe will, tut er (כֹּל אֲשֶׁר־חָפֵץ יְהוָה עָשָׂה) im Himmel und auf Erden, im Meer und in allen Tiefen" (Ps 135,6).

Und sprechbar ist der Satz (wenn es sich nicht nur um die Einsicht in den Gottes*gedanken* handeln soll, bei dem die Wirklichkeit Gottes dahingestellt bleibt) nur, wenn ich mich selbst in meiner Wirklichkeit als von Gott bestimmt weiß.

Ebenso ist der *Schöpfungsgedanke* als kosmologische Theorie kein Glaubensgedanke. Das wäre er nur, wenn er glaubt, daß die Wirklichkeit, in der ich stehe und die ich von mir aus nur als gottlose sehen kann, durch Gottes Tat für mich zu einer Welt Gottes geworden ist. Der Schöpfungsgedanke ist nicht eine Voraussetzung, sondern die Krönung des Glaubens. Luther: „. . . das ist ohne zweiffel der höchste Artickel des glaubens, darynne wir sprechen: Ich gleube an Gott vater almechtigen, schöpffer hymels und der erden, Und wilcher das rechtschaffen gleubt, dem ist schon geholffen und ist widder zu recht bracht und dahyn komen, da Adam von gefallen ist. Aber wenig sind yhr, die so weit komen, das sie völliglich gleuben, das er der Gott sey, der alle ding schafft und macht, Denn ein solch mensch mus allen dingen gestorben seyn, dem guten und bösen, dem tod und leben, der hell und dem hymel und von hertzen bekennen, das er aus eygnen krefften nichts vermag"[35].

Besonders charakteristisch für den Rationalismus ist der *Vorsehungsglaube*. Er ist aber im Rationalismus wie in der Stoa nur der Ausdruck für die Anschauung von der Zweckmäßigkeit des Weltgeschehens, wobei vorausgesetzt ist, daß ich über den Zweck verfüge (der Zweck bin!) und damit über ein Kriterium verfüge, kraft dessen ich die Gottgemäßheit der Welt beurteilen kann. Der diesem Optimismus entsprechende Pessimismus beruht auf den gleichen Voraussetzungen und ist als solcher vom

---

1923, 1–25, zit. S. 14). „Der Mensch aber, der die Kraft zum Glauben noch nicht finden konnte, kommt dem Glauben nicht näher, wenn er sich davon überzeugen läßt, es sei möglich, daß ein Gott ihm helfe. Es kann ihm dadurch leicht verschleiert werden, daß er von der Gewißheit, daß Gott ihm wirklich helfe, dabei doch unendlich fern bleibt. Aber allein eine solche Gewißheit ist Glaube." (W. Herrmann, Der Glaube an Gott und die Wissenschaft unserer Zeit, aaO, 189–213, zit. S. 208.)

[35] Über das 1.Buch Mose, Predigten 1527, Vorrede; WA 24, 18, Z. 26–33 (cf. Predigt vom 15. März 1523: Ein Sermon und Eingang in das erste Buch Mosi, WA 12, 439, Z. 16–22). Cf. Luther über den impatiens, der noluerit pati: „Sic enim Nullus erit ei homini Ihesus i. e. saluator, quia non vult esse damnatus; *Nullus eius Deus creator, quia non vult esse nihil, cuius ille sit creator.*" (Römerbriefvorlesung 1515/1516 zu Rm 5,3; WA 56, 303, Z. 13–15.)

Glauben gleich weit entfernt. Als Glaubensgedanke kann der Vorsehungsglaube nur bedeuten, daß Gott mich in dem rätselhaften Weltgeschehen, in das ich hineinverflochten bin und das ich nicht verstehe, zu sich führt.

Für diesen Rationalismus entsteht das Problem Gott und Welt in der theoretischen Frage nach dem Verhältnis der wissenschaftlich begreifbaren *Natur* zur Wirklichkeit, zum Wirken Gottes. Und sofern nicht im primitivsten Deismus die Wirksamkeit Gottes auf die der prima causa beschränkt und damit seine Unsichtbarkeit in der Natur eingestanden wird, kommt es zu einer Identifikation von Natur und Gott. Die Natur in ihrer Gesetzlichkeit wird als eine Form des Wirkens Gottes angesehen, und sofern ihre Zweckmäßigkeit oder Schönheit angeschaut wird, gar als Offenbarung Gottes. In Wahrheit verhüllt die Natur als Naturgesetzlichkeit Gott[36], und ein Recht, das Wirken der so gesehenen Natur als Wirken Gottes zu bezeichnen, liegt für uns gar nicht vor. „Widderümb, wenn Gottes wort und zeychen nicht da ist odder nicht erkennet wird, so hilffts nicht, wenn Gott gleich selbs da were." (Luther)[37]. Wir sehen ja in der für sich genommenen Natur nichts anderes als ein gesetzmäßiges Geschehen. Und dieser objektiven Natur gegenüber kann sich der Glaube nur auf das Wunder berufen, das heißt, er muß darauf verzichten, die Wirklichkeit Gottes mit der Wirklichkeit der Natur ineins zu sehen. In meiner geschichtlichen Wirklichkeit begegnet mir die Natur aber auch gar nicht als eine objektive, gesetzmäßige Wirklichkeit, sondern als die Fülle der Möglichkeiten für mein Handeln und Erleiden, für meine Entscheidungen. Erst wenn ich von meiner Existenz absehe, sehe ich die Natur objektiv, und sofern ich mich dann in ein Verhältnis zu ihr setze, sehe ich mich selbst als Naturding unter andern, als ein Objekt unter andern, mit ihnen in gesetzmäßiger Wechselwirkung stehend. Und von da aus komme ich nie dazu, von Gott und seinem Handeln zu reden, wenn anders damit eine Bestimmtheit meiner geschichtlichen Existenz behauptet sein soll.

Natürlich ist das gleiche der Fall, wenn *die Geschichte* nach Analogie der Natur gesehen ist als objektiv zu sehender und aus Prinzipien verständlicher gesetzmäßiger Zusammenhang. In diesem Relationszusammenhang wäre ich ein bedingtes Glied, ein Fall des Allgemeinen, einerlei, ob die Geschichte materialistisch oder biologisch oder auch idealistisch gesehen ist. Ich hätte sie nicht von meiner eigenen geschichtlichen Existenz aus verstanden, und ich könnte in ihr Gott als die meine Existenz bestimmende Macht nicht sehen. Ich käme zu einem vagen Geschichtspantheismus[38].

---

[36] Cf. Spitteler.
[37] Predigt auf die Epistel des Sonntags Septuagesimae über 1. Kor. 9,24–27; 10,1–5. Fastenpostille 1525, WA 17 II, 132, Z. 21/22. [38] Cf. oben S. 79f.

Überall regiert hier *der antike Rationalismus*, der an der Geschichtlichkeit des Menschen vorbeisieht und sein Wesen im Allgemeinen, Zeitlosen, in den λόγοι sieht, in dem, was ich durch Abstraktion an mir wahrnehmen kann, was unter dem Gedanken der Gesetzlichkeit faßbar ist, worüber ich mich im Denken orientieren kann[39]. Die menschliche Existenz wird als gesichert angesehen, wenn sie verstanden ist als Glied des Kosmos, in dem das mit dem Gesetz des Kosmos identische Gesetz wirkt, das in der philosophischen Selbstbesinnung erkannt wird.

Die Romantik verzichtet darauf, der Religion eine Weltanschauung zuzuschreiben, die in allgemeinen Wahrheiten, in zeitlosen Sätzen verläuft, und sie polemisiert gegen den Rationalismus, der dies unternimmt. Sie schaut im religiösen Akt das Universum als Einheit, aber will nicht diese Schau als objektives Bild festhalten und verzichtet auf den Wahrheitsanspruch[40].

Die Religion bleibt „bei den unmittelbaren Erfahrungen vom Dasein und Handeln des Universums" stehen, „bei den einzelnen Anschauungen und Gefühlen . . .; jede derselben ist ein für sich bestehendes Werk ohne Zusammenhang mit andern oder Abhängigkeit von ihnen; von Ableitung und Anknüpfung weiß sie nichts, es ist unter allem, was ihr begegnen kann, das, dem ihre Natur am meisten widerstrebt"[41]. In der Religion „ist nur das Einzelne wahr und notwendig, nichts kann oder darf aus dem andern bewiesen werden, und alles Allgemeine, worunter das Einzelne befaßt werden soll, alle Zusammenstellung und Verbindung liegt entweder in einem fremden Gebiet, wenn sie auf das Innere und Wesentliche

---

[39] Was Orthodoxe und Liberale „sich unter Religion vorstellen, ist für alle überwunden, die in der Macht der im Neuen Testament ihnen erschienenen Person Jesu über ihr inneres Leben die Erlösung durch Gott erfahren. Solche Menschen werden nicht mehr geneigt sein, mit den Positiven um ihres Heils willen, etwas für wahr zu erklären, was sie von sich aus nicht als wahr hinstellen würden. . . . Ebensowenig werden sie sich bereitfinden lassen, mit den Liberalen ihr Heil nicht mehr in der Geschichte zu suchen, sondern in der Wirklichkeit des Allgemeinen. Denn das neue Leben, das ihnen geschenkt wird und das in der h. Schrift Glaube heißt, verdanken sie einer Tatsache, die wahrhaft geschichtlich ist, aber mit den Erkenntnismitteln der Wissenschaft überhaupt nicht als wirklich erwiesen werden kann." (W. Herrmann, Die mit der Theologie verknüpfte Not, S. 32).

[40] Cf. zu Schleiermacher oben S. 76ff. *B–* Cf. Barths Kritik an Schleiermacher, Chr. Dogmatik I, S. 308–311. „Der Schleiermachersche homo religiosus hat . . . kein Gegenüber." (S. 309). Schleiermacher kann den Gottesbegriff zur Not überhaupt entbehren. Das Gefühl hat Gott nicht zum Gegenstand, sondern im Gefühl ist Gott „gegeben auf eine ursprüngliche Weise". *–B*

[41] Schleiermacher, Über die Religion, Reden an die Gebildeten unter ihren Verächtern, Berlin 1799, S. 58.

bezogen werden soll, oder ist nur ein Werk der spielenden Fantasie in der freiesten Willkür"[42].

Der Glaube wird hier also als ein allgemeines religiöses Gefühl verstanden; es wird gar nichts geglaubt, das Erlebnis als solches ist der Glaube, als psychischer Vorgang[43].

Vielfach zeigt sich nun in der modernen Theologie eine unklare *Vermischung* der Einsicht, daß das Wesentliche der Religion nicht in allgemeinen Sätzen verläuft mit der Behauptung des Glaubens, daß er bestimmte Sätze über Mensch, Welt und Gott enthält. Die Sätze des Glaubens werden dabei als allgemeine Wahrheiten verstanden, aber man verzichtet, sie in einsichtigen Prinzipien zu begründen und sieht ihren Ursprung in Erlebnissen oder Haltungen des irrationalen persönlichen Lebens. So wenn man die Sätze des Glaubens als auf *Werturteilen* beruhend auffaßt. Wenn zum Beispiel behauptet wird, daß der Mensch nicht nur Gottessehnsucht hat, sondern auch eine Anschauung von Gott als höchster Macht und sittlichem Willen, nämlich aus seinem Wertbewußtsein, das eben dies als „Wert" erkennt[44]. Damit aus dem Wertgefühl die Überzeugung von der Wirklichkeit des Wertes werde, bedarf es freilich der Begegnung mit einer Wirklichkeit, in der der Wert objektiv wirklich erscheint, – mit einer Persönlichkeit, womit dann Jesus seine Rolle erhalten hat[45]. Aus Werturteilen und Erlebnissen wird so eine christliche Weltanschauung entwickelt, die nun doch in allgemeinen Wahrheiten verläuft, d. h. in Sätzen, die

---

[42] AaO S. 60f.

[43] So will denn auch Schleiermachers „Glaubenslehre" zeigen, wie sich die im Christen geschaffene Bestimmtheit des geistigen Lebens in eigentümlichen Gedanken ausspricht. Der Glaube wird also als ein einmal gegebener Gemütszustand behandelt, und zwar als eine eigentümliche Modifikation des schlechthinnigen Abhängigkeitsgefühls, das von Natur im Selbstbewußtsein des Menschen gegeben sein soll. Die Frage ist: „Was muß sein, weil der christliche Gemütszustand ist?" Aber es wird nicht gesagt, wie der Glaube entsteht, weil der Gedanke der Offenbarung fehlt. Dazu W. Herrmann, Die Lage und Aufgabe der evangelischen Dogmatik in der Gegenwart, Ges. Aufsätze, Tübingen 1923, 95–188, besonders S. 112ff., zit. S. 113f. Cf. die Zusammenfassung der Kritik Herrmanns an Schleiermacher bei K. Barth, Die dogmatische Prinzipienlehre bei Wilhelm Herrmann, ZZ 3, 1925, 246–280, S. 253f.

[44] Sofern damit gesagt ist, daß ich im Gottesgedanken (in dem ich in Wahrheit *mich* erkenne) ein Vorverständnis für die Offenbarung habe, ist das richtig. Aber alles wird verdorben durch den Begriff „Wert". Der Wert *ist,* ohne daß er von jemandem realisiert wird; er *ist* nämlich als für mich bestehende Forderung. Bei jener Theologie wird 1. Gott zum Ideal gemacht, 2. dem Ideal noch außer seinem Forderungscharakter ein Vorhandensein zugeschrieben. – Oder Wert ist „Wertvolles für mich", also ein Wunschbild, das dann hypostasiert wird.

[45] Cf. Rudolf Paulus, Das Christusproblem der Gegenwart. Untersuchung über das Verhältnis von Idee und Geschichte, Tübingen 1922, S. 67.

als allgemeine, zeitlose gehabt werden, und die sich von wissenschaftlichen nur dadurch unterscheiden, daß sie ihren Ursprung nicht im Denken,
sondern im Subjekt haben, also nur Subjektivitäten sind.

Moderner als die auf Werturteile aufgebaute Weltanschauung ist freilich der Kult des Erlebnisses als solchen. Der Glaube ist zum *allgemeinen
religiösen Gefühl* geworden[46]. Sein Gegenstand ist *das Ineffabile,* das
Irrationale; das Wort gilt als inadäquat, obwohl doch gerade im Wort wir
unserer geschichtlichen Existenz inne werden und durch das Wort allein
unser Handeln Sinn gewinnt und sich von einem Naturgeschehen oder
dem Ablauf der Prozesse einer Maschine unterscheidet. Das Wort wird
aus dem Gottesdienst verdrängt und das „heilige Schweigen" eingeführt,
das doch nur Sinn hat, wenn es auch ein Reden ist. – Wo man nicht so weit
geht, gilt wenigstens *die Frömmigkeit* als das eigentliche Element des
Glaubens, und es erscheint als erstrebenswertes Ziel, an Stelle der neutestamentlichen Theologie und Dogmengeschichte eine Geschichte der
christlichen Frömmigkeit zu setzen[47]. Man scheut sich sogar nicht, über
die Frömmigkeit Jesu zu reflektieren, als ob die Frömmigkeit eines Menschen (wenn sie wirklich ernst gemeint ist) irgendeinen andern Menschen
etwas anginge. Freilich ist es meist nicht ernst gemeint, sondern es ist unter
Frömmigkeit (Gebetsleben etc.!) etwas an mir und andern Wahrnehmba-
res und der psychologischen Analyse Zugängliches verstanden.

Am krassesten tritt der Irrweg bei *Troeltsch* hervor[48]. Glaube wird hier
bestimmt als „eine religiöse Gesamthaltung der Seele, eine willige Hinga-

---

[46] Die liberalen Theologen: „. . . was sie an die Stelle dieses falschen (katholischen,
orthodoxen, R. B.) Glaubens setzen wollen, ist nicht der christliche Glaube, sondern
eine nach ihrer Meinung in dem Wesen des menschlichen Geistes begründete Religiosität. Es fehlt ihnen das Verständnis dafür, daß allerdings der christliche Glaube die
unbedingte Unterwerfung unter eine Macht ist, die der Christ von seinem eigenen
inneren Leben unterscheidet, nämlich unter die Offenbarung Gottes. Sie wollen von den
beiden Sätzen: der Glaube macht selig und der Glaube ist Unterwerfung unter die
Autorität der Offenbarung nur den ersteren festhalten. Ritschl hat sie beide behauptet".
(Wilhelm Herrmann, Der evangelische Glaube und die Theologie Albrecht Ritschls,
Ges. Aufsätze, 1–25, zit. S. 12.)

[47] Dabei wird die Geschichte „gedeutet" vom eigenen religiösen Erlebnis aus. Und
diese Deutung kann dem gedeuteten geschichtlichen Faktum „niemals grundlegenden
Wert für die Religion" geben; „sondern sie wird nur sagen können, daß diesem Faktum
dasselbe Erlebnis zugrunde liegt, wie das ist, aus dem diese Deutung stammt. . . . Und
die Gemeinschaft wird in diesem Fall, wo die Offenbarung immer neu, wenn auch immer
im Wesentlichen gleichartig in der Seele stattfindet, nicht die Vermittlerin und Trägerin
der Offenbarung sein, sondern sie wird im Gegenteil erst Folge der Offenbarungserleb-
nisse sein". (Friedrich Gogarten, Mystik und Offenbarung, in: Die religiöse Entscheidung, Jena 1921, 54–74, zit. S. 55 f.).

[48] Art. Glaube III. Dogmatisch, RGG¹ II, Sp. 1437–1447.

be an Gott und ein Sicherfüllenlassen von Gott". „Hier ist dann der
Glaube einerlei mit der Religion selbst"[49], er ist einfach *„Frömmigkeit"*[d].
Freilich ist Frömmigkeit der weitere Begriff, und Glauben im eigentlichen
Sinn ist das die Frömmigkeit mit(!)-bestimmende Erkenntnismoment. So
überall in der Religionsgeschichte: zur Frömmigkeit gehört der *Mythos*
oder die spekulative Erkenntnis, die *Gnosis*[50].

Das Spezifische des Christentums ist, „daß sein Mythos und seine Gnosis nur als Bewirker praktisch-religiöser und ethischer Gesinnung religiösen Wert haben, und daß seine Religiosität nicht auf Kult und Riten,
sondern auf eine den Willen bestimmende Gotteserkenntnis oder vielmehr auf die in dieser Erkenntnis sich vollziehende innere Wesens- und
Willenseinigung mit Gott gerichtet ist. Dabei ist dann diese Erkenntnis
ganz von selbst auf das praktisch-religiös Bedeutsame gerichtet. Seine
Frömmigkeit ist Glaube, und sein Glaube ist Frömmigkeit"[51].

Wie sich hier der Glaube am eigenen Zopf aus dem Sumpf zieht, wenn
einerseits der Glaube der Bewirker der Gesinnung und andererseits deren
Produkt ist, zeigt das Folgende.

Die Sonderart des Christentums in der Religionsgeschichte ist, daß in
ihm „der Durchbruch der *reinen ethischen Religiosität"* vorliegt; „es kennt
nur eine Erkenntnis, die praktischen religiös-ethischen Wert hat, und die
an diesem Werte sich bezeugt, und es kennt nur eine Praxis, die aus reiner
Gotteserkenntnis hervorgeht". „Ein möglichst einfacher, das praktische
Erlebnis der Erhebung zu Gott ausdrückender und auf innere Selbstge-
wißheit zurückführender Gedanke stellt sich als sein immer wieder durch-
brechender Kern dar."[52]

Der engere Sinn des Glaubens ist nun der, daß er „ein Vertrauen und
Hingeben" ist, „aber eben doch *an eine in Gedanken gefaßte Realität. Es ist
ein Leben und Wirken aber eben doch auf Grund eines Gedankens"*[53].

Welche Bewandtnis hat es mit diesem Gedanken? Alle Religionen

---

[49] AaO Sp. 1437.
[50] AaO Sp. 1437.
[51] AaO Sp. 1438.
[52] AaO Sp. 1438 (Hervorhebung durch R. B.).
[53] AaO Sp. 1438 f. (Hervorhebung durch R. B.).

---

[d] Am Rand verweist Bultmann in großen (roten) Lettern auf seinen Vortrag „Wahrheit
und Gewißheit" (siehe unten S. 191 ff., 197 f.): „; cf. Ms. Wahrheit und Gewißheit p. 8–10
(Troeltsch) 15 f. (Heim)". Darunter noch Literaturangaben aus späterer Zeit *D? E?*:
Karl Soll, Die wissenschaftlichen Aufgaben einer Geschichte der christlichen Religion,
Preußische Jahrbücher 98, 1899, 12–57; ders., Die Entwicklung der wissenschaftlichen
Theologie in den letzten 50 Jahren (Bonner Rektoratsrede) 1912.

führen ihren Glauben, als von Gott gewirkten, auf *Offenbarung* zurück; Glaube ist also (gut katholisch!) in erster Linie Glaube an die grundlegende Offenbarung, soll freilich kein bloßes Fürwahrhalten der Überlieferung sein. Die Offenbarung selbst ist nämlich nichts anderes „als eine gesteigerte, das Durchschnittsmaß überragende und ihre Kraft ausstrahlende Gläubigkeit"; sie ist „die produktive und originale Erscheinung neuer religiöser Kraft oder Lebenserhöhung, die sich als ein praktisches Ganzes des Lebens und der Gesinnung darstellt und von ihrem Träger aus ihre Kräfte mitteilt"[54]. Glaube also = Glauben an den Glauben anderer!

Für den Offenbarungsträger selbst stellt sich jenes Ganze in einer Fülle von Gesichten dar, in Vorstellungen über Gott, Welt und Mensch, d. h. in einem von der naiven Phantasie gestalteten *Mythos*[55]. „Es ist die Produktion des Mythos, der zu jeder Religion gehört, und der bei einer solchen rein persönlich-geistig-ethischen Religion sich als Vorstellungsverkörperung Gottes und seiner Ziele mit Welt und Menschen sowie als Bild von der besonderen Sendung des Offenbarungsträgers darstellt."[56] „Man könnte dafür auch das Wort ‚*Symbol*‘ gebrauchen, darf aber dann nicht vergessen, daß für den produktiven Genius selbst sein Mythos in der Hauptsache naiv geschaute Wirklichkeit ist."[57]

„Der vertrauensvolle und hingebende Anschluß an das in dem Heros erschienene religiöse Ganze ist dann der Glaube an ihn selbst und an die ihm gegebene religiöse Idee."[58] In der weiteren Entwicklung ändert sich die Vorstellungswelt, vor allem wird der Heros verherrlicht. Das neue Lebensganze wird in Dogma und Kultus ausgeprägt, so daß nun der Glaube bestimmt werden kann als „eine von dem geschichtlich-persönlichen Eindrucke ausgehende mythisch-symbolisch-praktische, eigenartig religiöse Denk- und Erkenntnisweise, die an den Mythos glaubt um der von ihm übermittelten praktisch-religiösen Kräfte willen, und die diese Kräfte nur auszusprechen, zu vergegenständlichen und mitzuteilen weiß durch den Mythos"[59].

---

[54] AaO Sp. 1439.
[55] *B*– Cf. K. Barth, Chr. Dogmatik I, S. 90: „*L. Feuerbach* hat bekanntlich die Frage aufgeworfen, ob denn der sogenannte Objektgehalt der Religion, der Gottesgedanke vor allem, aber mit ihm alles, was in irgendeinem Sinn ein reales göttliches Gegenüber des Menschen bezeichnen könnte, etwas anderes sei als ein psychologisch verständliches, aber überflüssiges, ja schädliches Phantasieprodukt, ob das Wesen Gottes etwas anderes sei, als das hypostasierte Wesen des Menschen, ob denn also Theologie, nüchtern geworden, etwas anderes sein könne als eben wirklich und ehrlich Anthropologie." –*B*
[56] Troeltsch, aaO Sp. 1439f.   [57] AaO Sp. 1440.
[58] AaO Sp. 1440.   [59] AaO Sp. 1440.

In dieser Entwicklung vollzieht sich *die Dialektik des Glaubens* in der Tendenz zur Vereinheitlichung des Göttlichen und in seiner Entgegensetzung zur Welt, „womit dann aber der Mensch wieder als religiös auf Gott bezogen doch von Gott und Welt zugleich unterschieden wird. Die Wiederherstellung der inneren Einheit dieser drei getrennten Lebensgrößen und die Gewinnung einer Erhöhung des Lebens ins Absolute durch diese Vereinigung macht die Dialektik des religiösen Gedankens aus" (Erlösungsideen; Haupttypen: pantheistisch-antipersonalistische und theistisch-personalistische Erlösung)[60]. Dabei ist die Glaubenserkenntnis beständig vom jeweiligen wissenschaftlichen Weltbild beeinflußt, dem sie den Mythos anpaßt und aus dem sie neue religiöse Motive und neue mythische Verkörperungen entnimmt. Beides geht nur bis zu einer gewissen Grenze: ist der Mythos durch das Weltbild aufgelöst, so löst sich auch die religiöse Substanz auf, und es muß zu Neubildungen der Religion kommen. Ist der Glaube von neuen Glaubensmotiven und Mythen überwuchert, so erstickt er, und es muß auch zu Neubildungen kommen[61]. Ist der Mythos bei naiven Menschen und aus naiven Volksschichten geboren, so hat *die Theologie* die Aufgabe, die Verbindung des naiven religiösen Mythos mit den allgemeinen Begriffen der Wissenschaft zu vollziehen. „Hierbei faßt die Theologie zunächst den Glauben als das, was er im bisherigen Medium geworden ist, als ein autoritatives, übernatürlich bezeugtes und mitgeteiltes Wissen, und vereinbart dies übernatürliche Wissen, soweit als möglich, mit dem geltenden natürlichen oder wissenschaftlichen Wissen."[62] Schließlich aber kommt sie zu einer „psychologischen Analyse des Glaubens", in der „der . . . mythisch-symbolisch-praktische Charakter des Glaubens als seine besondere psychologische Natur erkannt" ist[63]. „Es kommt eben damit dann auch zu einer Schematisierung der historisch-psychologischen Bildung und Entwicklung des Glaubens", wie Troeltsch sie gibt[64].

Ihrem Wesen nach bleibe *Theologie* immer Verbindung von Wissenschaft und Mythos, wenn auch nicht immer in der alten Weise einer Nebeneinanderstellung von übernatürlichem und natürlichem Wissen. Aber „in der neuen Weise einer Sicherstellung der auf die letzte religiöse Wahrheit gehenden praktisch-symbolischen Erkenntnisweise neben den auf die Erfahrung gehenden exakt-wissenschaftlichen Erkenntnisweisen . . . Das aber geschieht durch Psychologie und Erkenntnistheorie, welche letztere immer ein Moment der Metaphysik in sich enthält. Die

---

[60] AaO Sp. 1443.   [61] Cf. aaO Sp. 1443f.   [62] AaO Sp. 1441.
[63] AaO Sp. 1441.   [64] AaO Sp. 1441.

Grundlage für die Anerkennung eines selbständigen Erkenntniswertes des Glaubens ist eine Erkenntnistheorie des Glaubens, die nicht auf in der Religion enthaltene allgemeine Begriffe, sondern auf eine in ihr vermittelte Realitätsbeziehung ausgeht und die verschiedenen Glaubensweisen nach der erreichten Konsequenz und der erstrebten Umfassung der Gesamtwerte des Lebens abstuft"[65].

Nun wird eine Art *Apologetik* getrieben, indem auf die psychologische Unzerstörbarkeit der Religion hingewiesen wird, in der ein rationaler-apriorischer Gültigkeitszwang sich zeige. Es komme nämlich auch der Phantasie ein Wahrheitsmoment zu.

Jede Überzeugung von letzten Wahrheiten und Werten ist religiöser Natur, ist ein Glaube, so daß also der Glaube bis in die Voraussetzungen der empirischen Wissenschaften reicht (Verwechslung von Hypothesis und Glaube). „Ein solcher Glaube ist eine auf Wahrheit und Gültigkeit und damit auf das Absolute (!) gerichtete seelische Gesamthaltung (!), die, sobald sie sich selbst über sich ausspricht, auch die mythische Form nicht völlig umgehen kann."[66] Und sofern die Wissenschaft nach einem Gesamtbild strebt, ist sie immer durch Mythos (traditionellen oder spontanen), durch Glauben beeinflußt. Glauben und Wissen decken sich weder, noch sind sie reinlich zu scheiden. Mythisch-religiöse und wissenschaftlich-begriffliche Erkenntnis durchdringen und bekämpfen sich und suchen nach nie erreichbarer Ausgleichung.

Der Religion sei mit Logik, Ethos und Kunst ein inneres Notwendigkeitsgefühl formal gemeinsam; die Glaubenserkenntnis habe eine eigene, auf ihre praktische Unentbehrlichkeit und auf ein inneres Verpflichtungsgefühl gegründete Gewißheit, die freilich bei der Masse nur schwach sei, dagegen von starken religiösen Individuen ausstrahle. Sie erst gibt der Wissenschaft den Gedanken absoluter Wirklichkeiten, Wahrheiten und Werte, und der Erkenntniswert des Glaubens beruhe also in der praktischen Bewältigung der Lebensrätsel durch Erfassung einer praktisch sich bezeugenden erlösenden Macht der Gottesgemeinschaft[67].

„Je reiner der Begriff des Glaubens sich psychologisch und erkenntnistheoretisch auf sich selbst besinnt, um so leichter wird die Einigung im ‚rein Religiösen‘, wo alle Glaubensgedanken nur Ausdruck und Mittel einer religiösen Wesensstellung zu Gott, Welt und Mensch sind, wo zwar

---

[65] AaO Sp. 1443.
[66] AaO Sp. 1445.
[67] AaO Sp. 1442 f.

der Mythos nicht verschwunden ist und nicht verschwinden kann, aber doch rein zum Mittel und Ausdruck der religiösen Grundstellung der gesamten Person geworden ist."[68] –*A*

§ 13 Mystik und Glaube

A– Dieser Pseudo-Theologie gegenüber scheint es nur den Ausweg in die *Mystik* zu geben[1]. Unter Mystik ist *nicht eine psychische Haltung* zu verstehen, z. B. die Ekstase; denn es gibt prophetische wie mystische Ekstase; erstere ist der psychische Zustand, in dem der Prophet das Wort Gottes vernimmt, das er verkünden soll, letztere ist Selbstzweck und Genuß; in ihr kann der Mystiker ἄρρητα ῥήματα hören (ἄρρητα ῥήματα, ἃ οὐκ ἐξὸν ἀνθρώπῳ λαλῆσαι, 2. Kr 12,4). – Auch kultische Andacht mit ihren Schauern in Gesang oder Schweigen oder im Sakramentsempfang ist keine Mystik als psychischer Zustand, sowenig wie Spekulationen über die Alleinheit des Seins als Spekulationen.

Freilich ist begreiflich, daß psychische Zustände, Ekstase und kultische Entzückungen in der Mystik eine große Rolle spielen, weil in ihnen das Individuum von sich selbst loszukommen meint, sich von einer fremden Macht überfallen und überwältigt fühlt und so Gott als das ganz Andere zu haben und damit aus aller Zweiheit in Raum und Zeit entkommen, von jedem Gegenüber befreit zu sein[a] meint. Denn dies ist in der Tat die entscheidende Erkenntnis der Mystik, daß *Gott das ganz Andere* ist, das Jenseits der Welt und Jenseits des Menschen, das ἐπέκεινα, das zugleich vernichtend und erfüllend die Einheit alles Seins ist[b]. Es fragt sich nur, wo dieser Gedanke entscheidend gedacht ist, denn da erst liegt wirkliche Mystik vor. Also weder an sich in Ekstase und kultischen Schauern, noch in spekulativem Überfliegen des vorhandenen Seienden und in der denkenden Erfassung eines Urgrundes des Seins. Weder in Begeisterung oder

---

[68] AaO Sp. 1447.

[1] Cf. Friedrich Gogarten, Mystik und Offenbarung, in: Die religiöse Entscheidung, Jena 1921, 54–74. Falsch psychologisch orientiert, aber mit gutem Material: Edvard Lehmann, Mystik im Heidentum und Christentum (Aus Natur und Geisteswelt 217), Leipzig 1908. *B*– Evelyn Underhill, Mystik. Eine Studie über die Natur und Entwicklung des religiösen Bewußtseins im Menschen, 1911, dtsch.: München 1928. Rudolf Otto, West-östliche Mystik. Vergleich und Unterscheidung, Gotha 1926. –*B* *C*– Friedrich Karl Schumann, Der Gottesgedanke und der Zerfall der Moderne, Tübingen 1929. –*C*

---

[a] Von „und damit" bis „zu sein": Zusatz *D*.
[b] Von „das zugleich" bis „alles Seins ist": Zusatz *D*.

Liebesrausch noch im Vergessen des Kunstgenusses, wenn der Mensch „über sich selbst hinausgehoben" ist. Und wo ist sonst auch der Unterschied vom narkotischen oder alkoholischen Rausch, der ja auch in der Religionsgeschichte seine Rolle spielt?

Die Mystik sieht, daß der Gottesgedanke besagt, daß Gott das ganz Andere jenseits des Menschen ist[2], und daß der Mensch deshalb nichts an sich selbst vorweisen kann, was ihn zu Gott bringt oder ihm Gott verschafft: weder sein Tun (es ist entweder schädlich: dann Quietismus, oder gleichgültig: dann Libertinismus, oder vorbereitend: dann Askese[3], aber nie ein Tun, das als solches positiven Wert hätte), noch sein Denken[4] (Gott liegt jenseits der ratio: also Schweigen[5]).

Der Mensch hat also, will er Gott schauen, *von sich selbst frei zu werden, zu entwerden*, den dreifachen Tod zu sterben, um dahin zu dringen, „wohin geschaffener Sinn niemals gedrungen"[6]. Die Mystiker, die wirk-

---

[2] „Wo die Kreatur zu Ende ist, da fängt Gott an." (Eckehart)
[3] Oder leistend und bewährend (Erweis der neuen Natur).
[4] Vedisch:

> „Nicht durch Reden, nicht durch Denken,
> Nicht durch Sehen erfaßt man ihn.
> ‚Er ist!' Durch dieses Wort wird er
> Und nicht auf andre Art erfaßt." (Nach Lehmann, aaO S. 29.)

[5] Kein γινώσκειν sondern γνωσθῆναι! Die ratio müßte Gott als ein Mannigfaltiges denken, er ist aber bloße Einheit. Es läßt sich kein Was, sondern nur noch das Daß sagen. Gott als σιγή, nicht als λόγος. Natürlich darf Mystik aber nicht definiert werden als „Höchst- und Überspannung der irrationalen Momente in der Religion" (Rudolf Otto, Das Heilige, Breslau 1917), denn 1. fragt es sich nach dem Begriff des Irrationalen überhaupt, und 2. was heißt „Überspannung"? Von wann ab beginnt die Mystik? Das Kriterium, das die Mystik zur Mystik macht, ist dabei gerade nicht genannt!

[6] Eckehart nach Gogarten, Die religiöse Entscheidung, S. 57.
D– Plotin, Enn. VI 9, 9–11 (cf. E. Underhill, Mystik, S. 430 ff). –*D*
Preisgabe aller „Eigenschaften", cf. R. Otto, Vischnu-Nārāyana, Jena [2]1923, S. 76:

> „Wer was wie immer auch an Leib und Geist
> und Eigenschaften ich befunden werde:
> Was ich auch sei, ich nehm es heut zu Hauf
> und leg es nieder, Herr zu deinen Füßen."

Tauler: „Die Seele ist so recht ein Hemmnis zwischen Zeit und Ewigkeit." Das eine, was not ist, ist, „daß du erkennst, wie das Nichts dein Eigen ist, mit allem, was du und wer du von dir selbst aus bist." „In dem Grunde sinke in dein Nichts" (J. Tauler, Predigten, hg. v. W. Lehmann, I, Jena 1913, S. 22. 207 f.).
D– Cf. Tauler (1300–1361) bei Underhill, Mystik, S. 439 f. –*D*
B– Cf. Otto, West-östliche Mystik, S. 106 f.: Nur das ‚Inwendige' am Menschen, der ātman bei Shankara, der Seelengrund bei Eckehart, ist Stätte des mystischen Erlebens; als Auswendiges, das abgetan werden muß, gelten nicht nur die ‚niederen' Kräfte der

lich „Mystiker sein wollten, das will sagen Gottes Offenbarung suchten, wußten sehr wohl, daß man dann einen Weg gehen muß, auf dem dies alles, innerste persönliche Erlebnisse, Recht und Würde der Persönlichkeit sehr bald hinter einem liegen, und daß Gottes Offenbarung für alles, was ihr entgegenkommt und sie noch sucht, der Tod ist, und daß Leben nur ist, was aus ihr geboren wird"[7]. Die Mystik scheidet sich deshalb auch streng von jeder Religion als einem vorfindlichen zuständlichen Verhalten oder Sichbefinden des Menschen[8].

Das heißt also: die Erkenntnis der Mystik ist formal richtig, ihr Gottesgedanke ist der richtige. Aber sie hat den Gottesgedanken ohne Gott, *sie glaubt, im Gottesgedanken Gott zu haben. –A*

B– Die Mystik meint, im Gottesgedanken Gott zu haben, und, was gleichbedeutend ist, *sie verwechselt das Sein mit einem Seienden*[9]. Indem sie Gott als jenseits alles Seienden denken will, kommt sie in ihrer Abstraktion auf den Begriff des Seins, dem sie nun wieder ein Sein zuschreibt, d. h. den sie für das höchste und alles umfassende Seiende hält[10].

Gott ist jenseits alles Nichtseienden und Seienden, der Mystiker muß

Sinne und Triebe und des unteren Verstandes, sondern auch die höheren Kräfte, Gedächtnis, Vernunft und vernünftiger Wille.

B– Cf. auch Eckeharts Schilderungen der „Ruhe" bei Underhill, Mystik, S. 414–416. Ruysbroeck (1294–1381): „Sehet, alles geschöpfliche Wirken und alle Tugendübung muß hier (in der Vereinigung, R. B.) unterbleiben; denn hier wirkt Gott sich selbst allein in die höchste Edelheit des Geistes. Und hier ist nichts anderes als ein ewiges Schauen und Hinstarren auf das Licht, mittels des Lichtes und in dem Lichte." (Underhill, aaO S. 447; cf. überhaupt 447f.) *–B D–* Katharina v. Genua (1447–1510) bei Underhill, aaO S. 576f. *–D*

[7] Gogarten, aaO S. 59. Cf. Plotin: in der Einigung mit der Gottheit legt die Seele die Gestalt ab, die sie besitzt, selbst was an Geistigem in ihr Gestalt hat. Denn solange sie noch selbst etwas ist oder wird, kann sie weder den Höchsten sehen noch eine Harmonie mit ihm werden.

[8] Richtig dabei auch die Einsicht in den Allmachtsgedanken, sofern nun nicht das „Sein" Gottes nur ein metaphysisch anders geartetes Sein als das der Welt ist (Der metaphysische Dualismus ist als solcher nicht Mystik, s. u. S. 127). Vielmehr die Einsicht, daß gegenüber Gottes Sein der Mensch überhaupt nicht *ist,* daß er nicht nur in einer mystischen Schau, sondern immer von Gott aus aufgehoben ist und nur ist, sofern er in Gott ist (von hier aus die Möglichkeit des Pantheismus, s. u. S. 127ff.). Deshalb gibt es also außer Gott kein in sich bestehendes, gesichertes Sein, und deshalb auch kein Haben. Der Mensch steht nicht (wie er im Besorgen meint) innerhalb einer Welt, über die er verfügt, wo er sich und anderes besitzt. Cf. R. M. Rilke, Das Stunden-Buch.

[9] *D–* Der Mystiker glaubt, in den Begriffen das „Wesen" der Dinge selbst zu haben. Er meint, das „Eine" zu haben im einheitlichen Begriff, der, entsinnlicht, das Mannigfaltige in der Einheit zusammenfaßt. *–D*

[10] „Quanto res est perfectior in esse et simplicior, tanto est copiosior secundum rationes" etc. (Eckehart), cf. Otto, West-östliche Mystik, S. 29 und Ottos Schilderung der mystischen Erkenntnis nach Eckehart, aaO S. 89.

heraustreten aus sich selbst und allen anderen Dingen in den Glanz des göttlichen Dunkels[11]. Dunkel und Licht ist Eines, durch Nichtsehen und Nichterkennen gelangt der Mystiker in das, „was über alles Sehen und Erkennen ist"[12].

„Deus igitur et Esse idem" (Eckehart); es ist das „esse purum et simplex", nicht ein „esse hoc et hoc"[13]. „Gott ist ein ‚Nicht', das doch ein ‚unbegreiflich Icht' ist."[14] So Nicolaus Cusanus: „Die beste Antwort auf die Frage, ob Gott sei, ist daher: daß er weder *ist* noch *nicht* ist, und daß er *nicht*-ist und nicht ist."[15]

So auch nur verständlich Eckeharts Aussagen, daß alle Kreaturen per se ein reines Nichts sind[16], d. h. als Seiendes sind sie nicht das Sein.

Da Sein immer Sein eines Seienden ist, wird das Sein hypostasiert und als ein Eines (oder Alles) Seiendes angesehen. Man meint, im Gedanken des Seins Gottes Wirklichkeit zu haben. Was von der *Idee* der Seele gilt, schreibt der Mystiker seinem *Ich* zu[17].

Nun wird *das Sein* als höchster faßbarer Gedanke *mit Gott identifiziert* und deshalb das Sein als das Heil bezeichnet, als das wahrhaft Wertvolle. Indem es dem Werden kontrastiert wird als dem Unwert, kommt zutage, daß das Motiv die Angst vor dem Tode ist: aus dem Werden will der Mensch heraus[18].

„Wodurch ich nicht todesfrei bin, was soll mir das!"[19] Die Mystik führt zu nichts; sie ist nur die Explikation dieser Angst[20]. –B

A– „Das ist das Verhängnis der Mystik: sie bleibt nicht stehen bei der Negativität ihrer Gotteserkenntnis und bei der Erkenntnis des Sinnes dieser Negativität[21]. Sie begreift nicht, daß in dieser negativen Gotteserkenntnis in Wahrheit der Mensch erkannt wird."[22]

---

[11] Philo v. Alexandrien, De praemiis et poenis 39f.: Gott erbarmt sich Jakobs und schenkt ihm seinen Anblick (θεά), καθ' ὅσον οἷόν τε ἦν χωρῆσαι γενητὴν καὶ θνητὴν φύσιν, οὐχὶ τῆς ὅ ἐστιν ἐμφαινούσης (sc. τῆς θέας), ἀλλὰ τῆς ὅτι ἐστιν. ἐκεῖνο μὲν γάρ, ὃ καὶ ἀγαθοῦ κρεῖττον καὶ μονάδος πρεσβύτερον καὶ ἑνὸς εἰλικρινέστερον, ἀμήχανον ὑφ' ἑτέρου θεωρεῖσθαί τινος, διότι μόνῳ θέμις αὐτῷ ὑφ' ἑαυτοῦ καταλαμβάνεσθαι.

[12] Dionysios Areopagita bei Underhill, aaO S. 449f.

[13] So Eckehart und Shankara bei Otto, West-östliche Mystik, S. 14.15.

[14] Otto, aaO S. 33.　　　[15] Otto, aaO S. 94, cf. S. 15f.　　　[16] Otto, aaO S. 124.

[17] Otto, aaO S. 135.　　　[18] Otto, aaO S. 23ff.

[19] Yājñavālkya bei Otto, aaO S. 27: „Freiheit von Tod und von der Todeswelt und von Vergänglichkeit: das ist Erlangung des unvergänglichen, des wahren Seins."

[20] Cf. Otto, aaO S. 50f. 116. Der Haß gegen die Zeit, gegen das Jetzt bei Eckehart: Otto, aaO S. 90f.

[21] B– Dies sehr deutlich in den Sätzen Eckeharts bei Otto, aaO S. 29f. 87ff. –B

[22] Gogarten, aaO (Anm. 1), S. 67. D– Dies gilt, sofern die Mystik wirklich den

So ist auch der *„Seelengrund"* nichts; es läßt sich von ihm nur sagen, daß er alles das nicht ist, was der gegebene Mensch ist[23]. Er ist weder das innere geistige Leben des Menschen, noch das, was den Menschen zu einem Ich macht. Er ist etwas, das vom Ich des Menschen aus immer nur in Negationen umschrieben werden kann. Und in diesem Nicht-Ich soll die eigentliche Realität des Menschen liegen!

Faktisch ist darin etwas Richtiges gesehen, nämlich dies, daß alles am Menschen Vorfindliche, das beschreibbare Ich, nicht[c] der eigentliche Mensch ist. Aber die Mystik nimmt nun hinter diesem beschreibbaren Ich ein Etwas an, statt zu sehen, daß der Mensch geschichtlich ist, daß er eigentlich ist in dem sich vollziehenden geschichtlichen Leben seiner Verbundenheit mit dem Du.

In Wahrheit wird hier ja – indem Gott als das ganz Andere, als das ἐπέκεινα bezeichnet wird – nur ausgesagt, was Gott nicht ist[24].

In der Mystik wird „diese Erkenntnis, ohne daß man fragte, ob man das könne und dürfe, auf Gott bezogen, . . . statt daß man sie auf den gerichtet sein ließ, den sie ganz allein meinen konnte: den Menschen. Und so verwirrt sich die Mystik, so streng und sublim sie das Menschliche vom Göttlichen scheidet, zugleich in die heilloseste Verwirrung der beiden. – Bleibt diese Erkenntnis des Nichts auf den Menschen gerichtet, und wird sie begriffen als die Erkenntnis vom Wesen des Menschen: der Sünde, dann allein ist sie Gotteserkenntnis. Aber nicht unmittelbare – als solche nimmt die Mystik sie – sondern mittelbare Erkenntnis Gottes"[25].

„Das ist der tiefe Irrtum der Mystik, daß sie meint, Gott begriffen zu haben, wenn sie ihn als den Bestimmungslosen erkennt. Das ist und bleibt menschliche Gotteserkenntnis, aber eben menschliche Erkenntnis und darum Erkenntnis des Menschen und darum zuletzt auch nur menschliche Erkenntnis des Menschen, allerdings wohl die tiefsinnigste, die je in Menschenhirnen erdacht worden ist."[26]

Indem die Mystik die negative, formale Erkenntnis für eine positive, inhaltliche nimmt, will sie sie im Menschen verwirklichen, d.h. sie soll nicht ein Wissen bleiben, sondern zur Haltung des Menschen werden,

---

Menschen in seiner ganzen Existenz negiert. Sofern die negative Erkenntnis aber nur die Mannigfaltigkeit negiert und zum Begriff des Seins gelangt, wird in ihr nicht einmal der Mensch erkannt. –*D*

[23] *B*– Eckehart I, S. 90. 182 nach Otto, aaO S. 106–109. Underhill, aaO S. 406. –*B*

[24] Positiv wird nur etwas über den Menschen ausgesagt, nämlich daß er gott*los,* daß er Sünder ist, „daß also in der Negativität dieser Erkenntnis Gottes als des Ganz Anderen eine Schuld des Menschen sich offenbart." (Gogarten, aaO S. 67).

[25] Gogarten, aaO S. 68.

[26] Gogarten, aaO S. 72.

---

[c] „nicht" vom Herausgeber eingefügt.

indem er alles in sich schweigen heißt[27]. Sie geht diesen Weg methodisch, indem sie jedes Tun, vor allem die geistige Aktivität unterbindet, so daß gleichsam der geistige Mensch sich selbst mordet. Sie will den Menschen zur reinen Passivität bringen. Sie übersieht dabei, daß er gerade dadurch in der höchsten Aktivität steht. Auch das Schweigen als Methode ist Aktivität. Sie sieht nicht, daß die Aufhebung des Menschen vom Menschen aus nicht möglich ist, als ein Schweigen, das ich mache, als ein Abstrahieren und Wegsehen und Augenschließen[28]. Es gibt für den Menschen keine Flucht aus dem Gegebenen, da der Mensch nicht vor sich selbst fliehen kann, sondern sich überallhin mitnimmt[29].

„Wo wir selbst sind, da ist die Welt. Der Mensch, der jenseits dieser Welt Gott zu erfassen versucht, versucht also das Unmögliche. Wenn er ihn gefunden zu haben meint, hat er doch nichts weiter ergriffen als einen Teil der Welt oder die ihrer anschaulichen Bestimmtheit entkleidete, möglichst abstrakt gefaßte Welt."[30] *–A*

B– Der Gegensatz, daß der Mensch als Geschöpf Gottes in Gott ist, und daß er in sich Gott nicht findet[31], ist deshalb nicht ernst gedacht. Denn für Mystik hat im Grunde nur das In-Gott-Sein wirkliche Realität; das Ge-

---

[27] *B–* Cf. Underhill, Mystik, S. 261 ff.: 3. Kap. „Die Reinigung des Selbst." (z. B. S. 269 die Reinigung als Selbstvereinfachung). Überhaupt zweiter Teil, S. 221 ff.: „Der mystische Weg." Zur Selbstvernichtung gesteigert, zur „Leere", Underhill, aaO S. 413 ff., cf. S. 447. *–B*

[28] μύειν = die Augen schließen! Platon, Soph. 239e; Theait. 164a.

D– H. Leisegang, Art. Mystik: I. Begrifflich, RGG² IV, Sp. 334–337. *–D*

[29] Die „Jenseitigkeit", die er durch solche Methoden erreicht, ist gar keine Jenseitigkeit. „. . . der Gedanke der Jenseitigkeit" ist „erst da gesichert . . ., wo der Mensch an seinem eigenen sittlichen Urteil die Unentrinnbarkeit des Richters erfahren hat" (Wilhelm Herrmann, Die Lage und Aufgabe der evangelischen Dogmatik in der Gegenwart, Ges. Aufsätze, Tübingen 1923, 95–188, zit. S. 124), wo er also den Gedanken des Jenseits gar nicht von sich aus erhebt (und so zur Abstraktion macht), sondern wo er sich von einem Jenseits ins Diesseits gestellt weiß.

[30] Wilhelm Herrmann, Art. Andacht, RE³ 1, 497–501, zit. S. 498. Cf. die grotesken Beispiele bei R. Otto, Das Heilige, S. 23 f.: „Die vollkommene Stille der Nacht erschauerte in feierlichem Schweigen. Die Dunkelheit umschloß eine Erscheinung, die um so stärker empfunden wurde, als sie nicht gesehen ward. Ich konnte an Gottes Gegenwart ebensowenig zweifeln wie an der meinigen (!also Gott ein Vorhandenes! R. B.). Ja, ich fühlte mich, wenn das möglich ist, als der *weniger reale* von uns beiden." „Ich war allein mit ihm . . . Ich suchte ihn nicht, aber ich empfand (!) die vollkommene *Vereinigung* meines Geistes mit dem seinigen." „Ich hatte die Empfindung (!), als hätte ich mein eigenes Selbst verloren."

B– Der Mystiker will nicht mehr Geschöpf, sondern Schöpfer sein. Da ich an der „Idee" teilhabe, bin ich diese Idee, bin ewig in Gott, bin der Sohn etc., Otto, West-östliche Mystik, S. 134 f. *–B*

[31] Hierzu cf. Tauler I S. 176. 209–211.

trenntsein von Gott ist Scheinexistenz, die sich zur wirklichen Existenz in Gott verhält wie das Spiegelbild zu seinem Gegenstand. Die Mystik braucht deshalb den Sündenfall nicht. Sie sieht nicht, daß ich *meine* Realität gar nicht erfasse, wenn ich von jener Existenz in Gott rede, denn ich kann mich gar nicht betrachten, wie ich in Gott bin; sondern mein Getrenntsein von Gott *ist meine* Realität. Meine Realität ist also gerade da, wo die Mystik nur ein Spiegelbild sieht. Sie macht sich den Standpunkt Gottes zu eigen, will mit Gottes Augen sehen. Faktisch ist auch der Gegensatz von dem Ich, das vernichtet werden soll, und dem Seelengrund, der die eigentliche Realität ist[32], *in* den Menschen hineinverlegt: das Ich und seine Aufhebung[33].

Liegt es aber so, so ist das Ich-Du-Verhältnis zwischen Gott und Mensch aufgehoben und in einem Dritten umfaßt[34]: über Deus und Homo steht die Deitas, der gegenüber letztlich Gott und Mensch unwirklich sind. –B

A– Wo die Meinung vorhanden ist, in der Stille des Schweigens sich selbst loszuwerden und Gottes Offenbarung zu erleben, da ist die Konsequenz 1. die Vorstellung von der Vereinigung des Frommen mit Gott, 2. die Deutung psychischer Erlebnisse als solcher Vereinigung.

Natürlich: muß in der Offenbarung der Mensch verneint werden, und meint man andrerseits doch eine solche Offenbarung faktisch zu erleben, so kann man sich selbst nur verstehen, als in solchem Erlebnis, in dem das menschliche Sein verschwunden ist, mit göttlichem Sein erfüllt[35]. Und so sehnt sich der Mystiker, indem er sich aus dem Menschlichen heraus sehnt nach der *Vereinigung mit der Gottheit*[36]. In verschiedenen Bildern wird das vorgestellt: die Gottheit zieht in den Frommen ein; er wird in die Gottheit

---

[32] Cf. oben S. 119.
[33] Und diese Aufhebung soll man nun doch selbst vollziehen! Cf. Tauler I, S. 20: „Der Mensch soll sich zu sich selbst sammeln und in seinen inwendigen Grund kehren mit erhobenem Gemüt und gespannten Kräften, mit einem inneren Hinblicken auf Gottes Gegenwart und mit inwendigem Begehren vor allen Dingen nach dem allerliebsten Willen Gottes, mit einem Entsinken seiner selbst und aller kreatürlichen Dinge und einem immer tieferen Hineinsinken in den glorifizierten Willen Gottes."
[34] Das Ich-Du-Verhältnis hat seine Geltung nur auf einer unteren Stufe des Weges zum Göttlichen. Cf. Meister Eckeharts Schriften und Predigten, hg. v. H. Büttner, I, Leipzig 1903, S. 172 (wir bitten, „daß wir Gottes ledig werden".).
[35] B– Ebenso von der Spekulation aus: wenn ich *bin,* und wenn *Sein* = Gott ist, so bin ich mit Gott eins. Die Seele „genießt alle Kreaturen in Gott und Gott in allen Kreaturen" (Underhill, Mystik, S. 271, cf. aaO S. 432f.). Ja, Identität von Gott und Ich: Otto, West-östliche Mystik, S. 132f. 134f. –B
[36] D– Über die unio mystica cf. Max Scheler, Wesen und Formen der Sympathie, Bonn ³1931, S. 36f. –D

verschlungen[37], er vereint sich in Liebe mit der Gottheit[38], er wird von der Gottheit verbrannt wie die Motte vom Licht[39], er wird in die Gottheit verwandelt, vergottet (Hellenismus)[40], es findet eine Identifikation mit der Gottheit statt[41].

Und da dies als etwas faktisch Erlebbares angesehen wird, so wird es in *psychischen Zuständen* gesehen, die über den Menschen kommen und in denen er sich als ein bloß passiver zu verhalten scheint. Alle Schauer und Wonnen bis zur Ekstase können ihn füllen. Er wartet auf sie, denn sein gewöhnliches Leben verläuft in der Trockenheit, und wenn er sie hatte, so sinkt er aus dem Rauschzustand wieder in die Trockenheit zurück. Wie wenig die psychischen Zustände als solche die Mystik konstituieren, sondern nur in einem bestimmten Lebenszusammenhang, ist auch daran deutlich, daß der Mystiker selten oder vielleicht nie die Vereinigung mit der Gottheit wirklich erlebt; gleichwohl glaubt er daran.

Die erste Stufe des Entwerdens: die Versenkung in die Werke Gottes, bzw. die Erhebung über alle Kreaturen[42]. Auf dieser Stufe besteht das Ich-Du-Verhältnis zwischen Gott und Mensch, wofür Tauler die Lehre der Kirche anerkennt.

Auf der *zweiten Stufe* muß auch die Versenkung in die Werke Gottes schwinden[43]. Die „Bilder" hindern, weil sie das Ich mit „Eigenheit" überkleiden. Die zweite Stufe ist also die der Ichlosigkeit[44]; der Mensch wird also auch von dem frei, was er mehr ist als Kreatur[45]. Das Ich-Du-Verhältnis zu Gott ist durchbrochen, der Mensch ist in den göttlichen Grund eingegangen, die Geburt Gottes im Menschen ist geschehen. Aber es muß zur *dritten Stufe* kommen, denn die zweite genügt nicht[46]. Es muß dazu kommen, daß aus dem „Ich bin Gott" wird „Gott ist". Der Mensch muß auch der Geburt Gottes in sich entwerden, muß von Gott nichts wissen. Er muß die ganze Bitterkeit und den Jammer dieses Zustandes empfinden[47]: „Innere Armut und Verlassenheit". Zur Ichlosigkeit kommt also die Gottlosigkeit, und dann endlich zur „Einheit". Der Mensch wird dann von Gnaden, was Gott wesentlich ist von Natur[48]. Diese Einheit ist das Nichts, in dem alles Etwas verschwindet[49]. Es ist Erniedrigung und Erhöhung in Einem[50].

Erlösung ist dann schließlich ein Akt im Göttlichen, der mich nichts angeht.

---

[37] Reziprozitätsformel: „du in mir und ich in dir".

[38] Bedeutung von Canticum für die Mystik! Erotik der christlichen Mönche und Nonnen, persischer Sufismus etc.

[39] Persisch, cf. E. Lehmann, aaO (Anm. 1), S. 39.

[40] Die Gottheit widerspiegeln!

[41] In der Gottheit, die dann allein *ist,* kann es ja keine Zweiheit geben.

[42] Tauler I, S. 180, cf. S. 168.

[43] Tauler I, S. 22.   [44] Cf. Eckehart, op. cit., II, Jena 1909, S. 7.

[45] Cf. Tauler I, S. 180; Eckehart II, S. 52.   [46] Tauler I, S. 183.

[47] Tauler I, S. 170.   [48] Tauler I, S. 171.

[49] Tauler I, S. 211.   [50] Eckehart II, S. 50f.

Und indem solche Erlebnisse zum Ziel des Lebens gemacht werden und die Entwerdung des Menschen von ihm selbst in die Hand genommen wird, wird *die Methode* der Mystik entwickelt, in der die Mystik „im Widerspruch zu ihren eigenen Behauptungen doch Brücken" baut, „die aus der Zeit in die Ewigkeit führen. Hier entwickelt sie doch Übergänge vom Menschen zu Gott. So füllt sie ihre Erkenntnisse, die formal erstaunlich richtig sind, mit menschlichem Inhalt"[51]. Und so wird die Mystik wieder *zur Religion.*

„Hier erhebt sie die Forderung der steigenden Entwerdung. Hier soll die Seele aller Dinge und aller Werke ledig werden, um dann in das Nichts einzugehen. Hier soll die Seele sich ‚vom Leibe' scheiden, ‚also, daß sie mit dem Leibe noch sonstwelchen Dingen nichts mehr zu schaffen will haben zu eigenem Gewinn'[52]. Hier stellt sich die Seele vor eine unendliche Aufgabe, das heißt vor eine Aufgabe, die ohne Ende, die darum immer neu, immer eine andere ist. Hier wendet sich die Seele in die Welt des unendlich Vielen, um durch eine Unendlichkeit in die Ewigkeit zu gelangen. Und wo sie das Nichts ergreifen wollte, da nimmt sie die Unendlichkeit der mystisch-sittlichen Aufgabe der Selbstentwerdung auf sich und steht wieder mitten im Reich der geschaffenen Dinge und geschaffenen Kräfte, wenn auch, um sich mit diesen geschaffenen Kräften von den geschaffenen Dingen zu befreien. Es wird damit erschreckend deutlich, daß aus jenem Nichts, das die Zurücknahme aller geschaffenen Dinge in den Ursprung sein wollte und da ihre göttliche Fülle, eine sittliche Abstraktion, eine fromme Askese geworden ist. Und würde diese sittliche Abstraktion einmal vollendet oder für vollendet genommen, so wäre nichts gewonnen als ein Ledigstehen, das doch kein Ledigstehen wäre, weil es immer noch sich selbst als seinen Besitz hätte. Es wäre dann noch die leere, jedes Inhaltes, jeder Beziehung bare Seele da, die sich selbst hätte. Und dann in physischer Reaktion der psychische Rauschzustand. Und danach wieder das neue Sichbereiten auf das neue Ledigstehen der Seele."[53]

Die charakteristische mystische Lebenshaltung ist deshalb *die Askese,* die Verachtung des Leibes. Nach Porphyrios „glich Plotin einem, der sich schämte, daß er im Leib sei". Der Mensch flieht zur Schönheit der Seele οὐκ ἀνασχόμενος τοῦ ἐν σώματι κάλλους, ἀλλ' ἔνθεν ἀναφυγών[d]. – So konsequent ausgebildet in Indien: „Ja, diese Welten sind freudlos, von

---

[51] Gogarten, aaO (Anm. 1), S. 65. [52] Eckehart II, S. 162. [53] Gogarten, aaO S. 66.

[d] Porphyrios, Über Plotins Leben und über die Ordnung seiner Schriften 1,1. Plotin, Enn. V,9,2.

blinder Finsternis bedeckt. In sie gehen nach dem Tod alle, die nicht erwacht, nicht wissend sind. Doch wer des Atman ward inne und sich bewußt ist: ‚ich bin er', was wünschend, wem zulieb möchte nachkranken der dem Leibe noch?"[54]

So die hellenistische wie die mittelalterliche Mystik. Sofern diese Askese noch ein Tun ist und nicht wie im indischen Yoga zum völligen Nichtstun, zum Dasitzen in Selbsthypnose wird, ist es ein vorbereitendes Tun, das rein negativen Sinn hat.

Das Tun der Mystik ist „geradeso leer wie ihre Erkenntnis. Nie hat eine Tat ihren besonderen Sinn, ihren besonderen Inhalt, ihren besonderen Wert. Alle wollen sie das gleiche: sich freimachen von dem, was sie tun; immer wollen sie nur unbehelligt sein von ihrem Inhalt; immer wollen sie ihr eigenes Warum vergessen. Nicht um zu lieben, liebt der Mystiker; nicht weil er einem anderen Gutes tun will, hilft er ihm, sondern weil er von sich selbst frei werden will. Nicht um das Leid in Glück zu kehren, sucht der Mystiker es zu überwinden, sondern um sich und jedem Leid- und Glücksempfinden zu entfliehen. Nicht um seiner Alltagsarbeit ewigen Sinn zu geben, sucht er auch in ihr seine Gottesgedanken zu behaupten, sondern um auch ihrer, der unumgänglichen, im innersten Gemüte frei und ledig zu sein. – Darum ist für die Mystik diese Welt geschichtslos. Denn es ist keine Geschichte ohne Verwirklichung und Erscheinung wertvoller Inhalte denkbar. Aber gerade die gibt es für die Mystik nicht. Denn das alles gehört zum Dies und Das, und gerade davon gilt es frei und unbehelligt zu werden"[55].

In der Tat: *die Mystik sieht an der Geschichtlichkeit des Menschen vorbei*[56]. Sie sieht nicht, daß das Leben im Dies und Das, im Hier und Jetzt seine Existenz charakterisiert, und daß er überhaupt nicht da herauskommen kann. Sie sieht nicht, daß alles, was er unternimmt, das Unternehmen eines Menschen ist, der als qualifizierter aus einer Geschichte kommt und nie aus der Geschichte herausspringen kann. Sie sieht nicht, daß das Jetzt des Menschen in der Entscheidung steht, weil der Mensch zeitlich ist, und sie will gerade der Zeitlichkeit entfliehen. Sie sieht nicht, daß die Geschichtlichkeit des Menschen in seiner Verbundenheit mit dem Du be-

---

[54] Bei Lehmann, aaO (Anm. 1), S. 28.

[55] Gogarten, aaO S. 67f.

[56] *O–* Cf. die Auffassung von der Schöpfung: Mensch und Welt sind nicht primär durch den *Anspruch* Gottes qualifiziert, sondern sind ästhetisch verstanden als Kunstwerk; cf. Eckehart I, S. 90. 182(„Denn es ist alles Guten Art, sich mitzuteilen"). Es liegt im Wesen Gottes zu schaffen (was nun als „Liebe" interpretiert wird); Analogie der Sonne, die leuchten muß. *–O*

steht, sie verkennt das Miteinander mit seiner Qualifikation durch Schuld und Anspruch, durch Haß und Liebe.

„Darum *kennt die Mystik auch keine Gemeinschaft.* Denn es ist keine Gemeinschaft zu denken ohne einen inhaltlichen Wert (d. h. ohne die konkreten Momente des Tuns im Hier und Jetzt). Aber es gibt für die Mystik nur einen einzigen Wert: unberührt zu stehen von jedem Wert."[57] Sie sieht nicht, daß das Ich erst zum Ich wird durch das Du, und indem sie so die Geschichtlichkeit des Ich verkennt, gerät sie in den Irrweg, das Ich wie die Gottheit als Substanz vorzustellen, als eine Art Natur. Einerlei ob sie die Gottheit als Seiend, Überseiend oder Nichtseiend denkt; solange sie sie nicht als Du versteht, als das Wie der menschlich-geschichtlichen Existenz, versteht sie sie als Substanz, ob sie sie als Licht oder Dunkel bezeichnet, als Duft oder als Glanz, als Kälte oder Hitze. Daher dann auch die Bedeutung des „Schauens", in dem die Gottheit als Stillhaltendes vorgestellt ist.

Natürlich sind die Engelchöre, von denen die Mystik unter Umständen reden kann, keine Gemeinschaft; denn ein Ich und Du gibt es nicht, nur ein Verschlungensein von Tönen in eine Harmonie. Und so kann die Mystik auch die *kirchliche Gemeinschaft* auffassen, denn eine eigentliche kirchliche Gemeinschaft kennt sie nicht, ist vielmehr grundsätzlich kirchenfeindlich, auch wenn die kluge Politik der katholischen Kirche der Mystik einen Platz in ihren Mauern angewiesen hat. Denn ein Anlehnungsbedürfnis an gegebene Formen kann die Mystik ihrer Art nach haben und gewinnt sie leicht am kirchlichen Kult und Dogma, deren Formen ihr gerade als gegebene und nicht selbstgeschaffene eine Art Schau der Gottheit vermitteln oder erleichtern können als Symbole[58]. Aber ein wirkliches Verhältnis zur Kirche des Wortes kann sie nicht haben, da das Wort an den konkreten geschichtlichen Menschen gerichtet ist und ihn seine konkrete geschichtliche Situation verstehen lehren will. Aber gerade das Wort lehnt sie ab und macht es nötigenfalls zum Symbol.

Die Geschichtslosigkeit tritt ebenso stark in den Formen der Mystik hervor, die statt durch Askese durch andere Mittel sich zur Gottesschau vorbereiten, um *Rauschzustände* hervorzurufen[59]. In Indien findet sich die Askese mit dieser hypnotischen Dressur oft verbunden, in der Erhitzung

---

[57] Gogarten, aaO S. 68 (Zusatz in Klammer von R. B.).

[58] Cf. Philo im Verhältnis zum Alten Testament, Plotin im Verhältnis zu Platon, die Gnostiker und die mittelalterlichen Mystiker im Verhältnis zur katholischen Kirche.

[59] *O–* William James, Varieties of Religious Experience, S. 387; cf. Underhill, aaO S. 96, Anm. 1. *–O*

durch den Yoga. Anderwärts werden andere Mittel verwendet, wie in Persien der Wein (wo übrigens auch die Askese eine Rolle spielt)[60]. – Erotische Rausch- und Entzückungszustände, die in der mittelalterlichen Mystik eine Rolle spielen, werden hervorgerufen durch Versenkung in kirchliche Symbolik, besonders in die Bilder von Canticum. Es ist sozusagen eine Rache, daß da, wo die konkrete Leiblichkeit verachtet wird, sie in Wahrheit in den unkontrollierbaren primitivsten Trieben wieder zu Ehren kommt. Der Mensch entflieht seiner Geschichtlichkeit, indem er zum Tier wird.

Da der Mensch faktisch seiner Geschichtlichkeit nicht so leicht entflieht, sondern doch meist in irgendeiner Weise aktiv etwas besorgt, Welt gestaltet, so ist verständlich, daß die Mystik sich leicht mit dem *künstlerischen Schaffen* verbindet, weil dies der rationalen Zwecksetzung und Reflexion am meisten entbehrt und scheinbar der Ausdruck des geschenkten Erlebens ist, bei dem der Mensch selbst passiv ist. Das zeigt sich schon in der Bedeutung des Symbols für die Mystik. Denn in der Auffassung gegebener traditioneller Formen als Symbole für die Gottheit oder für den Weg zu ihr und das mystische Erleben wirkt faktisch ein Vermögen künstlerisch gestaltenden Schauens. – „Rezeptiv" ist das künstlerische Vermögen tätig (also auch aktiv!), wo die Musik zum Symbol wird. – Faktisch aber haben die Mystiker als Menschen fast nie auf das Wort verzichtet, auch die indischen Mystiker nicht. Und wie Meister Eckehart ein wortmächtiger Gestalter ist, so Plotin, so die Inder. Vor allem ist das lyrische Gedicht für die Mystik charakteristisch, im persischen Sufismus wie in der modernen Lyrik, etwa bei Rilke. – Aber auch in der bildenden Kunst, in Malerei und Architektur ist mystische Frömmigkeit schaffenskräftig gewesen, besonders in der Gotik des Mittelalters.

Doch verbindet sich mit der Mystik auch *Spekulation,* in Indien wie bei Plotin und im Mittelalter, denn diese kann im methodischen Weg der Entwerdung eine Rolle spielen. In der Einsicht in das Wesen der Dinge befreit sich eben der Mystiker von den Dingen, und indem sich symbolkräftiges Schauen mit der Spekulation verbindet, können komplizierte Weltsysteme entworfen werden. Ja, wenn das „innere Licht" in Gegensatz gegen autoritative Lehre, Schrift etc. gestellt wird und sich dann herausstellt, daß das innere Licht doch einen Inhalt vermitteln muß, so kann es kommen, daß das „innere Licht" einfach zur geschichts- und zeitlosen ratio wird[61].

---

[60] Cf. bei Lehmann, aaO S. 39f.
[61] Cf. den Übergang der Schwärmer der Reformationszeit in den Rationalismus.

Die Weltanschauung der Mystik prägt sich in zwei scheinbar entgegengesetzten Typen aus:

1. *Dualismus.* In ihm ist das Moment des Gottesgedankens festgehalten, daß Gott das ganz Andere ist. Der Dualismus entspricht natürlich der asketischen Lebenshaltung, indessen mit einer Inkonsequenz. Der Kampf gegen den Leib läßt nun doch die Seele als etwas Wertvolles erscheinen. Und wenn die Seele auch von jeder Gestalt befreit, vom Dies und Das gereinigt werden muß, so ist doch der „Seelengrund" etwas Gott dem Wesen nach Verwandtes. Wie sehr die Seele (und Gott) hier als Substanz gedacht ist, also geschichtslos, ist klar. Diese dualistische Anthropologie der Mystik, die im Hellenismus aus primitiven animistischen Vorstellungen und orientalischen Motiven entwickelt ist, die Leib und Seele einander gegenüberstellt, verfehlt die Geschichtlichkeit des Menschen deshalb, weil in dieser Gegenüberstellung der Seele gegen den Leib als ein Vorhandenes, ein Ding, auch die Seele nur als ein Vorhandenes, ein Ding, gedacht werden kann. Der geschichtliche Mensch ist Leib *und* Seele, und durch den Leib ist er gerade als geschichtlich, als an ein Hier und Jetzt gebunden charakterisiert. Für den christlichen Glauben ist nicht der Leib etwas *am* Menschen und nicht die „Seele" der eigentliche Mensch. Sie als ein Höheres, Gottverwandtes im Menschen anzusehen, das dem Niedern sein Gesetz vorschreibt, die Triebe der Sinnlichkeit bändigt, ist *entweder* griechisch gedacht im Sinne des Gegensatzes von Form und Stoff, die nur miteinander sind und aufeinander bezogen sind, und hat dann mit der christlichen Anschauung vom Menschen nichts zu tun, weil dabei der Mensch als Kunstwerk gesehen ist; – *oder* es ist konsequent dualistisch gedacht. Dann gilt die Seele, der göttliche Funke, als im Leibe gefangen, der Reinigung und Erlösung bedürftig, und die Reinigung kann sich in Sakrament und Andacht, in Askese und Ekstase vollziehen. All das braucht an sich nicht mystisch zu sein, kann aber von der Mystik akzeptiert werden. Christlich ist es in keinem Falle, denn der Glaube kennt nichts Gottverwandtes und Gottgefälliges am Menschen, sondern der Mensch ist ganz gut oder ganz schlecht. Der Glaube sieht nicht *hinter* der geschichtlichen Existenz noch eine mysteriöse göttliche Substanz, sondern sieht *in* der geschichtlichen Existenz den Menschen. Und in ihr steht der Mensch unter Gottes Anspruch, unter seinem Zorn oder seiner Gnade.

2. *Pantheismus bzw. Monismus.* Hier tritt der Allmachtsgedanke im Gottesgedanken hervor, bzw. in mystischer Formulierung der Gedanke, daß wenn Gott einzig das eigentliche Sein ist, so das Sein der Welt, das doch unbestreitbar ist, auch Gottes Sein sein muß. In platonisch-neuplatonischen Gedanken tritt das bei Eckehart hervor, wenn Gott als die „unge-

naturte Natur" sich als die „genaturte Natur" offenbart. In der neuplatoni-
schen Lehre von der ἐξάπλωσις, oder der πρόοδος der Welt aus Gott
(Emanation statt Schöpfung!) wie von der ἐπιστροφή, die vom ἔρως
getragen ist, mischen sich pantheistische mit dualistischen Motiven, wie
sich besonders darin zeigt, daß die ὕλη eigentlich *nicht* ist und alle Realität
von Gott bis zur ὕλη abnimmt. Aber auch für Indien und Persien sind
pantheistische Spekulationen charakteristisch, ebenso für Lyriker wie Angelus Silesius[e] und Rilke.

Wie das ausgeführt werden kann, cf. Eckehart: „Alle ‚Kreaturen‘ jagen
danach, Gott gleich zu werden. Wäre Gott nicht in allen Dingen, so hätte
die Natur weder Wirksamkeit noch Begehr . . . wäre ein Mensch noch so
durstig, wäre nicht etwas von Gott im Getränk, würde er dessen nicht
begehren."

Angelus Silesius:

> „Ich weiß, daß ohne mich Gott nicht ein Nu kann leben:
> werd ich zu nicht – er muß vor Not den Geist aufgeben."
> „Nichts ist als ich und du – und wenn wir zwei nicht sein,
> so ist Gott nicht mehr Gott und fällt der Himmel ein."
> „Ich selbst muß Sonne sein, ich muß mit meinen Strahlen
> das farbenlose Meer der ganzen Gottheit malen."
> „Die Rose, welche hier dein äußres Auge sieht,
> die hat von Ewigkeit in Gott also geblüht."
> „Gott sind die Werke gleich: der Heilge, wann er trinkt,
> gefallet ihm so wohl, als wann er bet und singt."[62]

---

[62] Eckehart bei Lehmann, aaO S. 106. Gott = Einigkeit bei Eckehart: Otto, West-
östliche Mystik, S. 92f. *D–* Cf. auch die Beispiele für die Einheit von Gott und Welt (und
Ich) bei H. Leisegang, RGG² IV Sp. 335f. (Leisegang verwechselt übrigens die mystische „Weltanschauung" mit pantheistischer Spekulation!) *–D*
    Angelus Silesius bei Lehmann, S. 124. Cf. Indisch (R. Otto, Vischnu-Nārāyana, Jena
²1923, S. 76):
> „Hab ohne dich ich keinen Schutzpatron,
> Wirds ohne mich dir am Klienten fehlen."

Und S. 75:
> „Versinkend in des Daseins Fluten, endlich
> durft ich in Dir das Ufer doch gewinnen.
> Gewinnen wirst auch du an mir nicht wenig:
> ein Faß, mit Gnade gründlich voll zu rinnen."

B– Jelāl ed din bei Otto, West-östliche Mystik, S. 100. *–B*

---

[e] Ursprünglich war im Ms. nach Angelus Silesius auch noch Tersteegen erwähnt; sein
Name ist jedoch später in Klammer gesetzt worden.

Auch dieser Pantheismus ist geschichtslos; er macht aus dem Allmachtsgedanken eine Spekulation oder das Prinzip einer künstlerischen Weltanschauung. *So* hat der Mensch den Allmachtsgedanken nicht zur Verfügung, daß er die Welt wirklich unter ihm begreifen kann; bei diesem Versuch sieht er die Welt als Kunstwerk, also nicht, wie sie ihm in seiner geschichtlichen Wirklichkeit begegnet. Er sieht sich als organischen Teil eines Ganzen, statt sich jetzt und hier auf dem Spiele stehend zu wissen.

Im übrigen wäre es wichtig, die Verbindung dualistischer und pantheistischer Motive in der Mystik genauer zu analysieren. *–A*

B– Mystik ist also die Verknüpfung des Gottesgedankens mit der Vorstellung, daß Gott vom Menschen gehabt werden kann in einer Zuständlichkeit, bzw. das Bewußtsein, ihn so zu haben[63]. Ihr Fehler ist die Verkennung der Geschichtlichkeit des Menschen und deshalb schließlich auch ein Fehler im Gottesgedanken selbst: er ist nur formal richtig. Aber die Vorstellung von einem formalen ἐπέκεινα ist schon falsch[64]. Denn wie „der Mensch" nichts Formales ist, sondern jeweils der bestimmte Mensch in einer konkreten geschichtlichen Situation, so ist auch sein Jenseits nur das, was ihn ins Diesseits weist[65]. Ein Jenseits ist immer sein konkretes Jenseits; es ist nicht das Bestimmungslose, sondern das Unverfügbare, das über ihn Verfügende, ihn Beschenkende[66]. Die Passivität des Menschen kann nie eine von ihm gemachte sein, sondern nur die des Beschenktwerdens, d. h. von ihm aus immer Tat[67]. Gerade in der Tat wird Gottes Jenseitigkeit bejaht.

Mystische Elemente in den Protestantismus zu übernehmen, ist also Unsinn. Gerade das, was die Mystik zur Mystik macht, kann man nicht übernehmen, ohne den Glauben preiszugeben. Übernimmt man aber die Anschauung der Mystik, in psychischen Zuständen Gott zu haben, so übernimmt man gar nicht Mystik, sondern pagane Elemente[68]. *–B*

---

[63] *O–* Mystik eine Art Auslegung der eigenen Existenz. *–O*

[64] *D–* Die Mystik verwirft die Diesseitig*keit* und will Jenseitig*keit*. *–D*

[65] *O–* Nicht via eminentiae oder negationis zu erreichen. *–O*

[66] *O–* Sein wirkliches Jenseits ist je seine Zukunft. *–O*

[67] Cf. Herrmanns Interpretation der „schlechthinnigen Abhängigkeit" = freie Selbsthingabe. *D–* Nicht das Otiose (Mystik), sondern das Passive (Glaube)! Also: Gegenstand des göttlichen Tuns sein und selber zur Tat aufgerufen sein, fällt zusammen. *–D*

[68] *Gibt* es wirklich Mystiker? Die Frage hat den gleichen Sinn wie die: *gibt* es wirklich einen Glaubenden?

§ 14   Der Glaube als geschichtliche Tat

A– Der christliche Glaube ist *Glaube an die Offenbarung Gottes* in dem
§ 11ᵃ genannten Sinn, d. h. Glaube an *ein geschichtliches Faktum*[1]. Aber
so, daß dies Faktum nicht als objektiv nachweisbares geschichtliches Faktum die Offenbarung ist; sonst wäre der Glaube ein historisches Wissen
bzw. die unkritische Hinnahme einer historischen Mitteilung, kurz fides
historica[2]. Es ist vielmehr eine Vergewaltigung, Vorstellungen und Be-
richte, die von außen gegeben werden, glauben zu sollen. Weder Verstan-
desgründe noch ein Willensentschluß kann solchen Glauben sichern[3].

So wenig der Glaube diese fides historica ist, so sehr ist er die Gewißheit,
daß durch das historische Faktum Jesus Christus die Geschichte qualifiziert ist als eine Geschichte des Heils[4], dadurch daß durch Jesus Christus
als den gepredigten Vergebung der Sünde verkündigt wird und ich so als
Gerechtfertigter in mein Jetzt komme, um so als Geliebt-Liebender die
Frage des Augenblicks zu verstehen und das Was meines Tuns zu entdecken[b].

Die notitia gehört also zur fides, die notitia nämlich, die nicht durch die
historische Forschung, sondern durch die Verkündigung des Worts vermittelt wird[5]. Im Wort wird die Vergebung angeboten, daraufhin, daß
Jesus Christus in die Welt gekommen ist und aus einer Geschichte der
Sünde eine Geschichte der Gnade gemacht hat. Deshalb ist der Glaube
auch kein Wissen von allgemeinen Wahrheiten, von Ideen etc., sondern er

---

[1] Cf. Karl Barth, Die dogmatische Prinzipienlehre bei Wilhelm Herrmann, ZZ 3,
1925, 246–280.

[2] *D–* Solcher „Glaube" stets dem Zweifel ausgesetzt. *–D*

[3] Cf. Wilhelm Herrmann, Die mit der Theologie verknüpfte Not der evangelischen
Kirche und ihre Überwindung, RV IV 21, Tübingen 1913, S. 21! „. . . der verzweifelte,
so gläubig aussehende Entschluß, alles ‚glauben' zu wollen, was in der Bibel steht, ist in
Wahrheit der Entschluß, sich die da vorliegende Wirklichkeit zu verhüllen. Das ist also
grade ein Ausdruck der Angst vor der Bibel und ein trauriges Zeichen der Verwirrung,
die durch Menschen, die es gut meinen, aber mit Unverstand eifern, über unsere Kirche
kommt". (AaO S. 35; cf. auch das Folgende.)

[4] *D–* Oben § 11: der Glaube richtet sich auf Christus nicht als in der Vergangenheit
vorhandenes Ereignis, sondern so, wie er in der Verkündigung begegnet. *–D*

[5] *B–* Dies Wort kann sich zu seiner Legitimation nicht auf ein feststellbares historisches Ereignis berufen, sondern nur auf das durch die Tradition vermittelte Neue
Testament; also auf das „es steht geschrieben". *–B*

---

[a] In der Erstfassung war hier auf § 8 verwiesen (cf. das Inhaltsverzeichnis unten
S. 177 f.).

[b] Von „dadurch daß" bis „zu entdecken": (vermutlich) spätere Einfügung *B*.

ist die gehorsame Annahme der Botschaft von der Sündenvergebung und dem neuen Leben in Christus. Er ist also primär *Gehorsam*.

Rm 1,5: ('Ιησοῦ Χριστοῦ τοῦ κυρίου ἡμῶν,) δι' οὗ ἐλάβομεν χάριν καὶ ἀποστολὴν εἰς ὑπακοὴν πίστεως ἐν πᾶσιν τοῖς ἔθνεσιν ὑπὲρ τοῦ ὀνόματος αὐτοῦ. Cf. Rm 16,19: ἡ γὰρ ὑμῶν ὑπακοὴ εἰς πάντας ἀφίκετο, mit 1,8: ἡ πίστις ὑμῶν καταγγέλλεται ἐν ὅλῳ τῷ κόσμῳ und 1. Th 1,8: ἐν παντὶ τόπῳ ἡ πίστις ὑμῶν ἡ πρὸς τὸν θεὸν ἐξελήλυθεν. Rm 10,3: ἀγνοοῦντες γὰρ τὴν τοῦ θεοῦ δικαιοσύνην καὶ τὴν ἰδίαν ζητοῦντες στῆσαι, τῇ δικαιοσύνῃ τοῦ θεοῦ οὐχ ὑπετάγησαν, wie die Ungläubigen 15,31 die ἀπειθοῦντες heißen und dem Evangelium glauben Gl 5,7 heißt τῇ ἀληθείᾳ πείθεσθαι.

Also nicht gläubige Kenntnisnahme von etwas Merkwürdigem, das passiert ist und wogegen ich nichts sagen will; sondern die Anerkennung, daß mit dieser Botschaft etwas über *mich*, weil über meine Geschichte gesagt ist.

Gehorsam, das heißt 1. ich erkenne damit *mich als Sünder* an, und zwar nicht, daß ich mehr oder weniger Schwächen, Fehler und Unmoralitäten aufweise, sondern daß ich als Sünder aus meiner Geschichte komme, in einem als sündig qualifizierten geschichtlichen Zusammenhang stehe, aus dem mich allein Gottes Tat errettet. Ich verzichte auf die ἰδία δικαιοσύνη und akzeptiere die δικαιοσύνη θεοῦ. Ich weiß, daß ich an mir nichts vorweisen und aus eigener Kraft nichts leisten kann, was mich von der Sünde befreite, ich verlasse mich ganz auf Gottes *Gnade*. *–A*

B– Ich weiß, daß ich des Augenblicks nicht Herr werde dadurch, daß ich ihn unter den eigenen Entwurf der Zukunft stelle, sondern daß alle eigenen Pläne und Entschlüsse aus der sündigen Vergangenheit stammen, daß mein Tun nur durch Gnade gerechtfertigt sein kann. *–B*

A– 2. Ich erkenne in dieser Gnade das *Gericht* über mich, d. h. nicht die Nachsicht gegenüber einigen Fehlern und Schwächen, also ein Nachlassen der Forderung, sondern die Durchführung der Forderung[6]. Ich werde, indem mir vergeben wird, *unter der Forderung festgehalten* und für ihre Erfüllung umgeschaffen. Ich erhalte also keine verfügbare Qualität der

---

[6] *B–* Barth, Vom christlichen Leben, München 1926: „Es bleibt dabei, daß alles, was wir sind, gegen Gott ist und es gibt keine Stufe in unserem Leben, wo wir andere würden, es kommt nicht dazu, daß irgendwo in unserer Existenz ein Winkel entdeckt wird, wo wir sagen könnten: so gefährlich ist es jetzt nicht mehr, nun bin ich für Gott. Sondern das rechte Ermahntsein besteht gerade darin, daß wir es uns endgültig gesagt sein lassen: Du bist gegen Gott!" (aaO S. 17). „Unser wirkliches Leben in Gott besteht gerade darin, daß wir uns eingestehen: Wir leben nicht in Gott, sondern fern von Gott. Wer in Gott ist, gerade der weiß, daß er fern ist von Gott, weiß, daß er Barmherzigkeit nötig hat. Es tritt nie die Situation ein, daß er etwas anderes als reine Barmherzigkeit nötig hätte, wo etwas anders als Gnade wichtig werden könnte für uns." (aaO S. 18). *–B*

δικαιοσύνη, sondern bin immer nur in Gottes Gnade ein δίκαιος als ein solcher, der unter dem Imperativ der göttlichen Forderung der Liebe steht. Insofern steht auch das ganze Leben des Christen unter dem Gericht, als es *ein ganzes Leben in der Buße* ist. „Über die Reue wächst in dem inneren Leben des Christen das Vertrauen zu der Barmherzigkeit des Gottes, der den Schmerz der Reue erweckt hat, empor. Es ist also klar, daß der richtig verstandene christliche Glaube immer wieder eine wahrhaftige Reue anregen muß, und immer wieder die damit entstandene Krisis des inneren Lebens überwindet."[7]

Der Gehorsam des Glaubens erkennt *in der Gnade das Gericht,* weil er in der Gnade erst verstehen lernt, was Sünde ist, und *im Gericht die Gnade,* weil er nur als Gerichteter sich frei weiß von der Sünde. Der Sünder ist der Gerechtfertigte. Und es ist z. B. sinnlos zu sagen, daß man neben der Botschaft vom Gericht doch auch die frohe Botschaft zur Geltung kommen lassen müsse; denn die Botschaft vom Gericht über die Sünde *ist* die frohe Botschaft.

Natürlich ist der Glaube, der primär Gehorsam ist, auch *Vertrauen,* und zwar *zugleich* Vertrauen, da er Vertrauen in die Vergebung ist und nicht noch etwas daneben; er ist also Vertrauen, weil er *Rechtfertigungsglaube* ist, und ist *nicht ein allgemeines Gottvertrauen*[8]. Er ist vielmehr die Einsicht, daß ein solches allgemeines Gottvertrauen dem Menschen gar nicht zur Verfügung stehen kann. Sowenig man von Liebe im allgemeinen reden kann und auf sie als etwas Vorhandenes hinweisen kann, das man nur zu ergreifen brauche, sondern nur da, wo man geliebt wird und liebt, also im konkreten geschichtlichen Vorgang, – sowenig gibt es Gottvertrauen im allgemeinen. Christliches Gottvertrauen ist also nicht ein allgemeines Zutrauen zur Zweckmäßigkeit der Weltordnung (wobei ich mir als Zweck vorkomme) oder eine allgemeine Überzeugung, daß Gott im Regimente sitzt und alles wohl führt (wobei das „wohl" durch meine Zwecke, Wünsche und Ideale bestimmt ist)[9]. Vielmehr wie zwischen Mensch und Mensch Vertrauen nur da ist, wo ein Mensch zum andern durch Wort oder Tat spricht, so auch zwischen Gott und Mensch. Es ist eine völlige Illusion, sich zu einem allgemeinen Gottvertrauen entschließen zu können; Gott-

---

[7] Wilhelm Herrmann, Die Buße des evangelischen Christen, Ges. Aufsätze, Tübingen 1923, 33–85, zit. S. 55.

[8] *B*– Gut betont Karl Barth, Chr. Dogmatik I, S. 88f., daß fiducia herzliches Vertrauen zu Gott sei, aber außer der emotionalen auch eine juristische Bedeutung habe. Die fiducia steht in Korrelation zur promissio und ist die Beziehung zu dem, was er glaubt; S. 90: er ist Antwort. –*B*

[9] Nicht jeder Beliebige kann singen „Befiehl du deine Wege", sondern es wird in der Gemeinde der Gerechtfertigten gesungen.

vertrauen wäre mit Optimismus verwechselt[10]. Es ist auch eine Anmaßung, denn von uns aus sehen wir in unserer Wirklichkeit nichts, das das Gottvertrauen rechtfertigte. Und der Wunderglaube wie das Bittgebet sind ein Eingeständnis, daß der Allmachtsgedanke dem Menschen nicht zur Verfügung steht; denn in ihnen ist er aufgehoben.

Als leerer Gedanke ist der *Allmachtsgedanke* zwar formal richtig, aber nicht wirklich aussprechbar, dies wird er erst, wenn er zum Ausdruck bringen kann, daß Gott „die ganze Wirklichkeit, in der wir stehen, um unsertwillen wirkt"[11], d. h. aber, wenn wir von Gott reden können auf Grund dessen, was er an uns tut. In jenem allgemeinen Sinn haben auch die Heiden den Allmachtsglauben. „Denn was außer der Christenheit ist, . . . ob sie gleich nur *einen* wahrhaftigen Gott gläuben und anbeten, so wissen sie doch nicht, was er gegen ihn gesinnet ist, können sich auch keiner Liebe noch Guts zu ihm versehen, darümb sie in ewigem Zorn und Verdammnis bleiben."[12] Wenn wir aber „unsre Augen nicht vor dem verschließen wollen, was seine Offenbarung in uns selbst schafft und in uns selbst niederwirft, so steht er vor uns als der Herr über alles. Denn daraus erwächst uns die Zuversicht, daß sein Wille in allem lebendig ist, was zu unserer Existenz gehört in einer unendlichen Welt"[13]. „Alles, was wir sonst erleben mögen, wird von diesem Einen überstrahlt, und in der Unterwerfung unter den sich offenbarenden Gott soll alles andre, was uns in Anspruch nehmen will, das Maß seiner Macht und Geltung empfangen."[14] Das heißt zugleich, daß wie der Allmachtsglaube Rechtfertigungsglaube ist, Glaube, daß Gott unsere geschichtliche Existenz bestimmt, – daß er so auch stets Aufgabe ist, Gehorsam, der diese Macht Gottes bejaht und keiner andern Macht verfällt[c]. Ich kann nicht an Gott den Allmächtigen glauben, wenn ich ihn nicht in mir herrschen lassen will. Bin ich aber bereit zum Gehorsam, so ist die christliche Form des Allmachtsglaubens Gebet und Wunderglaube[15].

---

[10] Dann wäre das Gottvertrauen allem Hohn und aller Skepsis ausgesetzt.
[11] Wilhelm Herrmann, Der evangelische Glaube und die Theologie Albrecht Ritschls, Ges. Aufsätze, Tübingen 1923, 1–25, zit. S. 14, s. o. S. 105f.
[12] M. Luther, Großer Katechismus, 1529, zum dritten Artikel, BSLK S. 661 (WA 30 I, 192, Z. 10. 11–14).
[13] Wilhelm Herrmann, Die mit der Theologie verknüpfte Not, S. 23; auch Herrmann, Der Glaube an Gott und die Wissenschaft unserer Zeit, Ges. Aufsätze, Tübingen 1923, 189–213, bes. S. 208–210.
[14] Herrmann, Die mit der Theologie verknüpfte Not, S. 42.
[15] Cf. Wilhelm Herrmann, Offenbarung und Wunder, Gießen 1908.

---

[c] Randbemerkung Bultmanns (mit Blei geschrieben und schlecht lesbar): „Anm. über Untersch. der Verkündigung Jesu von Pls u. Joh."

Glaube ist also *Gehorsam*, – ja, ist er damit nicht ein Werk[16]? Nein, aber *eine Tat*. Der Unterschied von Werk und Tat ist sichtbar, wenn die Geschichtlichkeit der Existenz des Menschen fest im Auge behalten wird. Beim Tun des Menschen kommt freilich ein Werk zustande, er besorgt etwas, was dann vorhanden ist. Die Tat ist nur im Tun da, ist nie „vorhanden". Wenn sie als äußerer Vorgang, als vorhanden gesehen wird, so ist sie eben nicht als Tat gesehen. Aber als Tun von *Werken* wird sein Tun angesehen, wenn es von dem aus gesehen wird, was dabei herauskommt, vom Besorgten, das ein Vorhandenes ist (auch als Seelenzustand oder Charakterqualität), her. Und er selbst wird dann verstanden von dem her, was er besorgt, selbst als ein Vorhandenes, dem von dem Besorgten her seine Qualitäten zugeschrieben werden. Er kann dann gleichsam sein Werk statt seiner präsentieren und steht in Wahrheit selbst daneben. So die Juden, die die δικαιοσύνη ἐξ ἔργων νόμου zu erarbeiten suchen und sich je nach dem Quantum der guten Werke als gerecht vorkommen.

Als *Tat* des Menschen ist sein Tun ins Auge gefaßt, wenn es im Vollzuge gesehen wird, d. h. in seiner Geschichtlichkeit, als sein Verhalten in der Entscheidung, als die konkrete Möglichkeit seines Seinkönnens, die er selbst wählt. Er *ist* in seinem Tun, er steht nicht daneben. Der Glaube aber ist solche Entscheidung gegenüber dem Wort der Verkündigung, er ist Tat. Und gerade deshalb ist er nicht vorfindlich, nichts Besessenes, sondern ist immer nur als neu ergriffener wirklich. Er ist kein präsentables Werk und keine Eigenschaft an mir, sondern ein Wie meiner geschichtlichen Existenz. Ebenso wie ein menschliches Ich-Du-Verhältnis nur in der Tat wirklich ist und nicht ein Vorfindliches, Besessenes ist. Ich habe nicht eine Eigenschaft „Freund", sondern *bin* Freund oder nicht. Der Glaube ist also kein Optimismus, keine Gefühligkeit und Stimmung, sondern Tat des Gehorsams. So kann bei Johannes sogar paradox vom ἐργάζεσθαι in bezug auf den Glauben gesprochen werden: τὶ ποιῶμεν ἵνα ἐργαζώμεθα τὰ ἔργα τοῦ θεοῦ; ἀπεκρίθη Ἰησοῦς καὶ εἶπεν αὐτοῖς· τοῦτό ἐστιν τὸ ἔργον τοῦ θεοῦ, ἵνα πιστεύητε εἰς ὃν ἀπέστειλεν ἐκεῖνος (Joh 6,28f.).

Und gerade, wenn gesehen ist, daß der Glaube *Vertrauen* ist, ist gesehen, daß er *Tat* ist, so wie jedes Vertrauen zwischen Ich und Du. „In dem Glauben sehen wir allerdings auch unser eigenes freies Werk, wenn wir erleben, wie er in den Erfahrungen an einer persönlichen Macht in uns geschaffen wird. Ist der Glaube reines Vertrauen, so ist er für uns selbst freie Hingabe, die das reine Gegenteil einer willkürlichen Annahme ist. Er

---

[16] *B*– Cf. Bultmann, Zur Frage der Christologie, ZZ 5, 1927, 41–69. –*B* (Glauben und Verstehen 1, 1933, 85–113).

ist dann also wirklich in seiner Tiefe unser eigenes Werk. Ebenso aber wird er dann erlebt als das Werk eines Stärkeren, der uns innerlich bezwingt. In dieser erlebten Einigung von Abhängigkeit und Freiheit, ist die Art wirklicher Religion, in der ein innerlich *selbständiges* Wesen *geschaffen,* also das schlechthin Unbegreifliche Ereignis wird."[17]

Aber die *Sicherung gegen das Mißverständnis* des Glaubens als Tat gegen seine Auffassung als Werk ist dringende theologische Aufgabe. „Auf diesem Punkt sind die Reformatoren in ihrer Theorie mit dem wichtigsten Anliegen ihrer Frömmigkeit stehen geblieben. Die Verhandlung der Lebensfrage des Protestantismus, wie denn der erlösende Glaube von dem Werk, das der Mensch nur als sein eigenes erlebt, unterschieden werden solle, ist in der Dogmatik bis auf Schleiermacher über diese Linie nicht hinausgeführt." Es handelt sich darum, zu zeigen, daß „der Glaube Vertrauen" bedeute und daß er „das neue von Gott geschaffene Leben befreiter Menschen" ist[18].

---

[d] Durch Jesus Christus ist also die Geschichte geteilt; er ist die Wende der Äonen, *die* κρίσις. Der neue Äon ist angebrochen, d. h. die Möglichkeit ist gegeben, im Glauben an ihn nicht von etwas Vergangenem, sondern von der Vergangenheit als solcher loszukommen, in jedem Jetzt neu zu beginnen, den Anspruch der Liebesforderung zu hören und zu erfüllen. Die Vergebung teilt also nicht das Leben in dem Sinne in zwei vorhandene Hälften, daß das Problem der Sünde nach der Vergebung entstehen könnte. Denn indem der Glaube an die Offenbarung von der Vergangenheit als solcher freimacht, ist die Vergebung immer neu. Natürlich nicht so, daß man auf sie rechnen könnte; denn dabei wäre sie als Vergebung schon nicht verstanden.

Der neue Äon der Liebe und (sofern er frei ist von der Vergangenheit) *des Lebens* ist natürlich nicht eine objektiv zu konstatierende Zeitepoche. Er ist sichtbar nur von der ergriffenen Liebe aus. Es ist also nicht hier und da, vielerwärts und überall Liebe als vorkommend zu konstatieren, son-

---

[17] Wilhelm Herrmann, Die Lage und Aufgabe der evangelischen Dogmatik in der Gegenwart, Ges. Aufsätze, 95–188, zit. S. 111.

[18] Herrmann, aaO S. 105.106.

---

[d] Die folgenden Seiten (im Ms. S. 88–94) waren ursprünglich *A* Bestandteil des § 8 („Der Gedanke der Offenbarung"), der nach der Aufteilung dieses Paragraphen in die §§ 9–11 zerfiel (dabei S. 88–94 Teil des § 11 „Offenbarung als geschichtliches Ereignis"). In der Schlußfassung wurden diese Seiten dem § 14 zugeordnet (hinter Ms. S. 134/5). Cf. dazu die Synopse der Inhaltsverzeichnisse unten S. 177 f.

dern Liebe ist nur als mich, der ich aus der Geschichte komme, bestimmende Macht zu sehen, wenn sie im Lieben ergriffen wird. In diesem Sinne
ist die Vergangenheit seit Jesus Christus als neuer Äon des Lebens sichtbar, das heißt dann, wenn ich selbst in verstehendem Vergeben die Vergangenheit und was aus ihr in die Gegenwart mitgebracht ist, ansehe. Also
gerade auch jene durch den Haß qualifizierten politischen, wirtschaftli-
chen und sozialen Zustände, indem ich zum Handeln in ihnen aufgerufen
bin[19].

Aber ich sehe auch die aus der Vergangenheit erwachsene Gegenwart
als den Äon der Liebe nur, sofern ich Liebender bin, d. h. in die Zukunft
gerichtet bin. Der neue Äon ist Wirklichkeit der Gegenwart nur *als immer
kommender, der im Kommen da ist.* Und zwar im doppelten Sinn: 1. daß
er im Wirken der Liebe als kommender da ist, 2. daß er im Glauben immer
als kommender da ist.

Ad 1. *Der neue Äon ist im Wirken der Liebe immer als kommender da;*
das heißt das Wirken der Liebe ist nur echte Liebe, wenn sie in der Kraft
des kommenden Äons wirkt. Die echte Liebe liebt also nicht den Du um
deswillen, was er aus der Vergangenheit in die Gegenwart mitgebracht
hat, als Vorhandenen, sondern als den, dem von Gott in Christus schon
vergeben ist wie mir, also als den, der er sein wird im Lichte des kommenden Äons[20].

Wir wissen uns mit den Nächsten in gleicher Situation, als Sünder wie sie
und als Begnadete wie sie. Auch für sie ist ja in Christus die Vergebung
schon da, und als solche, denen vergeben ist, haben wir sie zu sehen; in
ihnen begegnet uns die Liebe Christi; wir lieben sie, weil wir an ihre Liebe
glauben, auch wenn wir sie nicht sehen, auch wenn sie selbst noch nicht
daran glauben, weil sie sich selbst noch nicht als Geliebte verstehen. Aber
eben durch unsern Glauben an sie sollen wir sie zur Liebe befreien. Aber
dieser Glaube an sie ist nicht eine optimistische Überzeugung von der
Güte der Menschheit, sondern er ist allein begründet in der empfangenen
Vergebung. Sonst bleibt unsere „Liebe" im eigenen Entschluß begründet,
bleibt Leistung; Liebe als Leistung aber ist keine Liebe, ist tönendes Erz
und klingende Schelle (1. Kr 13,1). „Alles, was nicht aus dem Glauben
kommt, ist Sünde" (Rm 14,23)[c].

---

[19] Natürlich nicht in einem romantisch-sentimentalen Gefühl, oder indem ich „deu-
te", sondern indem ich als Liebender in ihnen handeln kann.
[20] Wen die Liebe Christi drängt, der kennt keinen dem Fleische nach, weder nach
seinen Vorzügen, noch nach seinen Nachteilen, 2. Kr 5,16.

---

[c] Der ganze Abschnitt (von „Wir wissen uns" an) vermutlich Zusatz *B*.

Die Liebe zum Nächsten ist also nur wahr, wenn sie zugleich Liebe zu Gott ist[21]. Denn nur als Gottes Liebe wird ja Liebe in ihrem eigentlichen Sinn erfahren als Umkehrung der natürlichen Lebensrichtung, als Befreiung von der Vergangenheit, als Geschenk der Zukunft. Und nur in der Bejahung dieser Liebe Gottes kann auch die Liebe zum Nächsten echte Liebe sein, die nicht ein Vorziehen aus Sympathiegefühlen ist, und die deshalb ewig ist und nicht hinfällt (1. Kr 13,8). Nur das Bleiben in der Liebe Gottes macht unsere Nächstenliebe bleibend, indem so stets der Haß und das Mißtrauen (das den Nächsten so sieht, wie er auf Grund der Vergangenheit ist) überwunden wird[22]. Ist wahre Liebe nur zu ergreifen als Gottes offenbare Liebe, so bedeutet einen Menschen lieben zugleich „ihm behilflich sein, daß er Gott liebe" und geliebt werden „von einem andern Menschen darin unterstützt werden, daß man Gott liebe". Alle andere Liebe ist Selbstliebe.

Die Voraussetzung dieser Liebe ist also immer der Glaube. Als unser eigenes Tun, gelöst von der ἀγάπη Gottes, wird uns unsere Liebe immer wieder unsicher und zweifelhaft. Wahre Liebe gibt es nur auf Grund des Glaubens: πᾶν δὲ ὃ οὐκ ἐκ πίστεως ἁμαρτία ἐστίν (Rm 14,23). Liebe als Leistung ist wertlos (1. Kr 13,1–3). Und wie unser γινώσκειν τὸν θεόν immer auf dem γνωσθῆναι ὑπὸ τοῦ θεοῦ beruht (Gl 4,9; 1. Kr 8,2f.; 13,12), so beruht unsere Liebe immer auf der Liebe Gottes.

εἴτε γὰρ ἐξέστημεν, θεῷ ˙ εἴτε σωφρονοῦμεν, ὑμῖν.
ἡ γὰρ ἀγάπη τοῦ Χριστοῦ συνέχει ἡμᾶς,
κρίναντας τοῦτο, ὅτι εἷς ὑπὲρ πάντων ἀπέθανεν.
ἄρα οἱ πάντες ἀπέθανον.
καὶ ὑπὲρ πάντων ἀπέθανεν,
    ἵνα οἱ ζῶντες μηκέτι ἑαυτοῖς ζῶσιν
    ἀλλὰ τῷ ὑπὲρ αὐτῶν ἀποθανόντι καὶ ἐγερθέντι. (2. Kr 5,13f.)
ἐντολὴν καινὴν δίδωμι ὑμῖν, ἵνα ἀγαπᾶτε ἀλλήλους,
    καθὼς ἠγάπησα ὑμᾶς, ἵνα καὶ ὑμεῖς ἀγαπᾶτε ἀλλήλους. (Joh 13,34)
αὕτη ἐστὶν ἡ ἐντολὴ ἡ ἐμή, ἵνα ἀγαπᾶτε ἀλλήλους,
    καθὼς ἠγάπησα ὑμᾶς. (Joh 15,12)[23]

---

[21] Deshalb ist die Liebespflicht auch nie erfüllt! Rm 13,8: μηδενὶ μηδὲν ὀφείλετε εἰ μὴ τὸ ἀλλήλους ἀγαπᾶν.

[22] Cf. Sören Kierkegaard, Leben und Walten der Liebe, Erbaul. Reden 3, Jena 1924, 97–141, besonders S. 113 und S. 118: Gott ist die Zwischenbestimmung im Verhältnis zwischen Mensch und Mensch.

[23] 1. Joh 4,10: ἐν τούτῳ ἐστὶν ἡ ἀγάπη, οὐχ ὅτι ἡμεῖς ἠγαπήκαμεν τὸν θεὸν ἀλλ' ὅτι αὐτὸς ἠγάπησεν ἡμᾶς καὶ ἀπέστειλεν τὸν υἱὸν αὐτοῦ ἱλασμὸν περὶ τῶν ἁμαρτιῶν ἡμῶν.

Das μένειν ἐν τῇ ἀγάπῃ (im Lieben) entspricht dem μένειν ἐν τῇ ἀγάπῃ τῇ ἐμῇ (im Geliebtwerden), und dies ist nur möglich, wo jenes wirklich wird: d. h. die Vergangenheit ist nur im Jetzt da, wo das Jetzt sich durch die ἐντολή aus der Zukunft bestimmen läßt.

Dieser eschatologische Charakter der ἀγάπη wird durch das eschatologische Attribut als καινή ausdrücklich betont, das nicht eine relative Neuheit bedeutet, sondern die eschatologische Wirklichkeit, die dem κόσμος gegenüber immer „neu" ist: . . . πάλιν ἐντολὴν καινὴν γράφω ὑμῖν, ὅ ἐστιν ἀληθὲς ἐν αὐτῷ καὶ ἐν ὑμῖν, ὅτι ἡ σκοτία παράγεται καὶ τὸ φῶς τὸ ἀληθινὸν ἤδη φαίνει. (1. Joh 2,8)

Unsere Liebe zu Gott ist nur wahr, wenn sie zugleich Liebe zum Nächsten ist. Und diese Liebe hat, wie sie selbst auf empfangener Vergebung beruht, ihren reinsten Ausdruck in der Bereitschaft zum Vergeben. Im Vergeben wird die radikale Umkehrung der Selbstliebe am deutlichsten. Ja, indem der Wille zu vergeben dessen inne wird, daß er eigentlich gar nicht zu vergeben hat, sondern daß dem andern schon vergeben *ist,* von Gott in Christus, wird dieser Wille zum Glauben an den Nächsten, der ihn und mich befreit zur Liebe.

Umgekehrt gibt es wahre πίστις nur, wenn sie in der Liebe wirksam ist: ἐν γὰρ Χριστῷ Ἰησοῦ οὔτε περιτομή τι ἰσχύει οὔτε ἀκροβυστία (das aus der Geschichte Mitgebrachte als Vorhandenes!), ἀλλὰ πίστις δι᾽ ἀγάπης ἐνεργουμένη (Gl 5,6).

ἡμεῖς ἀγαπῶμεν, ὅτι αὐτὸς πρῶτος ἠγάπησεν ἡμᾶς.
ἐάν τις εἴπῃ ὅτι ἀγαπῶ τὸν θεὸν
    καὶ τὸν ἀδελφὸν αὐτοῦ μισῇ,
    ψεύστης ἐστίν.
ὁ γὰρ μὴ ἀγαπῶν τὸν ἀδελφόν αὐτοῦ ὅν ἑώρακεν,
    τὸν θεὸν ὅν οὐχ ἑώρακεν οὐ δύναται ἀγαπᾶν.
καὶ ταύτην τὴν ἐντολὴν ἔχομεν ἀπ᾽ αὐτοῦ,
ἵνα ὁ ἀγαπῶν τὸν θεὸν ἀγαπᾷ καὶ τὸν ἀδελφὸν αὐτοῦ. (1. Joh 4,19–21)

Das heißt , die Existenz des Christen ist eine geschichtliche, die stets im Jetzt befindliche, die durch Zukunft und Vergangenheit bestimmt wird. Weder durch die Zukunft allein; denn ihr Anspruch ist im eigentlichen Sinn nur hörbar für den, der Vergebung erhalten hat, d. h. dessen Geschichte durch die Offenbarung qualifiziert ist. Noch durch die Vergangenheit allein, denn diese wird zum Vorhandenen, Toten, wenn sie nicht unter dem Anspruch der Zukunft zum Leben geweckt wird. Also nur im Wirken der Liebe ist der neue Äon als kommender da.

Ad 2. Der neue Äon ist im Glauben immer als kommender da. Das ist er nicht nur, insofern er in der Liebe immer als kommender da ist und insofern ja die Liebe den Glauben voraussetzt, sondern auch insofern als diese Voraussetzung des Glaubens immer neu gemacht wird[24].

Ich habe den Glauben nicht als Besitz, als Seelenzustand, geistige Qualität wie Seelenruhe oder Charakterstärke, nicht als Überzeugung, sondern nur als ein Wie meiner geschichtlichen Existenz. Ich habe ihn also nicht zur Verfügung. Sonst wäre er als Vorhandenes der Vergangenheit verfallen. Er ist nur als immer neuer Glaube, als immer neues Ergreifen der in der Offenbarung angebotenen Vergebung, als immer neue Entscheidung. Die Autorität bleibt als Autorität bestehen; das gehörte Wort behält seinen Anredecharakter, der Glaube seinen Charakter als Entschlossenheit. Also ist die Verkündigung immer aufs neue beunruhigend, erschreckend, die Sicherheit zerstörend.

Aber deshalb begründet die Verkündigung auch eine neue Sicherheit. Die Vergebung ist ja auch nicht ein vorhandenes Etwas, was einmal zur Verfügung steht[25]; und sowenig sie ein immer Vorhandenes ist, so daß man „auf Gnade hin" sündigen könnte, sowenig ist sie ein einmaliges Vorhandenes, bzw. sowenig ist sie ein einmaliger geschichtlicher Akt, der den Charakter des geschichtlich Vorfindlichen hätte wie der Gang über den Rubikon. Sie teilt nicht das Leben in zwei Hälften, so daß der Getaufte

---

[24] *B–* „Gewiß ist das Reich, in dem die *peccatores electi* durch das fleischgewordene Wort gereinigt und versöhnt, ihrer Erlösung entgegensehen mitten in der Geschichte, in allen seinen Erscheinungen selbst Geschichte und steht mit allen andern geschichtlichen Wirklichkeiten im selben finsteren Schatten. Aber nicht bloß das ist von ihm zu sagen, sondern nun das andere überschwängliche Wort, daß dies eben mitten im Schattenreich das Reich des Lichtes ist, regiert durch den himmlischen Herrn, geglaubt von den Elenden, seinen Erwählten und Berufenen, die Eine heilige und allgemeine *Kirche*." (K. Barth, Kirche und Theologie, ZZ 4, 1926, 18–40, zit. S. 25).

„. . . das Wort Gottes ist . . . Wort von der *Erlösung*. Es hat (nicht zu guter Letzt sondern durchgängig) *eschatologische* Form, das heißt, es bezieht sich in jedem Punkt auf ein dem Menschen durchaus *nicht* Gegebenes, *nicht* Mögliches, *nicht* Erreichbares. Es spricht in jedem Punkt von einem schlechterdings und exklusiv in Gott und durch Gott Wahren, von Gott Kommenden, von Gott zu Gestaltendem und zu Verwirklichendem. Es redet in jedem Punkt sub specie aeternitatis, das heißt im Hinblick auf eine allein in Gott selbst und seiner Treue begründete Erfüllung". (K. Barth, Die Kirche und die Kultur, ZZ 4, 1926, 363–384, zit. S. 377). *–B*

[25] „Sprichstu aber / wie mag ich mich gewiß vorsehen / das alle mein werck got gefellig sein / ßo ich doch zuweilen fall / tzu vil rede / trinck / schlaff . . . Antwort / dieße frag tzeigt an / das du noch den glaubenn achtest / wie ein ander werck / und nit uber alle werck setzist. Dann eben darumb ist er das hochst werck / das er auch bleibet und tilget die selben teglichen sunden." (M. Luther, Von den guten Werken. 1520, BoA 1, 240, Z. 9–11.12–15 = WA 6, 215, Z. 13–15.16–18.)

und „Bekehrte" seine neue Qualität vorweisen und auf sie hin leben könnte.

Die protestantische Dogmatik drückt[f] dies, daß der Glaubende nicht eine neue Qualität hat und daß er nur gerecht ist, sofern er ἐν Χριστῷ ist, aus durch den Satz, daß die iustificatio eine forensis ist, die in Gottes Urteil besteht. Baier: „Justificatio non importat realem et intrinsecam hominis mutationem." Hollaz: „Justificatio est actus judicalis isque gratiosus, quo Deus satisfactione Christi reconciliatus peccatorem in Christum credentem ab objectis criminibus absolvit et justum aestimat atque declarat. Quae actio, cum sit *extra* hominem in Deo, non potest hominem intrinsece mutare."[26] Ferner durch den Satz, daß die iustificatio die imputatio iustitiae Christi sei. – Quenstedt: „Forma imputationis (justitiae Christi) consistit in gratiosa Dei aestimatione, qua peccator resipiscens ob *alienam*, h. e. Christi perfectissimam obedientiam fide apprehensam κατ᾽ ἐπιείκειαν evangelicam coram tribunali divino justus reputatur, haud secus ac si ab ipsomet homine illa praestita esset."[27] ApolCA IV 305–307: „Iustificare vero hoc loco forensi consuetudine significat reum absolvere et pronuntiare iustum, sed propter *alienam* iustitiam, videlicet Christi, quae *aliena* iustitia communicatur nobis per fidem. . . .Sed quia iustitia Christi donatur nobis per fidem, ideo fides est iustitia in nobis *imputative,* id est, est id, quo efficimur accepti Deo propter *imputationem* et ordinationem Dei."[28]

Aber deshalb ist sie auch nicht etwas, was überhaupt den Charakter des vorfindlichen Vergangenen haben könnte, so daß das Problem der Sünde nach der Vergebung entstehen könnte. Denn sofern der Mensch auf sich sieht, ist er freilich immer ein Sünder. Seine Existenz ist immer eine geschichtliche, so daß er nie Zeit hat zum Verweilen, neben sich treten und sich als Glaubenden ausweisen kann, als Gerechten ausweisen kann. In seiner Geschichtlichkeit aber hat der Mensch nie die Gerechtigkeit als zeitlose Qualität, sondern immer nur als geschenkte, als *Gottes* Gerechtigkeit. Was er tut, ist als menschliches Werk immer „Welt" und nie ein Stück kommenden Äons. Dies ist sein Tun immer nur, wenn es ἐν Χριστῷ geschieht, d. h. innerhalb des neuen Äons, der neuen κτίσις, die durch Christus in die Geschichte eingetreten ist und an der er immer nur unter der Gnade, auf Grund der Vergebung teil hat. Sowie er sich aus der Vergebung herausstellt, handelt er als Sünder. Wenn er auf sich selbst sieht, auf sein Werk sieht, das er zu vollbringen hat, muß er sich also immer als Sündigen sehen, nie als Heiligen, denn heilige Werke gibt es nicht. Es gilt also „pecca fortiter, sed crede fortius". Er ist aber immer in der Versuchung, den Glauben fahren zu lassen und sich außerhalb der Verge-

---

[26] Schm.-P. S. 274.   [27] Schm.-P. S. 275f.   [28] BSLK S. 219.

---

[f] Ms.: „bringt".

bung zu stellen. Aber so lange die Vergebung verkündigt wird, wird sie auch ihm verkündigt und darf er sich wieder unter sie stellen als zur neuen κτίσις gehörig. Die Vergebung hat ihn ja nicht von *etwas* Vergangenem befreit, d. h. von seiner Vergangenheit bis zu einem bestimmten Zeitpunkt, sondern von der Vergangenheit als solcher, also von vornherein auch von aller künftigen Vergangenheit[29]. Der neue Äon ist, weil nie ein besessener, so auch nie ein verlorener, sondern immer ein kommender; ein kommender freilich nur für den Glauben[30].

Der neue Äon ist aber als kommender *da;* das heißt seit Christus ist die Welt (die Geschichte!) anders als vorher. Es gibt, soweit die Verkündigung gebracht ist, kein Heidentum im eigentlichen Sinne mehr, und die Welt ist nicht mehr wie vorher die Schöpfungswelt, sondern neuer Himmel und neue Erde, oder Hölle.

ἀμὴν ἀμὴν λέγω ὑμῖν ὅτι ὁ τὸν λόγον μου ἀκούων καὶ πιστεύων τῷ πέμψαντί με ἔχει ζωὴν αἰώνιον καὶ εἰς κρίσιν οὐκ ἔρχεται, ἀλλὰ μεταβέβηκεν ἐκ τοῦ θανάτου εἰς τὴν ζωήν.

ἀμὴν ἀμὴν λέγω ὑμῖν ὅτι ἔρχεται ὥρα καὶ νῦν ἐστιν ὅτε οἱ νεκροὶ ἀκούσουσιν τῆς φωνῆς τοῦ υἱοῦ τοῦ θεοῦ καὶ οἱ ἀκούσαντες ζήσουσιν. (Joh 5,24f.)

ὁ πιστεύων εἰς αὐτὸν οὐ κρίνεται· ὁ δὲ μὴ πιστεύων ἤδη κέκριται, ὅτι μὴ πεπίστευκεν εἰς τὸ ὄνομα τοῦ μονογενοῦς υἱοῦ τοῦ θεοῦ. αὕτη δέ ἐστιν ἡ κρίσις ὅτι τὸ φῶς ἐλήλυθεν εἰς τὸν κόσμον καὶ ἠγάπησαν οἱ ἄνθρωποι μᾶλλον τὸ σκότος ἢ τὸ φῶς. (Joh 3,18f., cf. 11,25f.; 8,51)

νῦν κρίσις ἐστὶν τοῦ κόσμου τούτου, νῦν ὁ ἄρχων τοῦ κόσμου τούτου ἐκβληθήσεται ἔξω· κἀγὼ ἐὰν ὑψωθῶ ἐκ τῆς γῆς, πάντας ἑλκύσω πρὸς ἐμαυτόν. (Joh 12,31f.)

νῦν ἐδοξάσθη ὁ υἱὸς τοῦ ἀνθρώπου καὶ ὁ θεὸς ἐδοξάσθη ἐν αὐτῷ. (Joh 13,31)

Mit dem Kommen des Offenbarers ist also *die* κρίσις erfolgt. In gewissem Sinne ist die κρίσις *Scheidung*, d. h. sie beruht nicht in einem als κρίσις besonderen Akt; außer der Offenbarung geht nichts vor sich. Sie vollzieht sich in der Reaktion auf die Offenbarung, und zwar jetzt. Die Stunde ἔρχεται καὶ νῦν ἐστίν (Joh 5,25), eben indem sie verkündigt wird. Die

---

[29] Dies kann immer nur als *Anrede* gesagt und gehört, nicht als objektives Faktum, mit dem ich rechnen kann, von mir konstatiert werden.

[30] Cf. K. Barth: „. . . daß die Identifikation des alten mit dem neuen Menschen in jedem zeitlichen Moment erst zu vollziehen, daß auch jenes freisprechende Urteil über uns erst *verkündigt* ist, daß ihm in der Zeit keine, gar keine dinglich-gegebene Erlöstheit entsprechen kann. Auf der *Schwelle* steht der Mensch auch in dieser Hinsicht: auf der Schwelle des Reiches Gottes, das ein Reich der Freien, der Befreiten ist. Aber er *steht* auf dieser Schwelle, hoffend und, weil hoffend, nie ganz ohne vorlaufende Gegenwart dessen, was er hofft". (Der Römerbrief, neue Bearbeitung, München 1922, S. 159 – zu Rm 5,17).

κρίσις deckt also auf, was war; sie macht beide Möglichkeiten, die das ἐν τῷ κόσμῳ εἶναι als solches hat (nämlich ἐκ τοῦ κόσμου oder *nicht ἐκ τοῦ κόσμου* zu sein) auf und qualifiziert das Festhalten an der Welt als Sünde im eigentlichen Sinn, als Unglauben und damit als Tod. Mit solcher Scheidung ist also die κρίσις, da am λόγος die ἁμαρτία aktuell wird, auch *Gericht* im Sinne der Verurteilung durch den Zorn Gottes: ὁ πιστεύων εἰς τὸν υἱὸν ἔχει ζωὴν αἰώνιον ˙ ὁ δὲ ἀπειθῶν τῷ υἱῷ οὐκ ὄψεται ζωήν, ἀλλ᾽ ἡ ὀργὴ τοῦ θεοῦ μένει ἐπ᾽ αὐτόν. (Joh 3,36)

Auch hier erweist sich also der Charakter der Offenbarung als des Aktes Gottes, der die Existenz des Menschen als geschichtliche in einem bestimmten Wie qualifiziert[31]. Wie durch jedes geschichtliche Faktum die Geschichte verändert wird, so auch durch das Faktum Jesus Christus, durch dieses freilich in umgekehrtem Sinne[g].

Ist der Glaube Tat, – liegt es dann nicht so, daß wir durch unser eigenes Tun selig werden wollen[32]? Ist er der Entschluß in der Entscheidung, – ruht dann nicht unser Heil auf unserem Entschluß?

Die alte protestantische Dogmatik antwortet, daß die Tat des Glaubens *durch den Heiligen Geist in uns gewirkt* wird[33]. Aber was ist damit gesagt? Nichts, wenn der Geist als eine geheimnisvolle magische Kraft vorgestellt wird, der hinter unserm Tun operiert, so daß unser Tun nicht mehr *unser* Tun, unser Glaube nicht mehr *unser* Glaube ist. Aber der Geist ist weder ein „Was", das vorfindlich ist und wie Weltdinge kausale Wirkungen hat, noch ist mit ihm eine psychische Zuständlichkeit beschrieben, mit ihm ist vielmehr ein Wie unserer geschichtlichen Existenz bezeichnet, und zwar dies, daß unser Dasein seit Christus die Möglichkeit hat, durch Gottes Gnade bestimmt zu sein, zum neuen Äon zu gehören. Denn wie die σάρξ das Wie des unerlösten Menschen bezeichnet, so das πνεῦμα das Wie des

---

[31] O– Verhältnis von Geschehen (γνωσθῆναι) und Wissen (γνῶναι) in der Offenbarung: zur Geschichtlichkeit des Daseins gehört, daß es sich verstehen kann. –O
[32] D– Cf. R. Bultmann, Zur Frage der Christologie V, in: Glauben und Verstehen (1), S. 101–113. –D
[33] Cf. oben S. 99 f.

---

[g] Hier endet der Einschub des umgestellten Vorlesungsteils. Es ist wohl als Versehen zu erklären, daß die Schlußbemerkungen des (ehemaligen) § 8 von Bultmann nicht gestrichen wurden. Sie lauten so: „Die Dogmatik hat die aus dem Dargestellten sich ergebenden Probleme weiter zu entwickeln: die Schöpfung und revelatio naturalis / die Erbsünde / die Christologie / Schrift (Kanon) und Kirche / die Frage der christlichen Ethik." (Im Ms. steht die Aufzählung der einzelnen Loci untereinander.)

erlösten; ἐν πνεύματι εἶναι ist gleich ἐν Χριστῷ εἶναι, zur καινὴ κτίσις gehören. –*A*

C– Der neutestamentliche (und kirchliche) Sprachgebrauch von „*Geist*" *und „Fleisch"* ist in seiner begrifflichen Fassung ungeklärt und unverständlich[34]. Seine Absicht wird daran deutlich, daß der Mensch in *Einem* auf das πνεῦμα wie auf seine eigene Tat verwiesen wird, wie andrerseits seine Sünde auf die σάρξ zurückgeführt wird und ihm zugleich die Verantwortung für sie zugeschoben wird. Es zeigt sich daran: der Mensch ist in seiner Geschichtlichkeit verstanden; d. h. er ist weder determiniert durch die causae wie ein vorhandenes Naturding, noch hat er sich frei in der Verfügung. Er lebt immer von anderem her, und seine Freiheit besteht darin, daß er die ihm aus der Geschichte und dem gegenwärtigen Miteinander erwachsenden Möglichkeiten und eben damit seine eigene Möglichkeit ergreift. Er ist also in seiner Tat immer zugleich bestimmt und frei (wie jeder Mensch in seinem Verhältnis zum Freund, zum Gatten: indem dieser ihm neue Möglichkeiten des Seins eröffnet, ist er nicht causa, die zwangsläufig wirkt, denn die Möglichkeit wird in Freiheit ergriffen. Gleichwohl dankt der Ergreifende dem Andern seine Tat, und der Andere hat die Verantwortung für das, was er jenem bedeutet.).

Die Bestimmtheit des Menschen durch das *Fleisch* bedeutet, daß der frei wählende Mensch faktisch nie seine eigentliche Möglichkeit ergreift, sondern in aller Freiheit stets nur durch die aus seiner Vergangenheit ihm erwachsenden Möglichkeiten bestimmt ist, also immer der alte bleibt und nie ein neuer wird und deshalb nie zu seiner Eigentlichkeit kommt. Und zwar deshalb, weil er, unbewußt seine Eigentlichkeit suchend, sie gerade deshalb verfehlt, weil er sie selbst erwirken will und dies nur vermag, wenn er sich aus dem Vorhandenen versteht, das er besitzt und leistet. Er würde seine Eigentlichkeit nur finden, wenn er sich selbst fahren läßt, und dazu kann er nur kommen in der Liebe, die sich preisgibt. Nur dann kommt er von der Vergangenheit los, lebt aus der Zukunft, aus dem Unsichtbaren, aus dem *Geist.* Denn die Rede vom Geist bedeutet, daß wir durch die in Christus begründete Vergebung die Möglichkeit haben, zu lieben, in freier Tat unsere Eigentlichkeit zu ergreifen, aus der Zukunft zu leben. Durch den Geist ist der Glaube gewirkt (was übrigens Paulus nie sagt!), sofern die Möglichkeit des Glaubens eine nicht aus unsrer Vergangenheit erwachsene, sondern durch das Wort angebotene ist. Wie ich dem Freund für meine Tat der Liebe, die durch ihn veranlaßt (d. h. mir zur Möglichkeit gewor-

---

[34] Cf. K. Barth/H. Barth, Zur Lehre vom heiligen Geist, München 1930 (bes. S. 45f. 47. 61. 66f. 70ff.).

den) ist, so dankt der Glaubende Gott für seinen Geist, der nicht hinter, sondern eben *in* der freien Tat des Glaubens wirkte. Die Rückführung des Glaubens auf den Geist kann nur Bekenntnis des Glaubenden sein, nicht erklärende Konstatierung. Sichtbar ist nichts als die Tat, nicht der Geist.

Das Mißverständnis des Tatcharakters des Glaubens hat aber einen tieferen Grund. Es entsteht dann, *wenn der Akt des Glaubens gegen die Tat des Augenblicks isoliert wird*. Was Glaube ist, ist dann nur erst einseitig bestimmt, wenn er als das gehorsame Hören des mir zugesprochenen Wortes der Vergebung in Christus verstanden wird. Dies kann nicht in abstracto geglaubt werden, sondern nur *in seiner Bezogenheit auf die Augenblicke* meines faktischen Lebens.

Nur das *je zum Augenblick gesagte Wort* kann als Offenbarung verstanden werden, und zwar, indem es eben den Anspruch des Augenblicks erkennen lehrt. Der Anspruch des Augenblicks müßte als Gottes Wort verstanden werden, und er wird es nur durch das zum Augenblick gesprochene Wort der Vergebung. *Das Hören des Wortes der Offenbarung und das Verstehen des Augenblicks müssen also eine Einheit bilden.* Wenn jenes der Glaube ist und dieses die Liebe, so müssen diese Eines sein. In der Entscheidung des Glaubens fällt die Entscheidung der Liebe, und diese fällt nicht ohne jene.

Praktisch fällt das „*Hören*" *des Wortes als innerzeitlicher Vorgang* (in der Predigt) nicht mit der in der Begegnung des Schicksals und[h] in der Begegnung des Nächsten geforderten Tat zusammen. Wie das „Wort" selbst nicht das Wort (der Anspruch) des Augenblicks, *dieses* Augenblicks ist, sondern in den Augenblick hineingesprochen ihn qualifiziert, wie die Heilsgeschichte nicht das innergeschichtliche Geschehen, sondern die Weitergabe des Wortes in der kirchlichen Tradition ist, – so fallen Predigt und Sakrament in ihrem eigentlichen Sinn aus dem geschichtlichen Geschehen heraus; am deutlichsten bei der Taufe, die vor jedem verantwortlichen Augenblick des Lebens steht. So ist die Kirche qua Kirche nicht eine soziologische Größe, sondern ist „unsichtbar", d. h. ihr Sinn als Gemeinde der Verkündigung und des Glaubens ist nicht als geschichtliches Phänomen sichtbar. Der Prediger begegnet dem Hörer nicht als Du mit seinem den Augenblick bestimmenden Anspruch (die Person des Predigers ist für den Hörer ganz gleichgültig). *Der Augenblick des Hörens (wie der des Predigens) ist also ausgezeichnet* vor allen andern Augenblicken[35]. Seine

---

[35] Daß daneben für Prediger und Hörer dieser Augenblick auch seinen sonstigen Anspruch behält, bleibt außer Betracht.

---

[h] „in der Begegnung des Schicksals und": Zusatz *E*.

Ausgezeichnetheit darf aber nicht die hergestellte sein durch liturgische Feierlichkeit und Stimmung der Andacht etc.; all das kann nur *Zeichen* dafür sein, daß dieser Augenblick durch seinen *Sinn* herausgehoben ist. *Die Ausgezeichnetheit* besteht vielmehr darin, daß der in ihm lautwerdende Anspruch auf Glaubensgehorsam nicht aus dem geschichtlichen Augenblick als solchem, sondern aus dem hineingesprochenen Wort der Offenbarung erwächst und daß dieser Anspruch für alle künftigen Augenblicke mitgilt, in ihnen mitgehört werden will, und zwar eben deshalb, damit der eigene Anspruch dieser Augenblicke wirklich gehört wird.

Also läßt sich einerseits sagen, daß *in der Entscheidung des Hörens, des Glaubens alle künftigen Entscheidungen der Tat, das Verständnis des Schicksals als Gottes Gabe (der Welt als Schöpfung) und*[i] *die Liebe antizipiert* sind. Denn im Glauben ist die Vergebung bejaht, und damit der in der Vergebung wirkende Wille der Liebe bejaht. Und andrerseits: *erst in der Entscheidung der Tat, der Liebe, fällt die Entscheidung des Hörens, des Glaubens wirklich.* Eben darin zeigt sich wieder, daß der Mensch geschichtlich verstanden ist: seine Zeitlichkeit bedeutet nicht das Nacheinander der innerzeitlichen Momente, sondern die Erstrecktheit seines zeitlichen Seins. Im Jetzt der Glaubensentscheidung ist er zugleich der, der er sein wird, ergreift er seine Zukunft, und in der Liebestat bewährt er seine Treue. Ohne die Treue war seine Entscheidung keine echte, sondern eine Illusion.

Eben deshalb ist die Glaubensentscheidung nicht eine einmal abgetane, sondern eine für das ganze Leben gefällte, das heißt aber in aller Zukunft als *Entscheidung* festgehaltene, neu zu vollziehende. Man hat Glauben nicht als eine eingesehene Überzeugung als Besitz, sondern nur im Vollzuge der Entscheidung des Augenblicks, und man hat ihn nicht *neben* anderen Entscheidungen, sondern *in* ihnen. Der Glaubende ist deshalb nie ein Fertiger, sondern immer ein Werdender – „Werdender" aber nicht im Sinne des idealistischen Entwicklungsgedankens („Werde, was du bist", d. h. idealiter bist, sondern was du bist durch deine Glaubensentscheidung). Der Glaubende ist immer in Unsicherheit. –*C*

E– Οὐχ ὅτι ἤδη ἔλαβον ἢ ἤδη τετελείωμαι, διώκω δὲ εἰ καὶ καταλάβω, ἐφ' ᾧ καὶ κατελήμφθην ὑπὸ Χριστοῦ Ἰησοῦ. ἀδελφοί, ἐγὼ ἐμαυτὸν οὐ λογίζομαι κατειληφέναι· ἓν δέ, τὰ μὲν ὀπίσω ἐπιλανθανόμενος τοῖς δὲ ἔμπροσθεν ἐπεκτεινόμενος, κατὰ σκοπὸν διώκω εἰς τὸ βραβεῖον τῆς ἄνω κλήσεως τοῦ θεοῦ ἐν Χριστῷ Ἰησοῦ. (Phl 3,12–14) *–E*

---

[i] „das Verständnis des Schicksals als Gottes Gabe (der Welt als Schöpfung) und": Zusatz *E*.

A– Mit dem Verweis auf das πνεῦμα werden wir also auf die neue Möglichkeit unserer geschichtlichen Existenz verwiesen, d. h. aber wieder daran erinnert, daß der Glaube im oben[36] genannten Sinne unsere Tat ist; denn das ist ja die Seinsart unserer geschichtlichen Existenz, daß sie ein Seinkönnen und also jeweils ein in der Tat ergriffenes Seinkönnen, eine in der Tat ergriffene Möglichkeit meiner selbst ist. Es wird nicht vom existenten Menschen aus (als steckte er dahinter) etwas getan, wie von einer Maschine etwas geleistet wird, sondern er *ist* im Tun. Und es kommt darauf an, den Gehorsam unter die Verkündigung als Tat verständlich zu machen.

In diesem Sinne forderte *Herrmann,* daß die Dogmatik *die Entstehung des Glaubens* aufweisen müsse[37]. Das bedeutet nun freilich nicht, daß der psychische Prozeß des Gläubigwerdens geschildert werden soll. Vielmehr soll, da „der Glaube durch eben das, was alsdann seinen Inhalt bildet, erzeugt" wird[38], da der Glaube nicht ein Innehaben von Sätzen, sondern ein Akt des geschichtlichen Lebens ist, er eben als ein solcher dargestellt werden. Als ein solcher *ist* er nie, ohne daß er im *Entstehen ist,* nie ohne die stets lebendige Beziehung auf seinen Grund. Er kann sich nie auf sich selbst berufen, sondern nur auf seinen Grund, den er aber nie als einen im Wissen verwahrten haben kann, sondern aus dem er immer nur neu wachsen kann. Die Frage nach der Entstehung des Glaubens bedeutet also die genauere Bestimmung jener Tat des Gehorsams.

Die Tat ist nichts ins Werk Gesetztes, Unternommenes, sondern in uns Geschaffenes. „Denn der Christ bedarf wirklich eines unerschütterlichen und ihn innerlich bezwingenden Grundes, weil sein Glaube *nicht* etwas bedeutet, was er sich selbst verschaffen könnte durch seinen guten Willen, sondern eine Gewißheit, die in ihm geschaffen wird, obgleich sich sein natürliches Leben gegen die Schrecken dessen wehrt, was ihm damit enthüllt wird."[39] Herrmann nennt nun den geschichtlichen Vorgang, der den doppelten Sinn hat, unsere Tat zu sein und doch in uns gewirkt zu sein, *Erlebnis.* Damit ist nun freilich nicht eine psychische Zuständlichkeit gemeint, ein in uns Vorhandenes, auf das wir zurückblicken und das wir

---

[36] S. 134f.

[37] Wilhelm Herrmann, Die Lage und Aufgabe der evangelischen Dogmatik in der Gegenwart, Ges. Aufsätze, Tübingen 1923, 95–188, dort S. 116–118 in der Kritik Ritschls, der den Inhalt des Glaubens als System darstellen will und damit der letzte große Vertreter der orthodoxen Dogmatik wird.

[38] Wilhelm Herrmann, Der Streitpunkt in betreff des Glaubens, Ges. Aufsätze, Tübingen 1923, 254–274, zit. S. 268.

[39] Wilhelm Herrmann, Die mit der Theologie verknüpfte Not (Anm. 3), S. 18f.

genießen[40]. Sondern es ist ein Erlebnis als echter geschichtlicher Vorgang gemeint, jenes Erlebnis des Vertrauens, das zugleich Tat und Gewirktes, Geschenk ist[41]. Das Erlebnis des Vertrauens hat immer intentionalen Charakter: „Unser Vertrauen lebt immer von der Macht dessen, was Vertrauen in uns schuf."[42] Es ist also kein Erlebniskult gefordert, wohl aber die „Wahrhaftigkeit gegenüber unsern eigenen Erlebnissen"[43], d. h. die Offenheit für den Anspruch, unter dem wir jeweils stehen, das existentielle Wissen um die Unsicherheit unseres Jetzt, die geschichtliche Lebendigkeit. In diesem Sinne ist es gemeint: „Nichts in der Geschichte kann uns angehören, als das, was wir selbst erleben."[44]

Was aber ist *das Erlebnis des Vertrauens*[45]? Es findet statt, „wenn uns ein persönliches Leben berührt, dem wir in Vertrauen und Ehrfurcht ganz angehören können. Solche Erlebnisse werden uns zu Offenbarungen dessen, von dem allein wir uns ganz bezwungen wissen können in freier Hingabe. Darin enthüllt sich uns jedesmal in besonderer Weise etwas von dem einzigen, was wir aufrichtig Gott nennen können. Aber freilich finden wir unsern Gott in dieser geistigen Macht nur dann, wenn wir uns selbst so zu ihr stellen wollen, wie wir sie erlebten. Steht es deutlich vor uns, wie sie allein uns zu völliger Hingabe brachte und dadurch wahrhaftiges Leben in uns schuf, so wären wir unwahrhaftig und treulos, wenn wir nun nicht ihr allein gehorchen und die Überwindung unserer Nöte nur bei ihr suchen wollten. . . . Der eigentliche Gehalt alles geschichtlichen Lebens ist die Erfahrung von Gerechtigkeit und Güte, also die in der Schöpfung des Vertrauens erlebte geistige Macht. Sie wird dem aufrichtigen Menschen der lebendige Gott"[46]. Wir werden also in das echte geschichtliche Miteinander von Ich und Du verwiesen, und es wird auch verständlich gemacht, daß in diesem die Einheit von Tat und Geschenk, von Notwendigkeit und Freiheit, von Selbständigkeit und Gehorsam wirklich ist eben im Erlebnis

---

[40] Trotz mißverständlicher Wendungen, z. B. aaO S. 25; W. Herrmann, Grund und Inhalt des Glaubens, Ges. Aufsätze, Tübingen 1923, 275–294: „daß ihm in seinem eigenen Leben eine Tatsache vorgekommen ist . . ." (S. 279).

[41] Wilhelm Herrmann, Die Lage und Aufgabe der evangelischen Dogmatik in der Gegenwart, Ges. Aufsätze, S. 111 (s. o. Anm. 17).

[42] Wilhelm Herrmann, Die mit der Theologie verknüpfte Not (Anm. 3), S. 24.

[43] AaO S. 22. Aber nicht so, als bezöge ich mich auf mein Erlebnis als Erleben; vielmehr auf das, worauf ich im Erlebnis des Vertrauens vertraue.

[44] AaO S. 24.

[45] *B*– Cf. R. Bultmann, Zur Frage der Christologie, ZZ 5, 1927, 41–69 (Glauben und Verstehen 1, 85–113) –*B O*– Das Erlebnis des Du (bei Gogarten nach anderer Seite einseitig als bei Herrmann.) –*O*

[46] Wilhelm Herrmann, Die mit der Theologie verknüpfte Not (Anm. 3), S. 22f.

des Vertrauens. Auch ist deutlich gemacht, daß es sich nicht darum handelt, in der Individualität des anderen eine Offenbarung als Vorhandenes zu sehen, sondern nur in dem geschichtlichen Vorgang der Schaffung des Vertrauens. „Wer sich vor der sittlichen Güte eines Menschen beugt, hat es in der Regung seiner Ehrfurcht keineswegs nur mit diesem einzelnen Menschen zu tun. Denn in seinem eigenen Denken wird durch den empfangenen Eindruck der Gedanke einer höheren Macht erzeugt, die in dieser einzelnen Erscheinung auf ihn einwirkt. Von dieser höheren Macht wissen wir uns in unserer Lebenstiefe ergriffen und ganz und gar abhängig, wenn wir in jenem einfachen sittlichen Erlebnis stehen. Deshalb ist die Ehrfurcht vor Personen, die innere Beugung vor der Erscheinung sittlicher Kraft und Güte die Wurzel aller wahrhaftigen Religion."[47]

Aber offenbar ist solches Vertrauen und solche Ehrfurcht gegenüber sittlicher Kraft und Güte *nicht der christliche Glaube.* Denn dies alles ist soweit möglich innerhalb jedes menschlichen Lebens; und es ist gerade dann ohne Wert und Kraft, wenn solche Erlebnisse mit Enttäuschung und Mißtrauen wechseln. Ohne das aber ist das Vertrauen nirgends; d. h. aber es hat nicht *allein* die Kraft, uns umzuwandeln aus Sündern in Gerechte. Unser Mißtrauen beruht immer auf Haß, und dieser beruht darauf, daß wir uns auch im Vertrauen immer an den Einzelnen binden und auf ihn vertrauen statt auf Gott, uns an das Sichtbare, Vorhandene halten statt an das Unsichtbare.

So werden uns die, denen wir vertrauen, immer wieder unsicher, und sofern wir trotz der Enttäuschungen an anderm, an dem festhalten wollen, was uns einst im Erlebnis des Vertrauens geschenkt wurde, halten wir entweder an einer *Idee* der Güte als Macht der Geschichte fest, oder an einer *Forderung,* das heißt wir stehen noch unter dem Gesetz.

Herrmann mutet dem Menschen schließlich das Wesentliche selbst zu. Denn es ist zwar richtig, daß wir Gott in dieser geistigen Macht, die uns im Erlebnis des Vertrauens begegnet, nur finden, wenn wir uns selbst so zu ihr stellen, wie wir sie erlebten. Aber dies mißlingt uns regelmäßig. Und deshalb wird uns jede solche „Offenbarung" unsicher; sie zeigt uns letztlich, was von uns gefordert ist, und daß wir im Haß stehen.

Das weiß Herrmann selbst auch; er fährt fort: „Der Glaube, der einen Christen trägt, ist damit freilich noch nicht vollendet. Aber der Christenglaube, wenn er echt ist, ist sicherlich nichts anderes als die Vollendung dieses Anfangs."[48] Das ist richtig; es fragt sich nur, wie die Vollendung

---

[47] Wilhelm Herrmann, Die Buße des evangelischen Christen, Gesammelte Aufsätze, Tübingen 1923, 33–85, zit. S. 52f.   [48] AaO S. 53.

gedacht ist. Es entspricht der Tradition der kirchlichen Theologie, daß hier auf Jesus verwiesen wird; aber wie? Nach Herrmann ist es *der Eindruck der Person Jesu,* der uns erlöst[49]. Er ist „die Erscheinung persönlicher Güte", die „den Menschen als eine Offenbarung" ergreift und dazu bringt, „zu der Macht des Guten über das Wirkliche in Ehrfurcht aufzublicken"[50]. „Das persönliche Leben dieses Menschen hat die Kraft gehabt, sich in einer reichen Überlieferung ein unvergleichliches Organ zu schaffen. Der Empfängliche kann aus dieser Überlieferung die Regungen der Seele Jesu, wie er gedacht und empfunden, was er gewollt und gewirkt hat, mit wunderbarer Frische verspüren und die emporreißende Kraft davon erfahren. Nur wer Jesus so zu finden vermag, empfängt die vollkommene Offenbarung Gottes und wird dadurch über die Angst der Welt und über die Not erhoben, in welche das durch Jesus entschleierte Gesetz den Menschen versetzt. Wenn sich uns das persönliche Leben Jesu so enthüllt, so werden wir durch diese ungehemmte Kraft des guten Willens nicht nur Gottes gewiß gemacht, sondern wir werden durch die Art, wie sich Jesus zu der sündigen Menschheit gestellt hat, mit Gott versöhnt."[51]

Mit der Person Jesu geht es uns nicht so, wie mit den andern Menschen, daß uns die sittliche Forderung, die wir durch sie erfahren, zugleich den kritischen Blick für das gibt, was an ihnen verkehrt ist, daß das Ideal, das wir in ihnen vorzufinden meinten, über sie hinauswächst. Er wird vielmehr zum Ausleger unseres Gewissens, zum Gewissen für uns, zum Richter. Aber „indem er durch die einfache Gewalt seines persönlichen Lebens den Sünder unsicher macht, gibt er ihm zugleich einen Halt durch seine Freundlichkeit"[52]. Wie er einst den Sündern, die ihm nahten, vergab, so befreit jetzt der Rückblick auf seine Person alle Menschen von ihrem innern Unfrieden, von der Last ihrer Schuld.

„Wenn in dem Eindruck, den Jesus auf uns macht, dies zusammenwirkt, so entsteht unser Glaube. Denn jenes Erlebnis an der Person Jesu versteht der Mensch, dem es wiederfährt, ohne weiteres als die Berührung durch eine überweltliche Macht voll Liebe und Treue. . . . In dem, was er an der Person Jesu erfährt, wird es dem Christen gewiß, daß ihn die Macht des Guten nicht nur richtet, sondern erlöst. So ist christlicher Glaube beschaffen. Er ist einfach das Vertrauen, das uns Jesus durch sein persönliches

[49] *O–* Martin Kähler, Der sogenannte historische Jesus und der geschichtliche, biblische Christus, Leipzig ²1896, S. 157 ff. *–O*
[50] Herrmann, aaO S. 54.
[51] AaO S. 54 f.
[52] Wilhelm Herrmann, Der evangelische Glaube und die Theologie Albrecht Ritschls, Ges. Aufsätze, Tübingen 1923, 1–25, zit. S. 16.

Leben abgewinnt, und danach die freudige Unterwerfung unter den in ihm uns erscheinenden und durch ihn auf uns wirkenden Gott."[53]

Hiermit wird Unmögliches behauptet. Es wird im Grunde gesagt, daß jenes Vertrauensverhältnis, das für uns andern Menschen gegenüber immer nur als ein gebrochenes, unsicheres möglich ist, der Person Jesu gegenüber als ein ungebrochenes, siegreiches möglich ist, auf das immer rekurriert werden kann.

Aber *ein analoges Vertrauensverhältnis ist zu Jesus überhaupt nicht möglich*[54]; es war es nur einst für seine Jünger. Jetzt ist er als Du für uns, im Sinne eines Mitmenschen, vergangen (wie jedes Du für uns vergeht, wenn der andere stirbt). Wir können ihm weder vertrauen, noch uns von ihm richten lassen; er kann uns gar nicht vergeben; und wenn wir sehen, wie er einst Sündern vergeben hat, so ist damit uns nicht vergeben; denn Vergebung kann man nicht wahrnehmen[55]. Als einer, der andern vergibt, ist er überhaupt erst für den sichtbar, in dessen Leben es Vergebung gibt.

Da nun gar nicht möglich ist, in ein solches Verhältnis des Ich und Du zu Jesus zu kommen, gerät Herrmann in die Gefahr, *das innere Leben Jesu* als *ein vorfindliches Faktum* in der Weltgeschichte hinzustellen.

Wenn er sich auch immer dadurch sichern will, daß er sagt: der geschichtliche Christus als Erlöser sei nicht als zweifellose Tatsache für jedermann zu erweisen[56]. Das innere Leben Jesu sei nicht eine für die historische Forschung sicher erweisbare Tatsache, könne aber für uns selbst eine von uns erlebte Tatsache werden[57]. Das werde nämlich dann der Fall, wenn der Mensch durch das Erlebnis des Vertrauens überhaupt zu wahrhaftigem Wollen, zu Ehrfurcht und Reue erzogen sei.

Aber da er auch dann auf keine Weise in ein Ich-Du-Verhältnis mit Jesus kommen kann, so läuft der Herrmannsche Gedankengang doch schließlich darauf hinaus, das „innere Leben Jesu" als ein vorfindliches Faktum hinzustellen, obgleich es ein Widersinn ist, den Glauben oder die Liebe eines Menschen wahrnehmen zu wollen.

Was Herrmann vergessen hat, ist 1. *die eschatologische Stellung Jesu* als

---

[53] AaO S. 17; vgl. das Ganze!

[54] Das Neue Testament (cf. besonders Joh!) behauptet das auch gar nicht, sondern hat hier entweder den eschatologischen Gedanken oder den Gedanken der Stellvertretung.

[55] Zudem ist auch gar nicht einzusehen, warum in dem etwaigen Vertrauensverhältnis zu Jesus der eigene Wille zum Gehorsam nicht ebenso unsicher sein soll wie in andern Vertrauensverhältnissen, und warum – wenn das anders sein sollte – dann nicht doch schließlich die Erlösung auf die Kraft des Menschen zum Gehorsam gestellt wird.

[56] Z. B. aaO S. 24.

[57] Die mit der Theologie verknüpfte Not (Anm. 3), S. 26.

dessen, der die κρίσις, die Wende der Äonen ist, durch den unsere Geschichte die Möglichkeit erhalten hat, durch die Liebe qualifiziert zu sein. Eine Tatsache, die als solche weder konstatierbar noch erlebbar ist, sondern nur geglaubt werden kann. Deshalb ist 2. vergessen, daß *der Glaube sich nur auf das Wort, die Verkündigung gründet.* Herrmann nimmt deshalb der Schrift ihre exzeptionelle Stellung. Er will Luthers Hinweis auf die Schrift als auf das Wort, das jeden Menschen aus seinen Nöten erretten könne, wenn er in ihr Christum suche und finde, „erweitern": „Der Schöpfer eines neuen Lebens ist uns mit seinem Wirken in allem nahe, worin die Zuversicht zu dem Einen unsichtbaren Gott an uns herandringt. Das erfahren wir *vor allem*[k] an dem Glauben, der aus der h. Schrift in wunderbarer Mannigfaltigkeit und Einheit uns vernehmlich wird. Hier wiederum erhebt sich über alles andere von Gott erfüllte und getragene Leben, der Christus des Neuen Testaments."[58] Die Schrift kommt also nicht in Betracht als das Wort der Verkündigung, das die ὑπακοὴ πίστεως fordert, sondern als ein Dokument, in dem der Glaube glaubensstarker Persönlichkeiten, in erster Linie Jesu, sichtbar wird. Also grundsätzlich stehen wir mit den Personen der Schrift, auch mit Jesus, auf gleicher Stufe.

Und dies alles liegt letztlich daran, daß Herrmann im *Glaubensbegriff* (infolge seiner Frontstellung gegen die Orthodoxie) das Moment *des Gehorsams gegenüber der Verkündigung* übersieht. Er will mit Recht abwehren, als sei der Glaube die gehorsame uneinsichtige Hinnahme von Lehren, und will begreiflich machen, inwiefern von echtem Gehorsam, der nicht geleistetes Werk ist, die Rede sein kann. Aber er übersieht, daß die Verkündigung von einem Faktum redet, das zwar kein historisches, feststellbares ist, sondern ein geschichtliches, mit dem unsere eigene Existenz verknüpft ist, aber als solches freilich auch ein in der Geschichte vorfindliches. Er sucht deshalb immer noch nach einer uns zur Verfügung stehenden Begründung für das Wort der Schrift von der Vergebung, statt zu sehen, daß wenn dies Wort uns mitteilt, daß unsere geschichtliche Existenz bestimmt qualifiziert ist, es nur von jenseits unserer Einsicht gesprochen sein kann, weil wir unsere Existenz selbst einsehend gar nicht umfassen. Wir können es nur anerkennen, gehorsam glauben. *Es muß also radikal damit gebrochen werden, sich außen oder innen (in Erlebnissen) umzusehen nach einer Begründung für das Wort der Verkündigung. Es muß ernst*

---

[58] AaO S. 32.

---

[k] Hervorhebung durch Bultmann.

gemacht werden mit Rm 10,17: ἄρα ἡ πίστις ἐξ ἀκοῆς, ἡ δὲ ἀκοὴ διὰ ῥήματος Χριστοῦ (das ῥῆμα Χριστοῦ aber ist der Auftrag zur Predigt – [59] V. 15: πῶς δὲ κηρύξωσιν ἐὰν μὴ ἀποσταλῶσιν). Für das Wort der Verkündigung ist also keine andere Legitimation zu fordern und keine andere Basis zu schaffen, als es selbst ist. Dadurch, daß es uns trifft, fragt es, ob wir hören wollen oder nicht. Cf. Luther: „Der halben musen wir acht nemen, das so wir das euangelion nyt mit seyner eigen gewalt, sunder mit unsern krefften wollen enthalten, so ist es gar verlorn, darum so mansz am besten wyl vertedigen, so felt es hernider. Last uns der sorg gantz absten, das euangelion darff unser hilff nichtz, es ist für sich selbs gnugsam krefftig, bevelet es got allein des es ist. Also thun ich auch, wie woll vyl und gros anstös entgegen seind, dis alles bekumert mich gar nichtz, trag auch keyn sorg wie ichs wolle vertedigen, ich und wyr alle seindt tzu schwach dartzu solichs wort tzu treyben. Ich habs dem lieben got befollen, es ist ie sein wort, er ist mans gnung dartzu das ehrs verfechten wirdt und beschutzen . . . In disem allem ist kein besser radt dan predigen das euangelion schlecht und lauther furdtan, und bitten got das er uns leyt und fure."[60]

Aber wie ist dann dem *Einwand* zu begegnen, daß in der Verkündigung ein Mythos vorgetragen wird, der gar nicht von mir selbst redet? Daß ich also eine Tatsache anerkennen soll, die gar nicht zur Wirklichkeit meines Lebens gehört? Daß also der Glaube zu einer zufälligen Wahl einer zufälligen Möglichkeit wird, in mein Belieben gestellt wird und also nur ein Scheingehorsam ist? Wie wird damit Ernst gemacht (Herrmann), daß ich nur einer Autorität gehorchen kann, die ich als Autorität in der Wirklichkeit meines Lebens sehe, und die nicht dadurch erst mir zur Autorität wird, daß ich mich zum Gehorsam gegen sie entschließe[61]?

Der Einwand übersieht, daß ich geschichtlich bin[62]; d. h. er übersieht,

---

[59] Bzw. die autorisierte Verkündigung.

[60] Sermon zu St. Michael zu Erfurt getan vom Glauben und Werken (21. Oktober 1522), WA 10 III, 354, Z. 15–24. 30–31.

[61] Cf. auch Luther: „. . . darum muß dir got ins hertz sagen: das ist gottes wort . . ." (Predigt am 8. S. n. Tr., 10. 8. 1522, WA 10 III, 260, Z. 8.9).

„Aber der gottlich glawb widderumb hafftet auff dem wortt, das gott selber ist, glewbt, trawt und ehret das wortt nitt umb des willen, der es gesagt hatt, ßondern er fulet, das ßo gewiß war ist, das yhn niemant dauon mehr reyssen kan. . . . Das wortt fur sich selbs, on alles auffsehen der person, muß dem hertzen gnugthun, den menschen beschliessen und begreyffen, das er gleych drynn gefangen fulet, wie war und recht es sey, wenn gleych alle wellt, . . . ya, wenn gott gleych selb anderß sagt . . ." (Predigt über Luk. 2,15–20, Kirchenpostille 1522, WA 10 I 1, 130, Z. 3–6.14–17).

[62] *O–* Und er geht von der Vorstellung aus, daß ich mich zum Glauben entschließen müßte, wenn etwas vor mich gestellt ist. Der Glaube beruht aber nicht auf Entschluß,

daß *mich das Wort der Verkündigung* gar nicht als etwas Zufälliges in einer freischwebenden Situation *trifft,* sondern *als einen, der in einer bestimmten Geschichte steht.* Es weist mich in nichts anderes als in meine Geschichte; d. h. es setzt in der Tat all das voraus, was Herrmann ganz richtig von meiner geschichtlichen Existenz sagt. Es setzt voraus, daß ich jene Erlebnisse des Vertrauens, der Ehrfurcht und des Gerichtetseins habe, es setzt voraus, daß ich mich zur Wahrhaftigkeit gegenüber meinen Erlebnissen erziehe; m. a. W. das Evangelium setzt das Gesetz voraus, das als solches mit meiner geschichtlichen Existenz gegeben ist. *–A*

B– Der Einwand erhebt sich von einem Menschen, der sein Du verloren hat, mit Bezug auf das ihm das Wort verkündigt wird. Er sieht in der Geschichte unendliche Möglichkeiten; aber „es gibt keinen Übergang aus der Möglichkeit zur Wirklichkeit"[63]. *–B*

A– Aber all *diese Erlebnisse:* Vertrauen und Ehrfurcht, Mißtrauen und Empörung, Liebe und Dankbarkeit, Haß und Undankbarkeit, Treue und Stolz, Untreue und Reue, – sie *werden uns eigentlich erst erschlossen in der Verkündigung,* die uns sehen lehrt, als welche wir in diesen Erlebnissen sind, wie wir in ihnen vor Gott sind. Die Verkündigung bringt mit dem Gehorsam, den sie fordert, bzw. mit der Gnade, die sie schenkt, nicht eine magische Verwandlung in unserm Leben hervor; sie bringt nichts in unser Leben hinein als ein neues Etwas, sondern sie öffnet uns nur gleichsam über uns selbst die Augen, – natürlich nicht zu einer Betrachtung, sondern indem dies Innewerden ein Ereignis unseres geschichtlichen Lebens ist, ist es nur wirklich als unsere Tat, die als solche unser Leben neu macht[64]. *In den Erlebnissen sind wir jeweils gefragt, auf die Probe gestellt.* Wir können sie nicht *haben* als einen Besitz. Wir haben sie nur im Tun. In diesem aber sind wir uns, je eigentlicher wir unsere Erlebnisse erfassen, um so unsicherer und zweifelhafter: wir glauben, wir gehorchen ihnen *nicht.* Die Verkündigung fragt, ob wir an sie (die Erlebnisse) glauben wollen als an die Möglichkeit, die Gott in unsere Geschichte gelegt hat. Sie befiehlt, an sie zu glauben auf Grund der Vergebung. Die Verkündigung trifft uns also in unserer Geschichtlichkeit, nicht außerhalb ihrer, und sie verkündigt *Ver-*

---

sondern auf Entscheidung, und im Hören habe ich mich immer schon entschieden. Handelte es sich um einen Entschluß, so wären wir bei der Orthodoxie. *–O*

[63] Fr. Gogarten, Ich glaube an den dreieinigen Gott – Eine Untersuchung über Glauben und Geschichte, Jena 1926, S. 76; aaO S. 156: das Wort Jesu Christi kann nur als verbindliches gehört werden, d. h. nur im Glauben an Gott den Schöpfer.

[64] *B–* „Es geschieht da, wo Offenbarung geschieht, nichts anderes, als was sonst auch immer und überall geschieht, geschehen ist und geschehen wird . . . Offenbarung ist nichts anderes . . . als qualifiziertes Geschehen", d. h. in ihr wird das Ich als Ich, das Du als Du verständlich (Gogarten, aaO S. 111). *–B*

gebung, d. h. sie nimmt uns nicht aus unserer Geschichtlichkeit heraus, sondern weist uns in sie hinein. Sie bringt nicht ein neues Etwas, weder Wissen, γνῶσις, noch Stimmungen und Entzückungen, noch mystische Erlebnisse. Sie verkündigt Rechtfertigung des Sünders; sie weist den Menschen in seine Menschlichkeit, für *diese* gilt die Gnade. Und die Gnade der Vergebung besteht in nichts anderem als darin, daß diese Geschichte, in der wir stehen, durch die κρίσις in Jesus Christus qualifiziert ist. Wir werden gefragt, ob wir zum neuen Äon des Lebens gehören oder im Tode bleiben wollen.

Die Frage kommt also gar nicht als eine zufällige von außen an uns heran, und ihre Beantwortung steht gar nicht in unserm Belieben. *Sondern die Frage fragt uns so, wie wir uns selbst fragen sollen* und im Grunde laut oder leise uns immer fragen, wenn es um uns selbst geht. Und sie unterscheidet sich von unseren eigenen Fragen nicht nur dadurch, daß sie radikal fragt, sondern daß sie zugleich antwortet und uns also im Grunde fragt, ob wir die Antwort hören wollen, daß wir Sünder sind, und die Gnade ergreifen wollen[65]. Sie fragt uns um so dringlicher, je mehr unsere Geschichte nicht nur im allgemeinen jene Erlebnisse des Vertrauens im Miteinander von Ich und Du kennt, sondern je mehr unsere Geschichte die Begegnung mit dem Du kennt, die durch christlichen Glauben und christliche Liebe qualifiziert ist, je mehr wir *in der Geschichte der christlichen Kirche* stehen[66]. „Je mehr" – denn heutzutage ist es nicht wohl möglich, mehr zu sagen und einfach zu konstatieren, daß wir es tun; denn wo ist christliche Kirche? Wäre sie wirklich verschwunden, so wäre es gleichwohl möglich, da das Gesetz nicht verschwinden kann, der Verkündigung zu glauben; und damit wäre es auch möglich, daß christliche Kirche wieder ersteht. Dann aber ist auch deutlich, daß es in der Kirche eine *doppelte Wortverkündigung* gibt: die *Predigt* und den *Wandel.* Denn mehr als das geschichtliche Leben unter dem Gesetz vermag das geschichtliche Leben unter Glaube und Liebe den Sinn der Glaubensforderung dem, der glauben soll, deutlich zu machen. „Helfen können wir ihnen (den andern) nur auf eine Weise. Wir müssen durch das, was wir da (im Neuen Testament) sehen, zur Umkehr gebracht sein und ein Glück gefunden haben, das Menschen, die neben uns hergehen, erfreuen kann, ohne daß wir viel

---

[65] Vom Gesetz aus ist das Evangelium verständlich!

[66] In Wahrheit denkt auch Herrmann bei den Erlebnissen, auf die er sich bezieht, wesentlich an die durch die Verkündigung, durch Glauben und Liebe qualifizierte Geschichte. Dann ist übrigens auch deutlich, daß er Jesus nicht zum Grunde oder Herrn der Kirche macht, sondern ihn in die Kirche hineinnimmt.

davon reden."[67] „Der Sozialdemokrat behauptet, daß es nichts als Eigennutz in der Welt gibt. Nun so beweisen wir ihm, daß es Liebe gibt. Unser Glaube weiß, daß mit der Liebe die Macht über alle Dinge ist. Ob die Liebe unsern Gegner retten oder ihn verstocken wird, das wissen wir nicht; aber sie wirkt. Sie hat einen Bundesgenossen in seinen eigenen Gedanken . . ."[68] Natürlich beziehen wir uns in der Verkündigung des Wandels nicht auf uns selbst. Diese Verkündigung ist ja keine direkte, sondern eine indirekte, d.h. sie vollzieht sich nur in unserm *Tun* in seinem strengen geschichtlichen Sinn. Wir bieten nicht unsere Persönlichkeit aus und kramen nicht unsere Erlebnisse aus, sondern wir *handeln* in Glauben und Liebe. Wir schaffen keine Basis für das Wort Gottes und weisen nicht auf etwas hin, auf Grund dessen geglaubt werden könnte. All unser Tun kann ja den andern auch nur *fragen,* und der Erfolg kann auch seine Verstockung sein. Aber wir sind uns der Verantwortung bewußt, die darin liegt, daß Glauben nicht eine allgemeine Möglichkeit, sondern eine geschichtliche Möglichkeit ist, daß Glauben also leichter und schwerer sein kann, und daß es in unserer Hand liegt, das Glauben andern zu erleichtern und zu erschweren. Wir tun in solchem Tun auch keineswegs ein besonderes Etwas, etwa Sozialpolitik oder innere Mission. Besondere Glaubens- und Liebeswerke gibt es nicht. Es ist einfach das alltägliche Tun der Pflichterfüllung gemeint, ein Tun, dem es um sich und die andern geht[69].

In die Wortverkündigung aber ist davon nichts hineinzunehmen, d.h. wir haben die fides quae creditur zu verkündigen, nicht Glauben zu produzieren oder von glaubens- und liebesstarken Leuten zu reden, übrigens von andern so wenig wie von uns. Von uns gewiß am wenigsten. Es gilt: „Predige nicht dich selbst, desto mehr dir selbst."[70]

---

[67] Wilhelm Herrmann, Die mit der Theologie verknüpfte Not (Anm. 3), S. 27. (Klammerbemerkungen von R. B. eingefügt).

[68] Wilhelm Herrmann, Religion und Sozialdemokratie, Gesammelte Aufsätze, Tübingen 1923, 463–489, zit. S. 487.

[69] B– „Das christliche Leben ist nicht ein Aufbau auf das übrige Leben. Es ist ganz profan und banal das Leben, das jeder an seiner Stelle zu leben hat. Man braucht nicht das und das zu unternehmen, um das christliche Leben zu leben. Wir leben es an unserem Ort, in unserer Situation! – Aber nun ist dieses Leben in Anspruch genommen durch Gott. Es gibt keine Provinzen, von denen wir sagen können, da hat Gott nichts zu schaffen – da braucht Gott nicht dreinzureden. Es ist nicht so, daß es eine religiöse Sphäre gibt, wo wir mit uns reden lassen – und daneben eine andere, wo das Leben seine eigenen Gesetze hat und wir uns nichts vom Lichte Gottes hineinfallen lassen. Sondern wie dem Ganzen Barmherzigkeit widerfährt, so wird auch das Ganze unter die Strenge der Gnade gestellt. Gott will und braucht nichts weniger als alles!" (Karl Barth, Vom christlichen Leben, München 1926, S. 22f.) –B

[70] E. Chr. Achelis, Praktische Theologie, GThW 6, § 62, II, 3, Tübingen ⁶1912, S. 150.

Der Glaube richtet sich also freilich nicht auf etwas, was außerhalb der Wirklichkeit des Lebens, der Existenz des Menschen liegt, was durch eine supranaturale Autorität (die Kirche) oder durch Spekulation erschlossen wäre, aber freilich auf etwas, *was mir begegnet,* d.h. was *nicht innerhalb der mir verfügbaren Lebensmöglichkeiten* liegt. Er erkennt damit nur an, daß faktisch die Existenz des Menschen gar nicht eine solche ist, über die der Mensch verfügt. Das gehört eben zu seiner Existenz, daß sie mir nicht zur Verfügung steht, sondern fremden Mächten ausgesetzt ist; und wir sind immer auf die Probe gestellt, ob und wie wir sie sehen. Formal ausgedrückt heißt das einfach, daß wir geschichtlich sind. Christlich gesprochen, ob wir Gott oder dem Teufel gehören wollen.

Nur von dieser Einsicht aus ist die Frage der *Heilsgewißheit* zu klären. Der Glaube ist seines Heils nur sicher, wenn er sich nicht auf sich selbst bezieht, sondern auf das, was er glaubt, auf die „Objektivität" der Offenbarung[71]. „Denn es wäre eine jammervolle Täuschung, wenn wir uns jemals auf die Energie unseres Glaubens verlassen wollten, anstatt auf das, was dem Glauben als wirklich gilt."[72]

Die alte protestantische Dogmatik hat das in ihrer Weise so ausgedrückt, daß der Glaube nicht für sich genommen, als Werk, des Heiles versichert.

Cf. ApolCA IV 56: „fides non ideo iustificat aut salvat, quia ipsa sit opus per sese dignum, sed tantum, quia accipit misericordiam promissam"[73]. Luther: der Glaube als insensibilitas[74]; „der glaube aber sihet nichts, sondern ist der finster weg"[75]; der

---

[71] *B–* Adolf Schlatter, Der Glaube im Neuen Testament, Stuttgart [4]1927: „Der Glaubende sucht die Wirksamkeit des Glaubens nicht in der Stärke desselben, sondern in Gottes Güte und behandelt das Glauben nicht als eine Leistung, die um so sicherer ihren Erfolg erzielt, je größer sie ist." (aaO S. 121). Der Glaube „bringt aber in den Affekt zugleich die Ruhe, weil er den Blick vom eigenen Ich und seinem Fühlen abgewandt hält, hin zu dem, dessen Wort bewahrt und dessen Gebot getan sein will". (aaO S. 149). Cf. S. 176 (die Reflexion des Glaubenden darf nicht auf sich selbst zurückgebeugt werden und nicht nach Zeichen der Wirksamkeit im eigenen Innern suchen); S. 257f. (keine Bekehrungsgeschichten im Neuen Testament; das Nachdenken richtet sich nicht auf die seelische Beschaffenheit des Glaubens, sondern auf seinen Grund und auf seinen Erfolg). Cf. S. 278. 283. „Eben dieses Wegsehen vom Glauben hin zu dem, auf den es zieht, gibt dem Gedankengang des Apostels (Paulus, R. B.) die gläubige Art . . ." (aaO S. 377). Cf. Martin Kähler, Der sogenannte historische Jesus und der geschichtliche, biblische Christus, Leipzig [2]1896, S. 149ff. 200f. (die christliche Gewißheit kann nicht *vor* dem christlichen Glauben da sein.) *–B E–* Ich weiß nicht, *ob* ich glaube; aber ich weiß, an *wen* ich glaube (Formulierung von Althaus). *–E*

[72] Wilhelm Herrmann, Der Streitpunkt in betreff des Glaubens, Gesammelte Aufsätze, Tübingen 1923, 254–274, zit. S. 267.   [73] BSLK S. 171.

[74] Operationes in Psalmos 1519–1521 zu Psalm 22, WA 5, 623, Z. 40 („Agat ergo secundum fidem, idest insensibilitatem").

Glaube kann sich also auf nichts beziehen als auf das nudum verbum[76]. „Der glawbe helt sich an die ding, die er nit sihet, fulet noch empfindet, widder ym leyb noch seele, sondern wie er ein gutte vormuttung hat zu got, so ergibt er sich dreyn und erwegt sich drauff, tzweiffelt nit, es geschehe yhm, wie er sich vormutet, so geschicht ym auch gewiszlich also. Und kompt yhm das fulen und empfinden ungesucht und unbegert, eben ynn und durch solch vormuten oder glawben . . . was ist denn hie? Eyn frey ergeben und frolich wagen auff sein unempfundene, unvorsuchte, unerkante gutte."[77]

Zu Mt 15,21–28: „Aber das ist uns allen zu trost und lere geschrieben, das wyr wissen sollen, wie tieff Gott fur uns seyne gnade verberge, und wie wyr nicht nach unserm fülen und dunken von yhm hallten sollen, sondern stracks nach seynem worte. . . . Damit (mit Jesu scheinbarer Abweisung der Phönizierin) ist angezeygt, wie unser hertz stehet ynn der anfechtung. Wie sichs fület, so stellet sich hie Christus. Es meynet nicht anders, es sey eytel neyn da und ist doch nicht war. Drumb mus sichs von solchem fülen keren und das tieffe heymliche Ja unter und uber dem Neyn mit festem glauben auff Gotts wort fassen und hallten, wie dis weyblin thut, und Gotte recht geben ynn seynem urteyl uber uns, so haben wyr gewonnen und fangen yhn ynn seynen eygen worten."[78]

Bedeutet die Frage nach der Gewißheit für den Glauben etwas anderes als die Frage nach dem Wort Gottes, so ist sie eine Frage des *Zweifels,* und der Zweifel hat eben keine Gewißheit und kann nur durch den Glauben überwunden werden. Wie ich im Verhältnis des Vertrauens zwischen Ich und Du einfach gefragt bin, ob ich dem Du glaube, bzw. mein ihm geschenktes Vertrauen nicht mir selbst durch mein Gefühl ausweisen will, so auch Gott gegenüber. Ein Glaube, der bei sich selbst verweilt, ist so wenig Glaube, wie eine Liebe, die bei sich selbst verweilt, Liebe ist. Der Glaube ist Tat und nur im Vollzuge seiner selbst sicher. Ihn sich nachträglich zum Problem machen, heißt seine Geschichtlichkeit verkennen, den Glauben statt in der Tat im Vorhandenen suchen. Wer ihn aber im Vorhandenen sucht, wird mit dem Zweifel gestraft. *–A*

C– Seine Gewißheit findet der Glaube im Gehorsam, der ja auch nur als Tat wirklich ist, nicht als konstatierbare Leistung: „Es gibt keine in die Erscheinung tretende Heiligung des Menschen, keine Heiligung, die man sehen, feststellen, messen könnte, die man nicht *glauben* müßte. Sie ist Tat der göttlichen Barmherzigkeit. Sie ist nicht und sie wird nicht ein Besitz

---

[75] WA 18, 526, Z. 33.34 (Auslegung der sieben Bußpsalmen 1517.1525).
[76] Cf. oben S. 151f.
[77] WA 8, 357, Z. 20–25.28–30 (Kirchenpostille, Predigt am 14. Sonntag nach Trinitatis, Luk. 17,11–19).
[78] WA 17 II, 203, Z. 15–18. 29–35 (Fastenpostille 1525, Evangelium am Sonntag Reminiscere, Matth. 15,21ff.). Cf. auch J. Gottschick, Luthers Theologie, Tübingen 1914, S. 22.

und Ruhm des Menschen. Sünder sind und Sünder bleiben auch die Geheiligten. . . . Es gibt keine Heiligkeit, die nicht *gänzlich* verhüllt wäre von Unheiligkeit. Es *gibt* aber einen Gehorsam in der Heiligung, einen Gehorsam der *Sünder* also . . ."[79] Andrerseits muß *der Gehorsam ein verstehender,* d. h. kein blinder sein, denn sonst wäre er Werk. Das heißt aber: der Charakter des mir begegnenden Wortes muß der sein, daß er mir mein Selbstverständnis erschließt bzw. anbietet, daß er mir mich selbst verstehen lehrt, meinen Augenblick verstehen lehrt. Ein Wort, das ich nicht verstehen kann, indem ich mich unter ihm verstehe, kann ich nicht glauben. Die Predigt hat das Wort so zu verkünden, daß der Hörer die Worte Sünde und Gnade, Glaube und Liebe, Christus und Geist als Möglichkeiten seines Lebens verstehen kann, und daß die Predigt dies vermag, dafür zu sorgen ist die Aufgabe der Theologie. –C

---

[79] Karl Barth, Die Kirche und die Kultur, ZZ 4, 1926, 363–384, zit. S. 374f. Cf. Karl Barth, Der heilige Geist und das christliche Leben, in: K. Barth/H. Barth, Zur Lehre vom heiligen Geist, München 1930, S. 85f.: „Hier ist darum ein Problem, weil wir nicht anders können als uns als Hörer des Worts auch als Täter, als wirklich Geheiligte und also als im Gehorsam Stehende zu begreifen und weil uns andrerseits dieser unser Gehorsam ebenso schlechthin verborgen ist . . .“

§ 15   Was ist Theologie?

D– Was ist Theologie als Wissenschaft? Ihr Gegenstand ist Gott, so wie er in der einzig möglichen Zugangsart, im Glauben, gesehen wird. Er zeigt sich in der Offenbarung und wird gesehen im Glauben. Also sind in einem *Offenbarung und Glaube* der Gegenstand der Theologie; jene, wie sie im Glauben verständlich ist, also nicht als ein allgemein sichtbares Weltphänomen; dieser, wie er das Verstehen der Offenbarung ist, also nicht als ein Phänomen menschlichen Geisteslebens überhaupt. Das Thema der Theologie kann also auch bezeichnet werden als *die von Gott bestimmte Existenz des Menschen.* Denn die Offenbarung ist nicht ein Weltphänomen, sondern ein Geschehen in der Existenz, eben gläubiges, durch die Offenbarung bestimmtes Existieren[1].

Theologie ist also nicht eine allgemeine Möglichkeit des Menschen, so daß es außer der christlichen Theologie auch andere Theologien geben könnte; sondern Theologie als Reden von Offenbarung und Glaube gibt es *nur als christliche Theologie,* während alle andere angebliche Theologie nur Reden vom Menschen sein kann, wenn wirklich Gott nur in seiner Offenbarung durch Christus zugänglich ist. Wie tief solches Reden die Wirklichkeit des Menschen erfassen möge; es erreicht doch die Wirklichkeit Gottes nicht. Das heißt nicht, daß es sinnlos wäre; es mag einen positiven Bezug zur Theologie haben. Es redet nämlich zwar nicht von Gott, sondern vom Gottesgedanken; das heißt aber nicht von einem willkürlichen Gedankengebilde, sondern von der Wirklichkeit des Menschen, so wie sie ohne Gott sichtbar ist, und stellt als solches Reden der Theologie eine Frage[2].

Aber was ist nun *das spezifisch wissenschaftliche Reden der Theologie?* Denn von Offenbarung und Glaube redet ja auch die kirchliche Verkündigung! redet der Glaube selbst! Wie verhält sich zu solchem Reden das

---

[1] *O*– Eben deshalb gibt es Theologie, weil das Existieren ein Wissen um sich selbst hat. In der Ausbildung dieses Wissens dialektisch. Nur so Antwort auf die Wahrheitsfrage, indem sie das Kerygma in seiner Bezogenheit auf die Existenz und der Existenz auf das Kerygma deutlich macht, so die Möglichkeit des Glaubens als der Möglichkeit des Selbstverständnisses der Existenz deutlich und damit die Antwort auf die Wahrheitsfrage deutlich macht, selbst von der Bejahung der Frage getragen. –*O*

[2] Siehe unten.

spezifisch theologische Reden? Als wissenschaftliches Reden redet es
nicht *als* Verkündigung und nicht *aus* dem Glauben, sondern *über* Verkündigung und Glauben; nicht als Anrede und Antwort, sondern objektiv,
diskutierend.

Ist das überhaupt möglich? Wenn die Offenbarung nur im Glauben
gesehen werden kann, wie ist ein wissenschaftliches Reden über sie möglich, das den Glauben selbst zum Gegenstand des Redens macht? Fällt es
nicht aus dem Glauben heraus? Wenn Verkündigung nur als Anrede das
ist, was sie ist, wie kann sie in wissenschaftlicher Rede expliziert werden?
Stellt sich diese nicht aus dem Bereich der Verkündigung heraus?

Rein formal genommen ist dieser Einwand nicht erheblich. Denn das
hier gegebene *Problem* ist *zunächst das jeder Wissenschaft überhaupt.*
Denn wenn Wissenschaft nicht aus einer Idee des Geistes deduziert wird,
sondern je aus dem *Lebensverhältnis zu ihrem Gegenstand* erwächst, so
kann bei jeder Wissenschaft gefragt werden, ob nicht im distanz-nehmenden Hinsehen der Wissenschaft das Lebensverhältnis zum Gegenstand
abgeschnitten ist. Das *kann* freilich der Fall sein; es braucht es aber nicht.
Denn das Lebensverhältnis zum Gegenstand enthält von vornherein *ein
Verstehen* und ist eben darin das spezifisch menschliche Verhältnis zum
Gegenstand[a]. Eben die Ausbildung dieses Verstehens ist die Aufgabe der
Wissenschaft, in der die andern Bezüge zum Gegenstand wohl im Blick
bleiben, aber faktisch nicht realisiert werden. Jede Wissenschaft steht in
der Möglichkeit, ihren Gegenstand zu verlieren, aber auch, ihn echter zu
erfassen.

Dies gilt nicht nur für die positiven Wissenschaften, die je ein Gegenstandsgebiet, zu dem menschliches Dasein sich verhält, in den Blick fassen, sondern auch für die *Philosophie,* sofern sie das Dasein als Ganzes zu
ihrem Thema macht. Die Existenz ist nur existierend zu verstehen; wie
kann sie zum Gegenstand der distanz-nehmenden Wissenschaft gemacht
werden? Aber im Existieren ist ein Sich-Verstehen enthalten (da menschliches Dasein dadurch ausgezeichnet ist, daß es sich zu sich selbst verhält),
und die Ausbildung dieses Verstehens ist Aufgabe der Philosophie, die
sich freilich in Spekulation verirren kann[3], die aber auch durch Ausbildung
dieses Verstehens in die Existenz zurückschlagen und gerade das *existie-
rende* Sich-Verstehen scharf und lebendig machen kann.

Analoges gilt für *die Theologie.* Mit dem Glauben ist ein bestimmtes

---

[3] Cf. Kierkegaards Vorwurf an Hegel, daß er seine eigene Existenz vergessen habe.

---

[a] Bultmann verweist hier in Klammer auf § 6 (in unserer Ausgabe: § 7).

Verstehen der Offenbarung und der gläubigen Existenz gegeben. Eben dies wird in der Theologie ausgebildet. Und eben die wissenschaftliche Ausbildung dieses Selbst-Verständnisses des Glaubens kann in die gläubige Existenz zurückschlagen als beständige Selbstkritik des Glaubenden. Er steht stets in Gefahr, Gott mit der Welt zu verwechseln, indem er zum Gegenstand der Spekulation gemacht, als Weltganzes, als Idee oder als Grenzbegriff verstanden wird; stets in der Gefahr, die Offenbarung mit allgemeinen Wahrheiten oder psychischen Erlebnissen zu verwechseln; stets in Gefahr, den Glauben mit einer menschlichen Haltung zu verwechseln, sei es mit einer Orthodoxie oder mit einem Optimismus, mit einem Gefühlsleben oder mit einer Weltanschauung; stets in der Gefahr, die Liebe mit einem ethischen Prinzip oder mit Sympathiegefühlen zu verwechseln; stets in der Gefahr, die Schrift als Gesetzbuch oder als historisches Dokument einer „christlichen Weltanschauung", die Kirche mit einem Verein oder einem in einer Idee oder in der Humanitas gegründeten Organismus zu verwechseln. Offenbar ruft die Theologie, gerade indem sie das im Glauben gegebene Verständnis gläubigen Existierens wissenschaftlich ausbildet, den Glauben zu sich selbst, die Kirche zu sich selbst zurück. – So stellt die Theologie, wie die andern Wissenschaften, das Verhältnis zum Gegenstand nicht erst her, sondern sie setzt es voraus, sie erinnert daran, sie bildet es aus.

Aber damit ist *das Problem der Theologie als Wissenschaft* doch noch nicht erledigt. Denn das Verhältnis des glaubenden Daseins zu Gott ist ein anderes als das Verhältnis des Daseins überhaupt zu seinen Gegenständen und zu sich selbst[4]. Das „Erinnern" an den Lebensbezug hat in der Theologie deshalb einen anderen Charakter als in den andern Wissenschaften. Der Gegenstand der andern Wissenschaften ist ja das Dasein selbst und seine Welt. Es verhält sich ständig zu sich selbst und seiner Welt, und jede Wissenschaft hat in dieser Sphäre die Aufgabe, stets gegebene Möglichkeiten aufzudecken. In diesem Sinne verfügt jede Wissenschaft über ihren Gegenstand; er ist dem Dasein stets von ihm selbst aus zugänglich. – Ist *der Gegenstand der Theologie* Gottes Offenbarung, so ist ihr Gegenstand dem Dasein nicht von ihm selbst her zugänglich und der Theologie nicht verfügbar. Denn dadurch, daß die Offenbarung im Wort der Verkündigung vorliegt, ist solche Zugänglichkeit und Verfügbarkeit offenbar nicht gegeben; da sie in ihrer Vorfindlichkeit noch nicht als Offenbarung sichtbar ist,

---

[4] *O–* R. Bultmann, Die Geschichtlichkeit des Daseins und der Glaube, ZThK 11, 1930, 339–364; Gerhardt Kuhlmann, Krisis der Theologie?, ZThK 12, 123–146; G. Kuhlmann, Brunstäd und Tillich. Zum Problem einer Theonomie der Kultur, PhG 18, Tübingen 1928. *–O*

sondern als die Lehre einer Religion neben anderen, als eine „christliche Weltanschauung". Sie wird zugänglich im Glauben, und dieser ist keine menschliche Haltung, keine Bewegung, die das Dasein von sich aus vollziehen kann, sondern die Antwort auf das wirkliche Getroffensein von der Offenbarung.

Die Wissenschaft setzt voraus, daß das Dasein immer schon bei dem in Rede stehenden Gegenstand ist und ihn von sich aus entdecken kann; daß deshalb auch die im wissenschaftlichen Reden enthaltene Entdecktheit des Gegenstandes in Sätzen verwahrbar ist, daß also jeder, der sie hört, sie vermöge des Schon-beim-Gegenstand-Seins versteht bzw. unter ihrer Anleitung den Gegenstand entdecken oder besser verstehen kann. In diesem Sinne verfügt die Wissenschaft über Allgemeingültigkeit. Wenn der Gegenstand der Theologie dem Dasein transzendent ist, so können ihre Sätze nicht in diesem Sinne auf Allgemeingültigkeit Anspruch machen, sondern nur in dem formalen, daß jeder, der ein Verhältnis zum Gegenstand hat, sie versteht und bejaht[5]. Aber genügt es also zu sagen, daß dann Theologie als Wissenschaft zwar ausgegrenzt ist aus den übrigen Wissenschaften, weil ihr Gegenstand und das Verhältnis zu ihm besonderer Art sind? daß aber innerhalb dieses ausgegrenzten Raumes die Theologie Wissenschaft ist wie jede andere?

Wenn Theologie ein allgemeines Verständnis von Offenbarung und gläubiger Existenz erarbeitet, zieht sie dann nicht den Blick ab von jenem Verstehen des Augenblicks, das der Glaube im Lichte der Offenbarung findet? Das Verstehen des Augenblicks hält ja die Ausbildung zu einem wissenschaftlichen Verständnis von sich fern. Wissenschaftlich verstehbar ist nicht das im Glauben Verstandene, sondern der Akt des Glaubens. Aber muß sich nicht gerade der Glaube gegen ein reflektierendes Verstehen seiner selbst sträuben? Ja, muß er es nicht für schlechterdings unmöglich erklären, da dies ja den Glauben nur als Weltphänomen sehen könnte[6]?

Wie ist es überhaupt möglich, daß die Offenbarung und der Glaube als Ereignisse der Transzendenz zum Gegenstand wissenschaftlicher Betrachtung gemacht werden können, die doch auch als Theologie nur ein menschliches Unternehmen sein kann?

Die Ausgegrenztheit des Glaubens gegenüber dem übrigen Dasein ist ja keine äußerliche, und der Glaubende ist nicht ein für allemal dem nicht-

---

[5] Cf. oben S. 45f.
[6] *O*– Cf. Philosophie. Verständnis der Augenblicklichkeit. Freiheit–Abhängigkeit (Antwort). Beziehung der Offenbarung auf den Augenblick. –*O*

glaubenden Dasein entnommen und definitiv bei seinem Gegenstande, so daß theologische Wissenschaft ihn nur an seinen Gegenstand zu „erinnern" brauchte[7]. Sondern der Glaubende *existiert,* und wie die Offenbarung geschichtliches Ereignis ist, so ist gläubiges Existieren eine Weise geschichtlichen Existierens.

Darin ist *die Möglichkeit und die Unmöglichkeit der Theologie* gegeben[8]. Die Möglichkeit, insofern geschichtlich existierendes Dasein sich versteht und dies Verstehen bewußt ausbilden kann. Es wendet in solcher Arbeit den Blick vom Augenblick ab und ist auf sich selbst reflektiert. Die Unmöglichkeit, sofern solche Arbeit über ihren Gegenstand nicht verfügt. Denn[b] existiert es dann noch im Glauben? Ist Theologie nicht ein menschliches Unternehmen wie jedes andere auch? Und ist sein Gegenstand dann nicht ein innerweltlicher geworden? Hat sie nicht die Transzendenz verloren?

Nun, gerade weil der Glaube eine Weise geschichtlichen Existierens ist, kann er gar nicht anders wirklich sein als in menschlichen Untersuchungen. Seine Transzendenz besteht nicht darin, daß er aus dem Dasein herausgenommen ist, sondern daß er im Dasein Gott vernimmt und ihm gehorcht.

Wie jedes menschliche Unternehmen eine Bewegung des Glaubens und als solches gerechtfertigt sein kann, sofern es als die Forderung des Augenblicks verstanden und ergriffen ist, so auch die Theologie[9]. –D

C– Theologische Arbeit als begriffliche Explikation der gläubigen Existenz wäre also dann möglich, *wenn sie dem Glauben aus dem Glauben und für den Glauben auferlegt ist* und nicht aus einer Idee der Wissenschaft deduziert wird[10]. Sie kann nur im Glauben selbst das zureichende Motiv haben.

So sehr theologisch wissenschaftliches Reden in diesem Sinne ein glau-

---

[7] Und ebenso ist die Transzendenz der Offenbarung kein äußerliches jenseits des Daseins Sich-Ereignen, sondern geschichtliches Ereignis.

[8] *O– Christliche* Theologie möglich weil es 1. Offenbarung, 2. natürliche Theologie gibt. Verhältnis zur Philosophie, theologische Begriffsbildung, kritische Bedeutung der Philosophie (als ancilla). –O

[9] O– Theologie als menschliches ein sündiges Unternehmen, muß unter der Gnade der Rechtfertigung stehen. –O Bultmann, Welchen Sinn hat es von Gott zu reden?, Glauben und Verstehen (1), 1933, 26–37; Kirche und Lehre im Neuen Testament, aaO, 153–187; Das Problem der „natürlichen Theologie", aaO, 294–312.

[10] Ihre Möglichkeit aber bestreiten, würde bedeuten, daß der Glaubende nicht mehr existiert, sondern in einen Engel oder dergleichen verwandelt wäre. Spezifisch theolo-

---

[b] Von „Die Unmöglichkeit" bis „nicht verfügt. Denn": Zusatz *E.* Statt „Denn" stand im Ms. ursprünglich „Aber".

bendes sein muß, *so wenig ist es ein „frommes" Reden* als ein direkt verkündigendes oder bekennendes. Es steht in der Distanz. In ihm wird also die Verkündigung nicht direkt beantwortet oder als Verkündigung weitergegeben, sondern gleichsam festgehalten, abgestoppt, um besehen zu werden. Analog wie etwa eine kunstwissenschaftliche Betrachtung einerseits nicht möglich ist, ohne daß der Wissenschaftler „beim Gegenstand" ist im Sinne eines künstlerischen Aufnehmens, andrerseits aber das spezifisch wissenschaftliche Verstehen ein anderes ist als das direkte Genießen des Kunstwerks. Oder analog wie die Kunst selbst, die das Dasein zum Gegenstand hat (etwa die Leidenschaft der Liebe, des Hasses, der Eifersucht, des Ehrgeizes), in dem Sinne beim Gegenstand sein muß, daß der Künstler dies Dasein selber lebt, in seinen Leidenschaften lebt – wie sie andrerseits in Distanz zum Dasein (in der des spezifisch künstlerischen Sehens) steht. Sie schreit nicht, sondern sie gestaltet den Schrei.

So wenig wie es eine fromme Kunst gibt (bzw. eine religiöse Kunst in anderm Sinne, als daß das Religiöse ihr Gegenstand ist), so wenig gibt es eine fromme Wissenschaft[11], eine fromme Theologie. Das heißt, man kann sie nicht als „fromme" *machen*. Aber freilich: der Mensch, der sie treibt, kann fromm sein, ja er kann sie nur als Glaubender treiben.

Es könnte also sein, daß das distanz-nehmende Hinsehen ein Akt des Glaubens selbst wäre; und nur dann könnte von Theologie die Rede sein. –C

A– Über *die Notwendigkeit der Theologie* aber zu disputieren, ist eigentlich müßig. Wir wollen doch einfach wissen, was uns verkündigt wird und was wir zu verkündigen haben[12]. Wir sind angeredet und sollen die Anrede weitergeben. Solches Weitergeben *kann* gewiß auch im einfachen Tun wie im abbildenden (symbolischen) Handeln des Kultus geschehen, aber doch nur, wenn dieses seinen Sinn aus dem Wort hat, wenn es *verstanden* wird[c]. Das sacramentum ist verbum visibile! Weder werden magische Kräfte

---

gisch gesprochen: es wäre damit bestritten, daß der *Sünder gerecht*fertigt, daß der Gerechtfertigte der Sünder wäre.

[11] So wenig eine fromme Technik!

[12] *B*– „Denken wir nicht gering vom Denken, machen wir nicht mit mit dem Antiintellektualismus unsrer Tage! Man kann nicht handeln ohne zu denken! Die große Forderung, die die Barmherzigkeit Gottes an uns richtet, ist primär die Forderung eines richtigen Denkens, eines Wissens, aus dem dann das richtige Tun hervorgehen soll! Buße heißt: es muß in unserem Denken die unseren Willen bewegende Erkenntnis Platz greifen, daß wir Gott dankbar zu sein haben." (Karl Barth, Vom christlichen Leben, München 1926, S. 37.) –*B*

---

[c] Im Ms. steht der Konditionalsatz im Plural: „wenn diese ihren Sinn aus dem Wort haben, wenn sie *verstanden* werden".

mitgeteilt, noch irgendein Ineffabile vermittelt. Je mehr die Offenbarung sich in der Verkündigung vollzieht, die im Glauben angenommen wird, weil es sich um die Mitteilung handelt, daß Jesus Christus die Wende der Äonen ist, daß durch ein geschichtliches Faktum unsere Geschichte qualifiziert ist, je mehr die Verkündigung also etwas *erzählt,* desto fragwürdiger ist der Ersatz des Wortes durch das Symbol.

Handelt es sich aber darum, die Verkündigung hörend und redend zu verstehen, so tritt die Theologie immer dann ein, wenn das Verstehen fragwürdig ist; d. h. ihre Aufgabe ist, für *die reine Lehre* zu sorgen[13]. Sie ist nicht diese selbst, so daß sie sich an deren Stelle setzte, sondern sie findet und sichert sie. Diese Notwendigkeit ist schon damit gegeben, daß die Verkündigung in der Schrift in fremder Sprache und Begriffswelt an uns kommt und also stets in eine neue Begriffswelt übersetzt werden muß. Sie ist weiter damit gegeben, daß die reine Lehre stets von Irrlehren bedroht ist, von außen und von innen bei einem jeden[14]. Sofern also Theologie ein Reden des Glaubens ist, fragt sie nach dem Recht des Glaubens, und zwar nicht in dem Sinne, als hätte sie eine Basis für das Wort Gottes zu schaffen, aber deshalb, weil der Christ weiß, daß er in der Frage nach der Wahrheit nach der Autorität fragt, der er unbedingt gehorchen kann. Der Gehorsam ist aber nie ein ein für allemal erledigter, sondern ein immer neuer, d. h. ein immer wieder in der Entscheidung sich vollziehender, d. h. aber, er hat sich den Sinn der Verkündigung immer wieder klarzumachen, und die Arbeit der begrifflichen Klarstellung ist die Theologie. Sie hat also nicht allgemein zu erweisen, daß „man" das Recht hat zu glauben, daß es „noch" zeitgemäß ist und mit modernen wissenschaftlichen Erkenntnissen vereinbar. Aber für sich selbst hat sie allerdings klarzustellen, welcher Art der Anspruch wissenschaftlicher Erkenntnisse und der der Verkündigung ist, eben weil der Glaube sich immer zu entscheiden hat. *–A*

C– Aber *kann der Glaube vorausgesetzt werden?* Nein, wenn anders der Glaube nicht eine vom Dasein in sich selbst zu vollziehende Bewegung, sondern die Antwort auf Gottes Anruf ist. Die Möglichkeit der Theologie ist also wohl einzusehen; ihre Notwendigkeit ist nur glaubend zu verstehen

---

[13] Sie „*wacht* über der Erhaltung oder Wiederherstellung reiner Lehre". (Karl Barth, Kirche und Theologie, ZZ 4, 1926, 18–40, zit. S. 37.)

[14] Damit ist die Theologie nie Apologetik, als hätte sie das Recht der Lehre durch kritische Besinnung auf den Glaubensgrund zu erweisen, sondern sie hat nur darzustellen, was die Lehre *sagt;* sie hat kritisch-methodische Besinnung darüber, was der Prediger tut, wenn er auf Grund der Offenbarung von Gott redet; cf. Fr. Gogarten, ZZ 3, 1925, S. 78 (Hermann Herrigel und Friedrich Gogarten, Vom skeptischen und gläubigen Denken – Ein Briefwechsel, ZZ 3, 1925, 62–88).

(d. h. sie ist nur als dem Glauben für den Glauben auferlegte Aufgabe zu ergreifen), aber ihre echte Verwirklichung ist nicht demonstrabel, nicht zu garantieren. Aber eben wenn sie Aufgabe für den Glauben ist, muß sie riskiert werden. Das eben heißt: *sie ist dialektisch.* Ihre Sätze sind nicht „wahr" in dem Sinne, daß sie am zur Verfügung stehenden Gegenstand als wahr ausgewiesen werden können und jeder die Möglichkeit hat, ihre Wahrheit zu kontrollieren oder zu kritisieren. Sie sind nur wahr, wenn es Gott gefällt, sie wahrzumachen[15]. Darin besteht also ihr Unterschied von andern Wissenschaften: jede andere setzt die Zugangsmöglichkeit zu ihrem Gegenstand als dem Dasein verfügbar voraus. Das kann der Theologe nicht, für den der Zugang nur im gläubigen Hören der Verkündigung gegeben ist. Aber es wäre eben Unglauben, die Möglichkeit der Theologie als Wissenschaft zu bestreiten, weil damit der Zugang zum Gegenstand überhaupt bestritten wäre. −C

A− Die Theologie treibt also ihre Arbeit *unter der Voraussetzung des Glaubens,* unter der Voraussetzung, daß sie selbst ein Akt des Glaubens ist. Die Wirklichkeit dieser Voraussetzung aber hat sie nicht in der Verfügung. Daraus folgt:

1. daß sie nur getrieben werden kann, wo sie getrieben werden *muß,* nicht als eine Beschäftigung, zu der man sich aus „Interesse" wie zu andern entschließen kann[16]. Notwendig ist sie *innerhalb der Kirche* als der Gemeinde der Gläubigen. Als solche ist die Kirche freilich unsichtbar; sichtbar ist sie nur als die Kirche der organisierten Wortverkündigung. Aber der Glaube an das Wort bedeutet auch den Glauben, daß, wo sichtbare Kirche ist, auch unsichtbare da ist.

2. daß sie sich bewußt ist, daß die Voraussetzung, unter der ihre Sätze wahr sind, nicht in ihrer Verfügung steht, sondern nur von Gott vollzogen werden kann. Da sie ja nicht die Reproduktion der jeweils vorliegenden Verkündigung als eines Vorhandenen, sondern deren kritische Prüfung ist, ob das wirklich reine Lehre sei, so muß sie faktisch von Gott und seinem Tun reden. −A

C− Wird aber die Aufgabe der Theologie, im Glauben ergriffen, selbst ein Akt des Glaubens, so bildet sie an ihrem Teile die Gläubigkeit selbst mit aus, da sie dann selbst ein Stück des geschichtlichen Geschehens ist, das der Glaube bedeutet. Sie kann das natürlich nur, wenn sie streng daran festhält, daß ihr Gegenstand die gläubige Existenz ist, zu der sie selbst gehört, wenn sie also nicht ein allgemein zugängliches, etwa durch soge-

---

[15] Daß sie nie sinnlos sind, beruht darauf, daß auch das ungläubige Dasein ein Vorverständnis für den Glauben hat; cf. die revelatio naturalis.

[16] *O*− Cf. Barth, Die Kirche und die Kultur, ZZ 4, 1926, 363–384. −*O*

nannte Nachempfindung zu erschließendes Weltphänomen zu ihrem Gegenstand nimmt, also ein Phänomen der Geistes- oder Religionsgeschichte, das „Christentum" als geschichtliches Vorkommnis, oder auch den menschlichen Geist als zeitlose Geistigkeit, deren formale Strukturen es zu untersuchen gelte, so daß die Theologie das Stück einer systematischen Geisteswissenschaft wäre. – Und sie kann das nur, wenn sie streng des dialektischen Charakters ihrer Sätze sich bewußt ist und nicht meint, in ihnen direkt den Gegenstand, als einen immer schon im Dasein vorfindlichen, zu erschließen und also im Wissen um den Gegenstand den Zugang zu ihm und die Beziehung zu ihm zu verwahren. Sie kann das so wenig, wie ein wissenschaftliches Wissen um das, was Liebe ist, Liebe erschließt oder verwahrt.

Als begriffliche Explikation des im Glauben schon vorhandenen Verstehens seiner selbst, d. h. also in der Entwicklung der Grundbegriffe des Verständnisses der gläubigen Existenz, hat die Theologie ihr kritisches Amt, solange es Menschen gibt, die aus Glauben vom Glauben miteinander reden. Die Theologie ist als Wissenschaft die kritische Instanz, die fragt, ob sachgemäß geredet wird, ob die Begriffe, in denen das Reden verläuft, sachgemäß sind, d. h. ob sie dem echten Verstehen seiner selbst, das im Glauben enthalten ist, entsprechen. Sie enthüllt also um der Enthülltheit willen die Existenz des Glaubenden in ihrer Ganzheit und das heißt in ihrer inneren Struktur. Ihr Wozu ist im Glauben gegeben, sofern es im Glauben motiviert ist, daß es eine solche um der Enthülltheit willen vollzogene Enthüllung der gläubigen Existenz gibt. Kirchlich gebunden ist sie durch ihr Wozu wie durch ihr Woher, sofern der Glaube aus der kirchlichen Verkündigung kommt; aber deshalb nur indirekt nicht direkt; das heißt, sie ist weder kirchliche Verkündigung, noch hat sie nach praktischer kirchlicher Verwendbarkeit zu fragen; sonst wäre sie nicht kritische Instanz. –*C*

A– Sie sieht, daß die Verkündigung als Verkündigung nur als Anrede gesprochen werden kann, und sie redet von ihr, als sei sie ein Vorhandenes, als könne man die Anrede auch im Nicht-angeredet-Sein verstehen. Sie sieht, daß Offenbarung nur in der Gegenwärtigkeit ist, was sie ist, und sie nimmt sie, indem sie darüber redet, als ein Vorhandenes, Vergangenes. Sie kann so reden, nur wenn sie sich bewußt ist, daß das „Reden über" hier nur Sinn hat, wenn Gott es zu einem „Reden aus" werden läßt, das heißt, wenn es sich als sündiges Unternehmen unter der Gnade der Rechtfertigung bewegt[17]. Seinen deutlichsten Ausdruck findet dieser Sachver-

---

[17] Cf. R. Bultmann, Das Problem einer theologischen Exegese des Neuen Testaments, ZZ 3, 1925, 334–357, bes. S. 353.

halt in der „*dialektischen Theologie*"[18]. Sie kann dies auf sich nehmen, wenn sie es muß, das heißt, wenn ihr Reden im Dienst, nämlich der Kirche, geschieht. Sie weiß, daß sie ihren Gegenstand nicht in der Weise verwahrt, daß durch ihr Reden dem Hörer der Zugang zu ihrem Gegenstand erschlossen wird. Aber sie will ja auch ihrerseits nicht den Gegenstand erschließen, sondern überläßt das der Verkündigung. Sie ist also legitimiert nur im Dienst der Kirche und der Verkündigung. Von dieser unterscheidet sie sich, daß sie nicht direkte Anrede ist.

Wenn sie, obwohl aus der Verkündigung erwachsen, der Verkündigung kritisch gegenübersteht, woher nimmt sie den *Maßstab der Kritik?* Aus der als Verkündigung gehörten Verkündigung, die sie ja nicht als Verkündigung kritisiert, sondern die sie als Verkündigung voraussetzt, um ihre jeweilige begriffliche Fassung zu regulieren und der Verkündigung ihrer Zeit vorzuzeichnen, was sie zu sagen hat, gleichsam als das lebendige innere Organ der Klärung; bzw. um falsche von echter Verkündigung zu unterscheiden.

Als kritisch zu prüfendes Material gleichsam liegt ihr vor: die Schrift, das Dogma, die geschichtliche Entwicklung der Theologie. Sofern in diesen Größen die Verkündigung vorliegt, sind *sie Autorität für die Theologie.* Aber inwiefern das der Fall ist, kann immer nur sie selbst entscheiden. Sie kann sich dafür nicht auf die Autorität *der Kirche* berufen. Denn sofern diese Autorität ist, ist sie die unsichtbare Kirche, die selbst geglaubt wird wie der Heilige Geist, also keine verfügbare Instanz. Sie ist Autorität, aber nur als im Glauben selbst erfaßte Autorität. Die empirische Kirche hat, sofern in ihr das Wort verkündigt wird, in sich die unsichtbare Kirche; aber sie selbst ist nicht Autorität[19]. Das gleiche gilt in bezug auf *Dogma und Theologie* (theologische Tradition)[20]. Aber auch an der *Schrift* kann die Theologie nicht haltmachen auf Grund eines vorher statuierten Dogmas über die Schrift, sondern zunächst nur aus dem einfachen Grunde, weil ihr in der Schrift die Verkündigung zum erstenmal begegnet. Hier freilich mit dem Anspruch, daß sie selbst, diese Verkündigung der Schrift, die Offenbarung sei, während alle andere Verkündigung auf die Schrift zurückverweist. Aber nicht so, als ob in der Schrift in relativer Neuheit zum erstenmal gewisse Wahrheiten ausgesprochen seien, die es durch den

---

[18] Cf. Karl Barth, Das Wort Gottes als Aufgabe der Theologie, in: Das Wort Gottes und die Theologie. Gesammelte Vorträge, München 1924, 156–178. Auch R. Bultmann, Die Frage der „dialektischen" Theologie (Eine Auseinandersetzung mit Peterson), ZZ 4, 1926, 40–59.

[19] Cf. Karl Barth, Kirche und Theologie, ZZ 4, 1926, 18–40, bes. S. 25–27.

[20] Cf. Barth, aaO S. 35.

Rekurs auf die Schrift von Depravation zu reinigen oder in ihrer Begründung zu kontrollieren gelte. Vielmehr verweist alle andere Verkündigung auf die Schrift nicht als auf ihr (zufällig) erstes Stadium, sondern als auf das, wovon sie redet, als auf die Offenbarung. Diese erste Verkündigung *ist* ja gerade die Offenbarung, nicht noch etwas hinter ihr, eine zu rekonstruierende Geschichte, Persönlichkeiten oder dergleichen. Also ist die Schrift die Autorität, und zwar die einzige Autorität für die Theologie. Die Aufgabe der kirchlichen Verkündigung ist die Weitergabe dieses Wortes, so daß die Aufgabe der Theologie die Regulierung der kirchlichen Verkündigung nach dem Maßstab der Schrift ist.

Das setzt aber als *erste und eigentliche Aufgabe der Theologie das Verständnis der Schrift* voraus[21]. Da sie die Schrift nicht als Phänomen der Weltgeschichte, der Kultur- oder Geistesgeschichte, sondern als echtes geschichtliches Faktum zu interpretieren hat[22], kann ihr Schriftverständnis nur ein solches sein, in dem sich die eigene Weise, durch die Schrift qualifiziert zu sein, ausspricht; also nie ein neutrales, objektives, abwartendes, sondern nur entweder das des Glaubens oder des Unglaubens. Als theologische Interpretation hat nur die des Glaubens zu gelten, d. h. eine solche, die im Glauben als der Beziehung zum Gegenstand, zur Offenbarung, klarstellt, was die Schrift sagt. Theologie ist also in gewisser Weise Geschichtswissenschaft, bzw. Theologie ist eigentlich und immer *historische Theologie*. Die Rückwendung der Theologie zur Geschichte ist dabei keine grundsätzlich andere als in jeder Geschichtswissenschaft, d. h. sie ist die unter dem in der Gegenwart vernommenen Anspruch der Zukunft erfolgende kritische Rückwendung zur eigenen Geschichte. Zum Glauben wird diese Rückwendung, wenn sie den Anspruch dieses geschichtlichen Faktums (Faktums meiner Geschichte), der Schrift, anerkennt, was nicht als Voraussetzung vor der Interpretation erledigt sein kann, sondern sich nur in ihr vollzieht. Theologische Exegese der Schrift gibt es also nicht als methodisches Unternehmen, sondern es kann nur in der Kirche glaubend gewagt werden wie die Theologie überhaupt.

Theologie war also einerseits bestimmt als die begriffliche Darstellung der Existenz des Menschen als durch Gott bestimmter, andrerseits als Erklärung der Schrift. Beides ist das gleiche; denn da sie von der Existenz (nicht von der Existenzialität) als einer geschichtlichen redet, die durch ein bestimmtes geschichtliches Faktum qualifiziert ist, redet sie eben von der

---

[21] Cf. R. Bultmann, Das Problem einer theologischen Exegese des Neuen Testaments, ZZ 3, 1925, 334–357.

[22] *O–* Daraus Kritik an der Schrift! Cf. Luther, Vorrhede auff die Epistel Sanct Jacobi, 1522, WA.DB 7, 384. *–O*

Schrift, die dieses Faktum ist, und es eben als geschichtliches, d. h. eben die Existenz qualifizierendes, ist. Andrerseits redet sie, indem sie die Schrift interpretiert, also zeigt, was diese von Sünde und Gnade, von Offenbarung und Glaube sagt, von der Existenz des Menschen als von Gott bestimmter, denn Sünde und Gnade, Offenbarung und Glaube sind ja verstanden als das Wie der Existenz. Daneben gibt es dann also keine besondere systematische Theologie mehr, die nach eigenen Prinzipien ein System christlicher Lehre darstellte. Was systematische Theologie heißen könnte, also zum Beispiel diese „Einführung"[d], kann nur eine durch konkrete augenblickliche Fragen motivierte Selbstverständigung über die historische Arbeit der Exegese selbst sein, in diesem Fall also durch die akute Frage: Was ist Theologie? Theologie ist also rationale Arbeit, Arbeit des λόγος unter der Voraussetzung des Glaubens, des πνεῦμα. Dies gibt Gott, der λόγος ist unsere Sache[23]. Der λόγος macht es nicht *allein,* und den *Christen* macht er überhaupt nicht, aber den *Theologen.* Und die Abwesenheit des λόγος ist für keinen der Beweis für die Anwesenheit des πνεῦμα. *–A*

---

[23] *O–* „Synergismus"? – ja, wenn es hieße, daß der λόγος den Glauben konstituiere; aber vielmehr konstituiert der Glaube den λόγος. Theologie: das Ergreifen des λόγος. *–O*

---

[d] Hier ist nochmals daran zu erinnern, daß die Vorlesung in der Erstfassung als „Einführung in das Theologische Studium" angekündigt wurde *A.* Siehe dazu oben S. V.

Anhang 1

Dem Vorlesungsmanuskript liegen Inhaltsverzeichnisse von Bultmanns Hand bei, aus denen Gliederung und Themen der Vorlesungen von 1926 und 1930 zu ersehen sind. Ein drittes Inhaltsverzeichnis spiegelt einen Überarbeitungsstand vor der Vorlesung von 1936 wider (s. o. S. VI). Diese Inhaltsverzeichnisse werden zusammen mit den Seitenzahlen unserer Ausgabe hier synoptisch abgedruckt. Die Seitenzahlen in den ersten drei Spalten geben mit Ausnahme der Klammerzusätze zu § 15 die (nicht immer vollständigen) Angaben Bultmanns wieder. Die verschiedenen Schrifttypen in der ersten Spalte sollen hier jene Abschnitte der Erstfassung (1926) hervorheben, die in der nun veröffentlichen letzten Fassung entweder stark überarbeitet (*kursiv*) oder gar nicht mehr (**halbfett**) enthalten sind.

(Synopse der Inhaltsverzeichnisse siehe nächste Seite)

Synopse der Inhaltsverzeichnisse

Synopse der Inhaltsverzeichnisse (Fortsetzung)

Synopse der Inhaltsverzeichnisse (Fortsetzung)

Synopse der Inhaltsverzeichnisse (Fortsetzung)

Synopse der Inhaltsverzeichnisse (Fortsetzung)

Anhang 2

Abschnitte zweifelhafter Zugehörigkeit
zu einer bestimmten Textschicht

Zur Erklärung

„11 E vielleicht auch D" bedeutet: „Der auf S. 11 unserer Ausgabe der Überarbeitungsschicht E (1936) zugewiesene Abschnitt könnte vielleicht auch der Überarbeitungsschicht D (1933) zuzuweisen sein." Bei Anmerkungen wird entsprechend verfahren. Vgl. oben S. VI.

11 E vielleicht auch D	44 ff. C vielleicht auch B
14 Anm. 2 E vielleicht auch D	46 Anm. 43 E vielleicht auch D
15 E vielleicht auch D	48 ff. C vielleicht auch B
17 Anm. 4 C vielleicht auch B	52 E vielleicht auch D
18 ff. C vielleicht auch B	52 Anm. 4 E vielleicht auch D
25 Anm. 37 B vielleicht auch C	61 ff. C vielleicht auch B
30 Anm. 4 C vielleicht auch B	145 E vielleicht auch D
31 Anm. d E vielleicht auch D	153 Anm. 64 B vielleicht auch A
32 Anm. 13 E vielleicht auch D	163 f. C vielleicht auch B
36 C vielleicht auch B	165 f. C vielleicht auch B
38 C vielleicht auch B	166 f. C vielleicht auch B

Anhang 3

Wahrheit und Gewißheit

Zu Bultmanns Vortrag über „Wahrheit und Gewißheit" ist das Vorwort unserer
Ausgabe, oben S. X zu vergleichen. Das Vortragsmanuskript umfaßt 26 einseitig
mit Tinte beschriebene Blätter. Dazu kommen 4 Seiten, die Bultmann anscheinend
nach Kenntnis des Gogartenschen Korreferats unmittelbar vor dem Vortrag seiner
Ausführungen und diese einleitend niederschrieb. Exkurse, die Bultmann auf
gesonderten Blättern in das Manuskript einlegte, sind hier nicht mit abgedruckt.

Wer *v. Sodens Ausführungen „Was ist Wahrheit?"*[a] gelesen hat, weiß,
daß *der Begriff „Wahrheit" vieldeutig* ist. In den folgenden Ausführungen
wird nun der Begriff Wahrheit in dem Sinne gebraucht, in dem er uns im
allgemeinen geläufig ist und in dem er auch in der Regel gebraucht wird,
wenn von der Wahrheit des Glaubens die Rede ist, in dem Sinne nämlich,
in dem man fragt: ist wahr, was ich glaube oder glauben soll? Dieser
Wahrheits-Begriff ist uns *aus der griechischen Tradition,* die unsere wissenschaftliche Bildung wesentlich bestimmt, geläufig, und Wahrheit (ἀλήθεια) heißt hier ganz einfach zunächst: *Enthülltheit, Aufgedecktheit,* der
wahre Sachverhalt, der wirkliche Tatbestand. Ein Sachverhalt wird als
wahr bezeichnet, wenn er so gesehen wird, wie er wirklich ist, unverhüllt
durch falsche Meinungen und Phantasien. In abgeleiteter Weise wird nun
auch *eine Rede, ein Satz als wahr* bezeichnet; dann nämlich, wenn sie einen
Tatbestand aufdeckt, wenn sie ihn in seiner Wahrheit enthüllt, ihn so
darstellt, wie er wirklich ist. Wir pflegen gewöhnlich so zu sagen: eine
Rede ist wahr, wenn sie dem Tatbestand entspricht.

   In diesem doppelten, aber aus einem Ursprung stammenden Sinne soll
also von Wahrheit die Rede sein: Wahrheit eines Tatbestandes und Wahrheit eines Satzes. Da aber die Frage nach der Wahrheit des Glaubens über
diesen Wahrheits-Begriff hinausführt, wie besonders an Gogartens Vortrag deutlich werden wird, ist es gut, sich von vornherein eine andere
Verwendung des Begriffs Wahrheit deutlich zu machen, die mit der vorigen in Zusammenhang steht.

---

[a] MAkR 46, Marburg 1927.

Im Griechentum schon erwachte die Frage: Was ist Wahrheit? D. h. die Frage nach *der* Wahrheit[1]. Von dem bloß formalen Sinn des Begriffs „Wahrheit" aus ist der Gedanke *der* Wahrheit, der *einen* Wahrheit nicht zu verstehen. Vielmehr gibt es so viele Wahrheiten als sich Dinge oder Sachverhalte denken lassen. Die Frage nach *der* Wahrheit ist nur verständlich, wenn Wahrheit in einem bestimmten Sinn zum Dasein selbst gehört, für das Dasein wesentlich ist.

In welchem Sinne fragt das Dasein nach Wahrheit? Ganz einfach deshalb, weil es sich selbst verstehen will, sich selbst verstehen muß, um bei sich selbst zu sein, zu seiner Eigentlichkeit zu kommen. Die Welträtsel, die es bedrängen, bedrängen es deshalb, weil sie die Rätsel des Daseins selbst sind[2].

Nun ist verständlich, daß das Dasein, um sich selbst zu verstehen, sich primär an die Welt wendet, um *sie* zu verstehen. Denn es lebt von vornherein in einer Welt, und es muß die verstehen, um nicht blind in der Welt zu stehen. So ist die griechische Wissenschaft vom κόσμος motiviert. Diese Wissenschaft nun findet unendlich viele Wahrheiten, den unendlichen Erscheinungen und Möglichkeiten des κόσμος entsprechend. Und es scheint nun, als habe man die Wahrheit, wenn man alle diese möglichen Wahrheiten in ihrer Gesamtheit sieht. Dieser Schein entsteht dadurch, daß naiv vorausgesetzt ist, daß: *alle* möglichen Wahrheiten zu wissen, zugleich bedeutet: ihre Zusammengehörigkeit und Einheit zu wissen und so den κόσμος als geschlossene Einheit, als σύστημα zu verstehen. Das ist das Ziel der griechischen Wissenschaft. Und daraus folgt, daß sie das Dasein, um dessen Wahrheit es geht, als ein Phänomen des κόσμος faßt, das verstanden ist, wenn es in diesem σύστημα als ein Ding unter andern in seiner Ordnung verstanden ist[3]. Das griechische Weltverständnis meint, wenn es die Welt *kennt,* sie auch zu *verstehen,* nämlich als Einheit. Es setzt die Verständlichkeit der Welt, ihr Geleitetsein durch den Logos voraus. Die Wahrheit ist, wie wir zu sagen pflegen, zugleich der Sinn. Das Dasein meint, sich zu verstehen, wenn es die Gesamtheit des in der Welt vorhandenen Seienden als sinnvolle Einheit versteht. Dabei bedeutet aber Sinn nichts anderes als Einheit, σύστημα. Das Verstehen vollzieht sich im Betrachten der Ordnung des Alls, in der θεωρία, und in solcher ist das Dasein nach griechischer Auffassung bei sich selbst, in seiner Eigentlichkeit, weil es ja so, das All verstehend, sich selbst versteht[4].

---

[1] Platon, Phaidros 248b: ἡ πολλὴ σπουδὴ τὸ ἀληθείας ἰδεῖν πεδίον οὗ ἐστιν. Cf. 247.
[2] Cf. Phaidros 247d: die Seele schaut über dem Himmel αὐτὴν δικαιοσύνην, σωφροσύνην, ἐπιστήμην. Das entscheidende Rätsel ist, wie es mit dem Menschen selbst bestellt sein muß.   [3] „Weltanschauung".   [4] So auch im Positivismus.

Es folgt weiter, daß dieses Verständnis die Zeitlichkeit und Geschichtlichkeit des Daseins eliminiert hat; denn wo diese gesehen werden, kann der Gedanke nicht aufkommen, daß ein Verständnis des Daseins gewonnen ist, wenn es von der vorhandenen Welt her und ihren ewigen, d. h. zeitlosen Ordnungen verstanden ist; denn in der Zeit ist jeder Augenblick neu und hat sein eigenes, neues Rätsel. – Ist Dasein zeitlich-geschichtlich und je wesenhaft neu, so hat die Frage nach *der* ἀλήθεια nur Sinn als die Frage nach der ἀλήθεια des Augenblicks, je meines Augenblicks[5].

Es folgt aber endlich, und das ist für unseren Zusammenhang die Hauptsache, daß die Wahrheit, nach der das Dasein fragt, *seine* Wahrheit, hier die zeitlose, beschaubare Wirklichkeit der vorhandenen Welt ist.

Es ist wohl zu beachten, daß die moderne Frage nach der Wahrheit der Geschichte genau den Sinn der griechischen Wahrheits-Frage hat. Denn mit der Wahrheit der Geschichte ist nicht gemeint die Aufgedecktheit alles in der Geschichte, in der Zeit Vorkommenden, sondern der Sinn, die Einheit und Ordnung alles Geschehens in der Zeit. Wer nach der Wahrheit der Geschichte fragt, fragt nach zeitlosen Ordnungen, und er fragt danach, weil er meint, daß er, wenn er sie wahrnehmen kann, beruhigt und gesichert ist.

Für unser Thema kommt es nun darauf an zu unterscheiden:
1. Wahrheit des christlichen Glaubens als Genitivus objectivus, d. h. ist wahr, was der christliche Glaube sagt. Welche Bedeutung diese Wahrheitsfrage für die Theologie hat, werde ich zu zeigen versuchen.
2. Wahrheit des christlichen Glaubens als Genitivus subjectivus, d. h. welches ist die Wirklichkeit, von der der christliche Glaube redet, und darüber wird Gogarten handeln. Dabei aber kommt es darauf an, zu fragen: wenn von der christlichen Wahrheit die Rede ist, ist dann im Sinn der griechischen Frage nach der Wahrheit die Rede, d. h. ist die christliche Wahrheit eine beschaubare, in der θεωρία erfaßbare Einheit von Welt und Geschichte? Und wenn auch die christliche Wahrheit letztlich die Frage nach je meiner Wahrheit, nach dem echten Verständnis meiner selbst ist, – vollzieht sich das christliche Selbstverständnis in der θεωρία oder wie sonst?

Daß das Thema „Wahrheit und Gewißheit" gestellt werden kann, daß *Wahrheit und Gewißheit* gegeneinander differenziert werden können, be-

---

[5] Cf. C. Spitteler, Prometheus und Epimetheus, Jena 1923.

ruht offenbar darauf, daß im Bereich des christlichen Glaubens bzw. der Theologie die Gewißheit des Glaubens behauptet wird, ohne daß zugleich seine Wahrheit in dem Sinne behauptet wird, wie man sonst von Wahrheit redet. Denn *Wahrheit* hat nach allgemeinem Sprachgebrauch den Charakter des *Allgemeingültigen,* des allgemein Einsichtigen und allgemein Anerkennung Fordernden. In diesem Sinne meint man, nur von der Wahrheit der wissenschaftlichen Erkenntnisse, aber nicht von der Wahrheit des Glaubens reden zu können. Man redet aber freilich von der *Gewißheit* des Glaubens. Ist Glaube nichts als ein Zustand, eine Haltung des Subjekts (eine διάθεσις), so hat es in der Tat keinen Sinn, von seiner Wahrheit zu reden, freilich auch kaum von seiner Gewißheit (oder nur im Sinne der stoischen ἀσφάλεια); denn daß ich meines Glaubens gewiß bin, kann dann nur heißen, daß ich gewiß bin, mich in einem glaubenden, religiösen Zustande zu befinden, etwa wie ich gewiß sein kann, daß ich fröhlich oder traurig bin.

Seines Glaubens gewiß sein (oder auch: im Glauben gewiß sein) bedeutet aber offenbar ursprünglich etwas anderes, nämlich *dessen gewiß sein, woran ich glaube;* dessen gewiß sein, daß mein Glaube keine Illusion ist; das heißt aber eben: der Glaube versteht sich von vornherein nicht als ein Zustand des Subjekts, sondern (formal ausgedrückt) als seine Beziehung zu einem Gegenstand, und er hat nur Gewißheit, wenn er weiß, daß dieser Gegenstand wirklich *ist* und daß der Glaube ihn wirklich so sieht, *wie* er ist. Dann läßt sich aber *Gewißheit und Wahrheit des Glaubens* gar nicht trennen. Denn der Glaube hat nur Gewißheit, wenn er Wahrheit hat, d. h. wenn wahr ist, woran er glaubt, d. h. wenn der Gegenstand des Glaubens aufgedeckt vor ihm liegt, wenn er ihn sieht in seiner Wirklichkeit, so wie er ist.

Wahrheit und Gewißheit gehören also untrennbar zusammen, und *Wahrheit bedeutet hier wie überall formal das gleiche,* nämlich sofern von der Wahrheit des Gegenstandes der Erkenntnis geredet wird: seine Aufgedecktheit, seine Wirklichkeit, – und sofern von der Wahrheit von Sätzen geredet wird, deren aufdeckenden Charakter bzw. ihre Entsprechung an den Gegenstand. Deshalb aber hat Wahrheit auch hier wie überall den *Charakter der Allgemeingültigkeit,* d. h. jeder, der den betreffenden Gegenstand sieht, muß ihn *so* sehen, jeder, der über ihn redet, muß *so* reden, wenn anders der Gegenstand gesehen wird und der Gegenstand zu Worte kommt. Sieht man ihn anders und redet man anders von ihm, so sieht man etwas anderes und redet von etwas anderem, also man redet überhaupt nicht von dem Gegenstand, der zur Diskussion steht.

Natürlich darf man hier nicht einwenden, daß man doch *den Gegenstand von verschiedenen Seiten sehen* und Verschiedenes an ihm hervorheben kann. Natürlich! Aber soll all dies Verschiedene vom gleichen Gegenstand gelten, so muß eben dieser Gegenstand in dem Entscheidenden, Wesentlichen, was er ist, gleich gesehen sein, und alles Verschiedene von ihm gelten und von ihm zu verstehen sein; es muß also zusammenstimmen. Von Gott zum Beispiel können nicht beliebig verschiedene Aussagen gleichmäßig gelten, etwa daß er Person sei und daß er nicht Person sei, daß er innerweltlich oder daß er außerweltlich wäre, sondern nur je eines von beiden; sonst ist nicht vom gleichen Gegenstand, von Gott, die Rede.

Die häufige Rede: ich kann von der Wahrheit eines Glaubenssatzes nur reden, so wie sie *mir* Wahrheit geworden ist, ich kann an Gott nur glauben, so wie *ich* ihn sehe, bedeutet entweder den Verzicht auf die Wahrheit des Glaubens überhaupt, d. h. der so Redende redet wirklich nur von seinen subjektiven Zuständen und nicht mehr von Gott, oder er bedeutet, daß ich vom Gegenstand des Glaubens *nur reden kann, wenn ich ihn wirklich gesehen habe,* daß jeder Glaubenssatz ein selbständig gewonnener und nicht ein blind übernommener sein muß. Ganz richtig; aber *der Wahrheitsbegriff ist damit nicht aufgehoben.* Es soll mit jenem Satze faktisch zugleich gesagt sein, daß das Sehen des Glaubens sich anders vollzieht als sinnliche Wahrnehmung und etwa mathematische Erkenntnis. Es soll damit gesagt sein, daß der Glaube seine eigene Erkenntnisquelle hat, eine eigene Weise des Sehens hat. So wie z. B. Ritschl sagte, daß die Religion nicht in Seins- sondern in Werturteilen verlaufe. Das bedeutet aber nicht den Verzicht auf Allgemeingültigkeit; denn diese bedeutet nicht das empirische Faktum, daß alle den Gegenstand sehen, sondern die grundsätzliche Tatsache, daß alle, die ihn sehen, ihn so sehen müssen. Sie wird nicht durch die erkennenden Subjekte, sondern durch den Gegenstand bestimmt.

So einfach dies alles im Grunde ist, so verhängnisvoll sind in der Theologie die Folgen der Einsicht geworden, daß die Wahrheit des Glaubens, weil es sich um einen besonderen Gegenstand und entsprechend um eine besondere Weise des Sehens handelt, eine besondere ist. Im Unterschied von dem Sehen und der Erkenntnis in der Naturwissenschaft schien das Sehen des Glaubens und seine Erkenntnis „subjektiv" zu sein, und der Gegenstand des Glaubens, weil der Allgemeingültigkeit entbehrend, dem Zugang wissenschaftlichen Denkens entzogen zu sein. Man redet von einer *„doppelten Wahrheit"* als einer Wahrheit des Glaubens und der Wissenschaft[1]. Da man nun an der Theologie als Wissenschaft festhielt,

---

[1] M. Rade, Art. Wahrheit, Wahrhaftigkeit, RE³ 20, S. 779–788, bes. S. 783.

und trotz der „doppelten Wahrheit", der des Glaubens und der der Wissenschaft, an der Einheit der Wissenschaft, so mußte die Wahrheit, um die es in der Theologie ging, die wissenschaftliche Wahrheit werden, so wie man Wissenschaft verstand, während die Wahrheit des Glaubens ihr als unzugänglich galt.

Es erschien gerade als ein Charakteristikum *der Wissenschaftlichkeit der Theologie,* daß sie unbekümmert um die Wahrheit, um die es dem Glauben zu tun ist, arbeitet; sie darf nur geleitet sein von der wissenschaftlichen Wahrheit und darf nicht an Sätze des Glaubens gebunden sein; sonst wäre sie keine freie Wissenschaft mehr. Man setzt freilich voraus, daß sie nicht zu Ergebnissen kommt, die den Glauben erschüttern, indem man sich daran erinnert, daß ja die Gewißheit des Glaubens eine ganz andere Begründung habe als die Sätze der Wissenschaft, daß der Gegenstand des Glaubens ein ganz anderer sei, als der der Wissenschaft.

Aber wie steht es? Die Theologie als Wissenschaft darf nicht an die Sätze des Glaubens gebunden sein, sie muß frei sein! Aber die Sätze des Glaubens sprechen doch die Beziehung des Glaubenden zum Gegenstand des Glaubens, zu Gott, aus. Nun ist *entweder* der Glaube die einzige Beziehung zu Gott; dann folgt, daß jene Theologie *vom Gegenstand des Glaubens, von Gott, nicht reden kann,* daß also auch die Wahrheit des Glaubens nicht in ihren Bereich fällt. *Oder* es gibt außerhalb des Glaubens noch eine andere Beziehung zu Gott, eine andere Weise, ihn zu sehen, um ihn zum Gegenstand der Wissenschaft machen zu können. Das bestreitet sowohl der Glaube wie auch jene Theologie, die ja ausdrücklich sagt, daß der Gegenstand des Glaubens nur in der ihm eigentümlichen Weise, einer subjektiven, wie sie meint, erfaßt werden könnte. Es bleibt also dabei, daß diese Theologie vom Gegenstand des Glaubens, von Gott, nicht reden kann und damit auch nicht von der Wahrheit des Glaubens.

Gleichwohl will sie als Theologie vom Glauben reden. Will sie das, ohne von seinem Gegenstand und von seiner Wahrheit zu reden, so kann sie ihn also nicht als die Beziehung zwischen Gott und Mensch verstehen, sondern *nur als eine menschliche Haltung.* Ihr Gegenstand wird die Frömmigkeit, die Religion, ein Phänomen des menschlichen Geistes, der menschlichen Geistesgeschichte, der „Welt". Und mag sie immer betonen, daß der Glaube, die Frömmigkeit von einem Gegenüber rede, so ist damit nichts geholfen. Denn so lange sie meint, den Glauben ohne seinen Gegenstand selbst zum Gegenstand der wissenschaftlichen Forschung machen und ihn verstehen zu können, so lange leugnet sie faktisch die Wahrheit des Glaubens und endet damit, das, was der Glaube über seinen Gegenstand sagt, als die Objektivierungen des frommen Gefühls, als die mythologische Weltdeutung der Frömmigkeit zu verstehen². Sie will vom Glauben reden ohne zu sehen, woran der Glaube glaubt, d. h. aber, wenn der Glaube durch seine Beziehung zu seinem Gegenstand das ist, was er ist: sie kann ihn überhaupt nicht sehen. Sie nimmt ihn als ein Weltphänomen, während er selbst behauptet, von Gott gewirkt zu sein. Gerade indem sie meint, ihn unbehelligt zu lassen, wenn sie sich keine Aussage über seinen Gegenstand zutraut, greift sie ihn faktisch aufs schärfste an.

Die Problematik einer solchen Theologie tritt einmal hervor an der *historischen und psychologischen Arbeit* innerhalb der Theologie. Diese unterscheidet sich offenbar, da sie den Gegenstand des Glaubens nicht in den Blick nimmt, nicht von profaner Historie und Psychologie, und so wird eines Tages die Frage laut, was solche Arbeit innerhalb der Theologie bedeute! Indessen soll hier nur von der *systematischen Theologie* gehandelt werden. Wenn diese nicht einfach eine Sammlung und Ordnung der Sätze des Glaubens sein soll, ohne auf ihre Begründung einzugehen, wenn sie wirklich Wissenschaft sein will, so gerät sie in eine Verlegenheit. Sie tut sich etwas darauf zugute, daß sie den Glauben von sich unabhängig macht, aber sie kann dann nicht mehr sagen, wozu sie eigentlich da ist. Klar tritt das z. B. in Wendlands Artikel „Theologie"³ hervor: „Die Theologie wurzelt im Leben des Glaubens", – aber dies Wurzeln bedeutet hier nur soviel, daß es Theologie nur deshalb geben kann, weil es Glauben gibt, denn in ihr wird – wie es heißt – das Leben des Glaubens zum Gegenstand des Nachdenkens gemacht. Aber wie denn im Leben des Glaubens Theologie wirklich *begründet* sei, bleibt dunkel, und damit, warum denn und cui bono der Glaube zum Gegenstand des Nachdenkens gemacht werde.

Es werden nun praktische Motivierungen gesucht: die Theologie befriedige das Verständnis der Christen untereinander, – wovon bis heute aber nicht viel zu merken ist. Sie soll *Apologetik* treiben! Aber wie kann sie das, wie kann sie über Recht oder Unrecht des Glaubens befinden, wenn die Frage nach seinem Gegenstand, der ihn einzig begründet, nicht in ihrer Kompetenz liegt? Was hilft es, wenn die Apologetik *religions-wissenschaftlich* fundiert werden soll, so daß sie zwar nicht den Glauben begrün-

---

² Cf. E. Troeltsch, Die wissenschaftliche Lage und ihre Anforderungen an die Theologie, SGV 20, Tübingen 1900, S. 37: „Vorstellungen, Gedanken und Begriffe sind auf dem Gebiete der Religion nur Symbole, die einen religiösen Gefühlsgehalt ausdrücken und die ebendeshalb dem Wandel der Zeit und der Verschiedenheit der Individuen unterworfen sind."
Cf. aaO, S. 38: Die religiöse Vorstellung hat „subjektiv-persönlich bedingten, individuellen und symbolischen Charakter".
³ RGG¹ V, Sp. 1197–1205.

det, aber zeigt, warum religiöser Glaube überhaupt dem Menschen wesentlich, notwendig und normal ist, wenn sie dann durch den Nachweis einer Stufenfolge, einen Vergleich der Religionen und Glaubensweisen zeigt, daß der christliche Glaube die höchste und denkbar höchste Erscheinungsform des religiösen Lebens ist (Wendland), daß eine über die religiöse Grundposition des christlichen Glaubens hinausliegende Stufenhöhe des religiösen Bewußtseins nicht denkbar sei (Wobbermin)? Ich bedanke mich für eine solche Apologetik; denn ich will nicht wissen, ob mein Glaube die höchste und unüberbietbare Form des religiösen Lebens ist, sondern ich will einfach wissen, ob wahr ist, woran ich glaube!

Einst war die Theologie die Wissenschaft *vom* Glauben, als der fides quae creditur, *für* den Glauben als die fides qua creditur. Jetzt ist sie eine Wissenschaft *vom* Glauben als der fides qua creditur, und verloren ist die fides quae creditur und das Wofür dieser Wissenschaft. Aber faktisch hat sie damit auch die fides qua creditur verloren; denn diese ist nur sichtbar, wo primär ihr Gegenstand gesehen ist. Keine Analyse kann aber aus der fides qua creditur, wenn sie ohne ihren Gegenstand gesehen ist, diesen nachträglich herausanalysieren, wenn auch (in der Empfindung der Verlegenheit der Situation) Schaeder, Wobbermin und Bruhn sich darum bemühen[4].

Eine Theologie, deren Gegenstand die Religion ist und die den Glauben als einen Fall des religiösen Lebens auffaßt, hat den Glauben und seinen Gegenstand ein für allemal verloren, sie redet nicht vom Glauben und seiner Wahrheit. Ihr Gegenstand ist nur noch *das glaubende Subjekt,* dessen Glauben als eine menschliche Haltung verstanden wird.

Wie eine konsequent so verfahrende Theologie aussieht, zeigt sich bei *Troeltsch.* Er setzt offen *Glaube und Frömmigkeit* gleich und bestimmt den Glauben als eine religiöse Gesamthaltung der Seele. Wenn er diese genauer als eine willige Hingabe an Gott und ein sich Erfüllenlassen von Gott definiert, so scheint der Beziehungscharakter des Glaubens damit zur Geltung gebracht zu sein; aber wie wenig das wirklich der Fall ist, zeigt die genauere Betrachtung. Von jenem Glauben (der fides qua creditur) unterscheidet Troeltsch nämlich noch den Glauben in einem spezifischen Sinn, es ist die fides quae creditur, nämlich *Mythos oder Gnosis,* Vorstellungen über die Wirklichkeit, die der Glaube aus sich heraus produziert. Alle

---

[4] Wobbermin, Der Streit um Schleiermacher, ZEvRU 39, S. 292, als theologische Aufgabe, „den Objektgehalt der christlichen Glaubensüberzeugung darzulegen, den Objektgehalt, der mit der christlichen Grundüberzeugung gegeben ist, der sozusagen in ihr enthalten ist". Das sei die theologische Aufgabe im Sinne Schleiermachers.

Religionen führen diese Glaubenserkenntnis als von Gott gewirkte auf *Offenbarung* zurück. Das Reden von solcher in der Vergangenheit gewirkten und den Glauben weiterhin begründenden Offenbarung ist Mythologie. Denn in Wahrheit ist Offenbarung nichts anderes als „eine gesteigerte, das Durchschnittsmaß überragende und ihre Kraft ausstrahlende Gläubigkeit". Sie ist „die produktive und originale Erscheinung neuer religiöser Kraft oder Lebenserhöhung, die sich als ein praktisches Ganzes des Lebens und der Gesinnung darstellt und von ihrem Träger aus ihre Kräfte mitteilt". Für den Offenbarungsträger selbst stellt sich das Ganze in einer Fülle von Gesichten dar, in Vorstellungen über Gott, Welt und Mensch, d. h. in einem von der naiven Phantasie geschaffenen Mythos. Man könnte ihn als Symbol bezeichnen, „darf aber dann nicht vergessen, daß für den produktiven Genius selbst sein Mythos in der Hauptsache naiv geschaute Wirklichkeit ist"[5].

Die religiöse Gemeinschaft nun akzeptiert diesen Mythos und bereichert ihn vor allem dadurch, daß sie den religiösen Heros selbst in ihn einbezieht, ihn vergöttlicht und zum Gegenstand des Glaubens macht. So ist denn der Glaube „eine von dem geschichtlich-persönlichen Eindrucke ausgehende mythisch-symbolisch-praktische, eigenartig religiöse Denk- und Erkenntnisweise, die an den Mythos glaubt um der von ihm übermittelten praktisch-religiösen Kräfte willen, und die diese Kräfte nur auszusprechen, zu vergegenständlichen und mitzuteilen weiß durch den Mythos"[6].

Theologie entsteht nun, weil die Glaubenserkenntnis immer vom jeweiligen wissenschaftlichen Weltbild beeinflußt ist, dies sich aber beständig ändert und also alsbald in Konflikt mit dem Mythos gerät. Die Theologie versucht, den alten Mythos dem neuen Weltbild anzupassen; indes geht das nur bis zu einer gewissen Grenze. Ist der Mythos durch das wissenschaftliche Weltbild aufgelöst, so löst sich auch die religiöse Substanz auf und es muß zu religiösen Neubildungen kommen.

Man sollte denken, daß Troeltsch in einer so verzweifelten Situation die Theologie preisgegeben hätte. Denn wer gesehen hat, daß über allem Mythos, auch dem christlichen, die Auflösung schwebt, wie wird sich der noch Mühe mit einer theologischen Arbeit machen, die an der Verbindung von Mythos und Wissenschaft doktert. Aber als Ausflucht bietet sich nun für Troeltsch eine neue Möglichkeit, Theologie zu treiben, indem er als

---

[5] E. Troeltsch, Art. Glaube III. Dogmatisch, RGG[1] II, Sp. 1437–1447, zit. Sp. 1439. 1440.

[6] AaO Sp. 1440.

ihre Aufgabe die *psychologische und erkenntnistheoretische Analyse des Glaubens* bestimmt. Hat die alte Theologie eine Verbindung von Mythos und Wissenschaft dadurch gesucht, daß sie natürliches und übernatürliches Wissen miteinander zu vermitteln sucht, so will die neue Theologie Wissenschaft und Glauben dadurch vermitteln, daß sie zunächst den mythisch-symbolisch-praktischen Charakter des Glaubens deutlich macht und dann eine Sicherstellung der auf letzte religiöse Wahrheit gehenden praktisch-symbolischen Erkenntnisweise neben den auf die Erfahrung gehenden exakt-wissenschaftlichen Erkenntnisweisen versucht. Eine *Erkenntnistheorie des Glaubens* hat den selbständigen Erkenntniswert des Glaubens zu erweisen, eine durch die Religion vermittelte Realitätsbeziehung sicherzustellen.

Seltsam, höchst seltsam! *Die Realität, auf die sich die Religion bezieht,* ist dann ja für diese selbst gar nicht sichtbar[7]. Sie wird erst von der psychologischen und erkenntnistheoretischen Analyse entdeckt! Sie kann nicht Gott und seine Offenbarung sein; denn das Reden von Gott und seiner Offenbarung ist ja Mythologie! Und der Mythos kann sich vor der Wissenschaft nicht halten! Der Glaube aber mag seine Mythologie festhalten! Da sie praktisch-symbolischen Charakter hat, schadet sie niemandem und nützt manchen. Die Wissenschaft aber sieht, daß faktisch im Glauben die Beziehung zu einer Realität steckt, die allein sie, die Wissenschaft, kraft Psychologie und Erkenntnistheorie sehen kann.

Was für eine Realität wird das sein? Und wie muß die Art der Beziehung des Glaubens zu ihr gedacht sein?

Die Realität ist nichts anderes als *das sogenannte Absolute.* Und zwar ist das Absolute dabei zugleich als das „Schöpferische" gedacht, das alle Lebenserscheinungen produziert, und als ein Wert, der allen Werten ihre Gültigkeit gibt. *Allen* Werten; denn nicht nur die Religion, sondern auch Wissenschaft, Ethos und Kunst erfassen Werte. Was der religiöse Wert ist, wird freilich nicht klar; mythologisch ausgedrückt ist es Gott. Denn Troeltsch behauptet, daß der Erkenntniswert des Glaubens in der praktischen Bewältigung der Lebensrätsel bestehe durch Erfassung einer praktisch sich bezeugenden erlösenden Macht der Gottesgemeinschaft.

Sehr klar ist das nicht. Es läuft faktisch einfach darauf hinaus, daß im Glauben die Gültigkeit der Werte, auf die sich Wissenschaft, Ethos und Kunst beziehen, behauptet wird[8]. Diese Theorie ist für Troeltsch nur

---

[7] Cf. Troeltsch, Die wissenschaftliche Lage (Anm. 2), S. 50!
[8] Denn die eigentlichen Lebensrätsel sind für Troeltsch die Zweifel an der Gültigkeit dieser Werte angesichts der alles verschlingenden Natur.

deshalb möglich, weil er zum Schluß mit einem ähnlichen Salto mortale wie Heim plötzlich auch Wissenschaft, Ethos und Kunst auf den Glauben als ein *inneres Notwendigkeitsgefühl* begründet sein läßt. Jede Überzeugung von letzten Wahrheiten und Werten sei religiöser Natur, sei ein Glaube. Dann ist es freilich leicht, den Glauben zu retten, wenn er schließlich nichts ist, als das sogenannte rein Religiöse, als das Notwendigkeitsgefühl, das alle Kultur, Wissenschaft, Ethos und Kunst sanktioniert. Ja, dann kommt schließlich sogar der Mythos wieder zu Ehren, weil nämlich von den letzten Werten immer nur halb mythologisch geredet werden könne und mythologisch-religiöse und wissenschaftlich-begriffliche Erkenntnis sich durchdringen.

Auch sieht man, wie die *Beziehung des Glaubens zum Absoluten* eigentlich gedacht ist; nicht als eine Beziehung von Ich und Du, von Frage und Antwort, von Sünde und Vergebung. Vielmehr ist die Gläubigkeit des Subjekts nichts anderes als die schöpferische Wirksamkeit des Absoluten im Subjekt, die Selbstsicherheit des schöpferischen oder nachschöpferischen Subjekts. Deus in nobis! Der Glaube ist im Grunde der Glaube des menschlichen Geistes, der menschlichen Kultur an sich selbst. Die Religion ist eine unentbehrliche und wertvolle Funktion des menschlichen Geisteslebens, weil dieses des Glaubens an die Immanenz des Göttlichen in ihm, des Glaubens an sich selbst bedarf, um seine Sicherheit zu behalten und nicht der Verzweiflung zu verfallen.

Gesteht Bruhn ganz unverblümt: der Liberalismus habe den Zugang zum Absoluten offengehalten, indem er aus dem lebendigen Menschsein heraus vertraute, daß das Von-unten zugleich ein Von-oben sei, so hält Troeltsch nur mit einer gewissen trotzigen Verzweiflung am Immanenzglauben fest und macht die christliche Theologie zu einer Geschichtsphilosophie, die die Immanenz des Göttlichen, die Anwesenheit letzter Wahrheiten und Werte im menschlichen Geistesleben, nachweisen möchte[9].

Kurz gesagt: diese Theologie weist – wenn ihr die Wahrheits-Frage gestellt ist – den Menschen an sich selbst zurück und heißt ihn, an sich selber zu glauben. Solche Theologie ist keine Theologie, weil sie ihren Gegenstand verloren hat; sie redet weder vom Glauben noch von Gott. Theologie aber ist entweder, was sie war: *Lehre von Gott,* – oder, wenn es solche Lehre nicht gibt, sie ist *nicht.* Soll die Theologie von der Wahrheit

---

[9] „Eine umfassende Wissenschaft von Wesen und Entwickelung des religiösen Bewußtseins der Menschheit" „bildet das Fundament aller wissenschaftlichen Theologie." (Troeltsch, Die wissenschaftliche Lage, S. 39; cf. ibid. S. 43).

des Glaubens reden, so darf sie nicht von der Wahrheit der Religion als einer notwendigen und schöpferischen Funktion des Geistes- und Kulturlebens reden, sonst redet sie eben nicht vom Glauben; sondern sie muß vom Gegenstand des Glaubens selbst reden. Sonst interessiert sie den Glauben selbst nicht mehr und vermutlich auch nicht eine glaubenslose Wissenschaft.

Wie aber soll sie vom Gegenstand des Glaubens reden? Sie muß, um das zu können, *den Glauben als eine bestimmte Weise, seinen Gegenstand, Gott, zu sehen,* anerkennen; sie muß also den Sätzen des Glaubens Erkenntniswert zuerkennen, ihnen Wahrheit, das heißt den Charakter des Aufdeckens der göttlichen Wirklichkeit zuerkennen. Hier aber droht ihr ein neuer Abweg, dem die Theologie, soweit sie daran festhielt, dem Glauben selbständiges Erkenntnisvermögen zuzusprechen, weithin verfallen ist.

Wieder wird an die *„doppelte Wahrheit"* appelliert. Bedeutete die Rede von der „doppelten Wahrheit" im Nominalismus die Tatsache, daß zwei sich widersprechende Sätze über den gleichen Tatbestand wahr sein können (Sätze, die auf Vernunft, und Sätze, die auf die Offenbarung gegründet sind), so wird jetzt mit Berufung auf *Kants Erkenntniskritik* behauptet, daß Sätze, die je auf einem a priori der Vernunft beruhen – der theoretischen, der praktischen oder der ästhetischen – gleichmäßig nebeneinander wahr sein können, auch wenn sie Verschiedenes und Widersprechendes über einen Gegenstand aussagen. Denn der Gegenstand, so heißt es, wird ja erst durch das Erkenntnisvermögen konstituiert, und die Aussagen gehen auf diesen, von der Vernunft konstituierten Gegenstand, nicht auf das Ding an sich. Ich kann also ein Phänomen der Natur naturwissenschaftlich oder ästhetisch betrachten; ich kann ein Phänomen der Geschichte, die Tat eines Menschen etwa, als notwendiges Ergebnis eines kausalen Ablaufs von Ereignissen, ich kann es aber auch als Tat der Freiheit betrachten.

In Analogie zu solchen Betrachtungsweisen wird auch der Glaube gestellt, und man redet vom *religiösen Apriori,* das neben den andern Apriori sein Recht habe. Aber dabei werden zwei Fehler gemacht.

1. Nie und nirgends konstituiert ein Erkenntnisvermögen den Gegenstand, sondern *der Gegenstand bestimmt die Erkenntnis,* wenn anders von Erkenntnis und von Wahrheit sinnvoll noch die Rede sein soll. Soll vom Glauben als einem Vermögen, seinen Gegenstand, Gott, zu sehen, die Rede sein, so ist es völlig gleichgültig, welche erkenntnistheoretischen Reflexionen über den Glauben als menschliches Vermögen angestellt werden; denn was er sieht, verdankt der Glaube nicht sich als einem den

Gegenstand konstituierenden Vermögen, sondern Gott, der sich ihm offenbart. Steht die Wirklichkeit, die der Glaube sieht, Gott, im Widerspruch zu der Wirklichkeit, die der Mensch sonst mit Sinnen und Vernunft wahrnimmt, so ist ihm nicht geholfen, wenn man sagt: mit einem anderen Vermögen sähe man eben einen andern Gegenstand, sondern er will wissen, ob die Wirklichkeit, die er sieht, wirklich ist oder Illusion ist. Sie scheint aber Illusion zu sein, wenn er mit Sinnen und Vernunft die Wirklichkeit anders sieht als im Glauben[10].

2. In Wissenschaft, Ethos und Kunst handelt es sich um die Welt, in der der Mensch als Natur- und Geschichtswesen steht. Ihre Phänomene sind es, die Wissenschaft, Ethos und Kunst sehen und gestalten. Wird die Religion in Analogie zu Wissenschaft, Ethos und Kunst gestellt, so ist *Gott ein Phänomen der Welt.* Betrachten Wissenschaft, Ethos und Kunst die Welt je als ein Ganzes, so ist der Gegenstand des Glaubens nichts anderes als die Welt als ganze, d. h. *der Glaube ist als Weltanschauung verstanden.*

Genauer: ein Satz kann wahr sein, der den Menschen als Naturwesen, als Gattung der animalia biologisch betrachtet; ein Satz, der nichts davon weiß, daß der Mensch unter einer sittlichen Forderung steht, die er erfüllen oder verfehlen kann, der nichts von einer spezifisch geschichtlichen Verbundenheit der Menschen weiß. Und umgekehrt kann ein Satz der Ethik oder der Geschichtsphilosophie wahr sein, der dies alles enthält, aber die biologische Betrachtung des Menschen ignoriert. In solchem *Nebeneinander,* meint man, finde auch die religiöse Betrachtung statt, die den Menschen und die Welt vor Gott sieht und dabei die naturwissenschaftliche Betrachtung von Welt und Mensch ignoriert. Diese richte sich auf die den Sinnen erfaßbare Wirklichkeit, die ethische und religiöse Betrachtung auf eine übersinnliche Wirklichkeit, – und beides könne unangefochten nebeneinander bestehen.

Nun kann man wohl unangefochten einzelne Sätze verschiedener Betrachtungsweise nebeneinanderstellen wie den, daß der Mensch durch gute Nahrung kräftig, und daß er durch Wahrhaftigkeit vertrauenswürdig ist. Aber das Problem entsteht deshalb, weil jede Betrachtungsweise eine konsequente Durchführung verlangt, und dann sofort in Widerspruch mit jeder anderen gerät. Jede Betrachtungsweise, die naturwissenschaftliche, die ethische, die religiöse, beansprucht, *Welt und Mensch als ganze zu*

---

[10] *O–* Die aktuelle Frage: Was ist wahr? wird durch die „Erkenntniskritik" nicht tangiert. Denn in dieser Frage ist nach einem Faktum gefragt, während die Erkenntnistheorie die allgemeinen Bedingungen der Möglichkeit der Erkenntnis analysiert, also gar nicht in den Blick nimmt, was je für mich wahr ist. Erkenntniskritik kann nie die Grenzen möglichen Erkennens bestimmen, da sie dem Erkennen immer nachfolgt. *–O*

verstehen und dem Menschen zu zeigen, wer oder was er eigentlich ist. *Die Biologie* will keineswegs nur den Einzelmenschen in seinen körperlichen Funktionen erforschen, sondern den ganzen Menschen verstehen; sie will auch sein geschichtliches Leben, Familie und Staat, Volk und Kultur biologisch verstehen. Sie nivelliert deshalb den Unterschied zwischen Mensch und Tier und entdeckt auch im Tier Vorstufen menschlich-geschichtlichen Lebens; sie treibt Tier-Psychologie und Soziologie; sie untersucht die Intelligenz der Tiere etc. *Die Psychoanalyse* will sämtliche Phänomene des menschlichen Lebens verstehen, auch die des religiösen Lebens; sie macht z. B. den Gottesglauben aus dem Vater-Komplex verständlich.

Kann der Glaube einfach seine Indifferenz gegenüber dem geschlossenen Weltbild der Naturwissenschaft oder gegenüber dem Weltbild einer kausal-betrachtenden Historie erklären, da er ja kraft eines anderen Vermögens die Welt anders ansähe? Wird nicht jeder, der die Verbundenheit der Liebe mit einem andern im Ernst psychoanalytisch verstehen will, an seiner Liebe irre? Der sein Gottesverhältnis psychoanalytisch verstehen will, an Gott? Hilft der Hinweis darauf, daß ich z. B. eine Landschaft ebensogut naturwissenschaftlich wie ästhetisch betrachten kann und beides sich nicht stört? Ja! Wenn nicht die naturwissenschaftliche Betrachtung die ästhetische verschlänge dadurch, daß sie sie ihrerseits interpretiert: die Naturwissenschaft (etwa die Psychoanalyse) unterwirft mein Urteil „schön" ihrer Betrachtung und faßt es ganz anders als es gemeint ist; sie rückt meine ästhetische Betrachtung an ihren biologischen Ort und erklärt sie aus Vererbung, Sexualität und dergleichen. Dann ist es also nichts mit der „Wirklichkeit" des Schönen!

Der Satz von der *doppelten Wahrheit* hilft gar nichts, weil jede Betrachtung die ganze Welt, den ganzen Menschen sich unterwirft und zeigen will, wie die Welt, wie der Mensch wirklich ist[11]. Also kann nur eine recht haben! Und das Nebeneinander verschiedener, aus verschiedenen Vermögen erwachsenden Betrachtungsweisen, deren jede ihr Recht hat, hilft gar nichts, wenn ich frage: wie ist der Mensch, wie bin ich denn wirklich? Und die fromme Hoffnung, daß die Wahrheiten der verschiedenen Betrachtungsweisen Teilwahrheiten sind, die schon in Gott zu einer Wahrheit zusammenstimmen werden, hilft nichts, solange ich diese „Teilwahrheiten" nur als Widersprüche sehe und mir unter ihrer Harmonie nichts denken kann, wenn in dieser Rede von der *einen* Wahrheit „Wahrheit" den Sinn verliert, den es sonst für uns hat.

---

[11] Das hat Troeltsch auch gesehen, cf. Die wissenschaftliche Lage, S. 45 f.

Der Glaube ist nur ernst genommen, wenn er als die Sicht verstanden ist, die Welt und Mensch so sieht[a], wie sie wirklich sind, wenn er also von jeder anderen Betrachtungsweise, die das gleiche beansprucht[b], getrost sagt, daß sie falsch ist[c]. Das kann er freilich nicht, wenn er als eine Weltanschauung gefaßt wird, die von einem Apriori aus die Welt und den Menschen ihrer[d] Betrachtung unterwirft; denn dann gerät er unvermeidlich in den unlösbaren Widerspruch mit jenen Betrachtungsweisen.

Hier will man vielfach helfen, indem man nicht den Glauben nach den wissenschaftlichen Weltbetrachtungen, sondern diese nach jenem interpretiert. Und zwar stimmen merkwürdigerweise Rade, Troeltsch, Heim darin überein. Bei Heim ist diese Erwägung am ausführlichsten entwikkelt. Es soll nämlich dadurch geholfen werden, daß man sagt, *die Betrachtungsweise des Glaubens beruhe auf einem Entschluß, die der Wissenschaft, des Ethos, der Kunst aber gleichfalls,* so daß diese nichts vor jenem voraus haben. Die Gewißheit der Wissenschaft sei letztlich auch im Glauben begründet, weil auch der Gewißheit der reinen Erfahrung und der Denknotwendigkeit der Zweifel anhafte. Auch der Glaubensgrund des Denkens ruhe auf einem völlig einzigartigen, unausrottbaren Gefühl, das man Überzeugungsgefühl oder ähnlich nennt.

Das ist eine Selbsttäuschung. Denn dies Gefühl wird in der Wissenschaft nie für die Geltung auch nur eines einzigen Satzes in Anspruch genommen. Im Glauben aber muß es die Geltung jedes Satzes begründen, oder besser: jeder Glaubenssatz ist eben ein geglaubter. Der etwaige Zweifel in einer Wissenschaft ist entweder der sokratische, – d. h. aber er setzt gerade die Möglichkeit einer radikaleren Begründung voraus und motiviert das Suchen nach ihr, – oder er ist der Zweifel einer etwaigen Erkenntnistheorie. Eine solche aber kommt immer erst nachträglich zu einer Wissenschaft hinzu und hat gar keinen Einfluß auf sie. Keine Wissenschaft kümmert sich in ihrem Gange und Begründungszusammenhange um sie. Ein solcher Zweifel ist eine künstliche und absolut belanglose Sache, nach der kein Hahn kräht. Der Glaube siegt über den Zweifel und ist ein Entschluß. Aber noch kein Mensch hat sich zur naturwissenschaftlichen Betrachtungsweise entschlossen, in dem Sinne, daß er sich je entschlossen hätte, z. B. den Nachweis eines kausalen Zusammenhangs zwischen zwei Erscheinungen zu glauben. Jeder Satz beruht hier auf Gründen und auf Einsicht. Und die ganze Betrachtungsweise wird nicht durch einen Ent-

---

[a] Ms.: „so sehen“.
[b] Ms.: „beanspruchen“.
[c] Ms.: „falsch sind“.
[d] Ms.: „und ihrer“.

schluß konstituiert, sondern ist eine ursprünglich gegebene Möglichkeit des Sehens, in der ich mich faktisch immer schon bewege.

Von einem *Entschluß zur naturwissenschaftlichen Betrachtung* läßt sich nur dann reden, wenn sie *als Weltanschauung* gemeint ist, d. h. wenn ich ihr Blanko-Vollmacht gebe, allgemein und von vornherein alles zu verstehen, Welt und Mensch in ihrer Eigentlichkeit zu sehen. Dazu muß ich aber vorher schon eine Anschauung von ihr haben. Dann liegt eine Analogie zum Glauben vor, wenn *auch der Glaube als eine Weltanschauung* gemeint ist, zu der ich mich entschließe. Ich muß dann auch schon vor dem Entschluß die Betrachtungsweise des Glaubens kennen; ich könnte hypothetisch die Welt und den Menschen glaubend verstehen, ohne zu glauben. Das ist offenbar eine Absurdität; denn bevor ich glaube, kann ich nicht gläubig betrachten. Und der Entschluß zum Glauben wäre vollendete Willkür. Man entschließt sich nicht zum Glauben, sondern im Glauben. Der Glaube ist selbst Entschluß.

Was die Theologie in dieser Situation, d. h. gegenüber der naturwissenschaftlichen oder anderen Weltanschauungen positiv tun kann, ist, daß sie den *Charakter des Glaubens* deutlich macht und ihn gegenüber jeder Weltanschauung abgrenzt. Aber bevor das geschieht, darf auch darauf hingewiesen werden, daß auch jede wissenschaftliche Betrachtung, wenn sie sich als Weltanschauung versteht, d. h. wenn sie Welt und Mensch als ganze interpretieren will, sich selbst mißversteht.

Die philosophische Erwägung hat den Streit der verschiedenen Betrachtungsweisen, besonders der naturwissenschaftlichen und der ethischen oder geschichtlichen, dadurch zu schlichten versucht, daß sie sich um Grenzbestimmungen bemüht, also besonders um die Grenzen von Natur- und Geschichtswissenschaft. Das bedeutet, daß man sich bemüht, für die verschiedenen Betrachtungsweisen verschiedene Gegenstandsgebiete auszugrenzen. Ein solches Bemühen ist vergeblich, da jede Betrachtung Welt und Mensch als ganze verstehen will. Wohl müßte diese Tendenz gebrochen werden, aber das kann offenbar nicht dadurch geschehen, daß man bestimmte Phänomene für die eine und andere für die andere Betrachtungsweise vorbehält. Es kann nur so geschehen, daß man einsieht, daß jede jener Betrachtungsweisen die Phänomene eindeutig verstehen will, daß aber *die Phänomene mehr oder weniger vieldeutig* sind, daß keine Wissenschaft von vornherein sagen kann, wie je ein Phänomen interpretiert werden muß, sondern daß die Interpretation durch den Gegenstand, der zunächst ein Rätsel ist, vorgeschrieben werden muß. Der Streit, wie je ein Phänomen zu verstehen ist, kann nur durch den Vollzug des Verstehens im einzelnen Fall ausgetragen werden.

Dabei bleibt also bestehen, daß das gleiche Phänomen so oder so verstanden werden kann. Aber die Frage ist, welches Verständnis das Phänomen so sieht, wie es wirklich ist, welche Betrachtung das Wahre sieht und Wahres darüber sagt. Das aber ist von vornherein gar nicht zu entscheiden. Der Fehler jener Betrachtungsweisen ist der, daß sie a priori jedes Phänomen verstehen wollen und sich so den Zugang zum wirklichen Gegenstand durch ihre „Prinzipien" von vornherein versperren, daß sie statt Forschungsmethoden Weltanschauungen sind, die von vornherein im ganzen bestimmen, wie jedes begegnende Phänomen verstanden werden muß, statt die Freiheit zu wahren. Es hat deshalb keinen Sinn, allgemein über die Grenzen von Natur- und Geschichtswissenschaft zu reflektieren; denn solche Grenzen sind am Gegenstand a priori gar nicht sichtbar, sondern können erst in der Erforschung sichtbar werden. Wohl kann man die Arten der Betrachtung gegeneinander abgrenzen. Aber das darf nicht zu dem Urteil führen, daß damit ihre Kompetenz in bezug auf den Gegenstand eingeschränkt wäre. Als Methoden beanspruchen sie, jeden Gegenstand, und zwar ganz, sich zu unterwerfen.

Echte Wissenschaft hätte also phänomenologisch in dem Sinne zu verfahren, daß sie *das Phänomen selbst zur Geltung kommen* und sich von ihm die Betrachtungsweise vorschreiben läßt. Ob es eindeutige Phänomene gibt, ist hier nicht zu erörtern.

Philosophische Besinnung hätte weiter verständlich zu machen, wie es möglich ist, daß je eine jener Betrachtungsweisen sich je eines Gegenstandes ganz bemächtigen *kann,* ohne von vornherein zu scheitern. Und zwar könnte sie das verständlich machen aus dem Dasein des Menschen, das von vornherein verschiedene Möglichkeiten hat, sich zu verstehen, schematisch gesagt: sich in seiner Eigentlichkeit als geschichtliches zu verstehen, oder sich aus der vorhandenen Umwelt als ein Vorhandenes zu verstehen. Je mehr das Dasein, verfallend, sich praktisch aus seiner Umwelt versteht, desto mehr wird es in der theoretischen Reflexion sein Sein aus dem Sein der Umwelt interpretieren, desto mehr wird sein Sein aber auch faktisch aus dem Sein der Umwelt interpretierbar.

Ist *eigentliches Dasein ein Seinkönnen,* d. h. verläuft das menschliche Dasein darin, daß es aus seiner Vergangenheit ins Jetzt vor seine Zukunft kommend seine Möglichkeit im Entschluß ergreift, so vermag keine wissenschaftliche Methode, die das Dasein vom vorhandenen Seienden aus versteht, das Dasein in seiner Eigentlichkeit zu verstehen. Oder sie vermag es nur soweit, als Dasein verfallend[12] selbst nur als Vorhandenes ist.

---

[12] *O*– Die Geschichtlichkeit, die Zeitlichkeit, sein eigentliches Sein verlierend. –*O*

Sie vermag es gegenüber vergangenem Dasein, das sich dem Blick zunächst als in der Vergangenheit vorfindliches darbietet; sie vermag es gegenüber gegenwärtigem Dasein, wenn sie dies von vornherein als vergangenes nimmt. Beanspruchen jene wissenschaftlichen Methoden, das Dasein des Menschen zu interpretieren, so haben sie ihren legitimen wissenschaftlichen Sinn verloren und führen zu falschen Sätzen; sie sind dann Weltanschauungen.

Die philosophische Arbeit, die diese Probleme zu klären hat, wäre als *Ontologie des Daseins* zu bezeichnen. Ihre Arbeit darf die Theologie ihr nicht abnehmen. Aber an diese Arbeit sich zu erinnern, ist in der gegenwärtigen Situation Anlaß, wenn es darauf ankommt, zu zeigen, was Glauben ist, und wie *Glaube gegen Wissenschaft und Weltanschauung abzugrenzen* ist. Solange man nämlich den Glauben in Analogie setzt zu jenen Betrachtungsweisen, nimmt man ihn als eine Weltanschauung, die von vornherein weiß, wie jedes Phänomen zu betrachten sei, sei es naturwissenschaftlich, sei es gläubig. Dann gelangt man dazu, nach einem religiösen Apriori zu suchen und versteht den Glauben weder als Glauben noch als Wissenschaft. Eine Theologie, die sich darauf einläßt, gibt den Gegenstand des Glaubens, Gott, preis. Ihr Gegenstand ist Welt und Mensch, die sie wie die Naturwissenschaft betrachtet von einer dem Dasein als solchem möglichen Einstellung aus, nicht von Gott und seiner Offenbarung aus.

Aber freilich darf *die Theologie* nicht auf eine Daseins-Ontologie warten, die ihr die Lösung des Problems bietet, wie der Glaube im Streit mit Wissenschaft und Weltanschauung fertig werde; sie muß mit dem Problem auch ohne die Philosophie fertig werden, weil der Glaube von sich aus mit ihm fertig werden muß.

Das kann allein dann deutlich werden, wenn klar wird, daß *der Glaube* nichts anderes ist als die Antwort auf das verkündigte Wort Gottes, das dem Menschen *ein bestimmtes Verstehen seiner selbst* erschließt. Dieses nämlich, daß er je aus seiner Vergangenheit als Sünder kommt und deshalb in den Tod als das Gericht Gottes geht, daß ihm aber Gottes vergebende Gnade offensteht, und zwar eben jetzt im verkündigten Wort der Vergebung; daß er durch diese Vergebung ein neuer wird, der vor sich das Leben sieht und mit sich den Nächsten, dem er in der Liebe verbunden ist[e]. Der Mensch ist gefragt, ob er dies Verständnis seiner selbst bejahen will und damit jedes andere Verständnis seiner selbst preisgeben will. Jedes andere Verständnis seiner selbst, sei es ein naturwissenschaftliches, sei es ein stoisch-ethisches, sei es ein romantisches etc., gewinnt demgegenüber

---

[e] Am Rand: *O*– gehört –*O*

den Charakter der Versuchung, mag es aus wissenschaftlichen, aus ethischen oder ästhetischen Motiven erwachsen.

Dieses Verständnis des Glaubens hat die Theologie klarzustellen und hat dabei nicht die etwaige philosophische Besinnung nach Sinn und Recht anderer Daseins-Auslegungen zu befragen. Alle andern Weltanschauungen oder Daseins-Auslegungen treten unter das Licht des göttlichen Anspruchs; d. h. die Verkündigung stellt an alle die Frage, ob der Mensch es wagen will, sich aus der Welt her in seiner Eigentlichkeit zu verstehen[13], oder ob er verstummen will als Geschöpf vor dem Schöpfer, d. h. ob er sich als Geschöpf verstehen will. Die Theologie hat aber die Aufgabe, *die Verkündigung so zu explizieren, daß das in ihr gegebene Daseinsverständnis deutlich* wird als eine Daseins-Auslegung, in der sich der Mensch verstehen kann. Dies Verständnis kann nur im Entschluß ergriffen werden; aber der Entschluß wäre bloße Willkür, wenn die Verkündigung dem Menschen nicht ein wirkliches Verständnis seiner selbst erschlösse, in dem er sich verstehen kann.

Was *Wahrheit für den Glauben* heißt, ist formal sehr einfach zu sagen: Wahr sind die Sätze des Glaubens, sofern sie einen wahren Tatbestand aufdecken, bzw. aussprechend aufdecken. Wahr ist die christliche Verkündigung, die sich vom Glauben nur unterscheidet als die Frage von der Antwort, die Anrede von der Annahme, im gleichen Sinne, d. h. sofern sie einen wahren Tatbestand aufdeckt. Der wahre Tatbestand, die Wahrheit, auf die sich der Glaube richtet, die in der Verkündigung aufgedeckte, im Glauben[f] gesehene Wirklichkeit ist die Wirklichkeit Gottes und damit die Wirklichkeit von Welt und Mensch in ihrer Enthülltheit.

Die Wirklichkeit Gottes, so wie sie in der Verkündigung und dem Glauben an sie sichtbar wird, also nicht als ein für neutrale, ungläubige Betrachtung zugänglicher Tatbestand. Sowenig wie die Wahrheit eines mir geschenkten Vertrauens, einer mit geschenkten Liebe ein für die Betrachtung eines Dritten offenliegender Tatbestand ist. Wie Vertrauen und Liebe nur sichtbar wird in ihrer Bejahung, also im Gegenvertrauen, in der Gegenliebe, so Gottes Wahrheit nur *im gehorsamen Glauben.* Das heißt, ich verstehe im Glauben Gott nicht als ein für sich seiendes Etwas, ein übernatürliches Wesen mit diesen und jenen Eigenschaften, sondern – wie

---

[13] *O–* Als sich selbst gehörend, frei über sich verfügend. *–O*

---

[f] Ms.: „Glaube“.

die Reformation und Ritschl ganz recht gesehen haben, und wie die Erlanger Theologie es wenigstens intendiert – ich verstehe Gott, indem ich mich selbst neu verstehe.

Ich verstehe mich neu, nicht indem ich eine neue Theorie über Welt und Mensch, eine neue Weltanschauung neben alten erhalte, sondern indem ich *mein Jetzt neu verstehe* als durch Gottes Wort, durch die Verkündigung qualifiziert. Echtes Selbstverständnis – auch außerhalb des Glaubens – meint immer: mich als je mich, nicht als einen zweiten oder dritten, als einen Vorhandenen verstehen, je mich, d. h. mich in meinem Jetzt in der Entscheidung, – genauso auch das gläubige Selbstverständnis. Dies unterscheidet sich vom ungläubigen nur dadurch, daß es das Wort hört als in das Jetzt hineingesprochen und daß es dadurch den Augenblick als neu qualifiziert versteht. *Die Entscheidung für das Wort* ist die Entscheidung des Glaubens. Diese tritt aber nicht als *eine* Entscheidung neben andere innerweltliche Entscheidungen. Vielmehr: wie in allen innerweltlichen Entscheidungen ich mich letztlich für mich selbst, für meine eigene Möglichkeit entscheide, so auch in der Entscheidung des Glaubens. Gilt rein formal, daß ich in *jeder* Entscheidung je ein Neuer werde, so sieht der Glaube, daß ich nur in der Glaubensentscheidung wirklich ein Neuer werde, daß alle andern Entscheidungen nur Schein sind, weil ich in ihnen nie von mir selbst, d. h. von meiner Vergangenheit, d. h. von meiner Sünde loskomme, so daß sie neu sind nur in dem Sinne, daß ich mich immer neu für meine Sünde entscheide. Der Glaube sieht, daß ich allein durch die Vergebung als ein Gerechtfertigter und Liebender neu werde. Keine innerweltliche Lebensentscheidung wird mir durch den Glauben abgenommen, aber jede wird durch den Glauben qualifiziert, so nämlich, daß ich mich in ihr als ein Glaubender und Liebender entscheiden kann, daß ich als Glaubender und Liebender leiden und handeln kann.

Ganz einfach läßt sich also sagen: die im Glauben gesehene Wahrheit ist *die Wahrheit des Augenblicks:* jetzt, unter der Verkündigung, im Glauben, sehe ich das Jetzt so, wie es wirklich ist[14]. Das Jetzt ist je meines, d. h. aber nicht: das Sehen des Glaubens ist ein subjektives, sondern das Jetzt, das immer nur meines ist, ist gerade dann objektiv, d. h. in seiner Wahrheit gesehen, wenn es als je meines verstanden ist[15]. „Subjektiv" wäre es gesehen, wenn es verstanden wird als das, was ich mache, was durch mein

---

[14] *O–* Die Frage nach *der* Wahrheit ist die Frage nach dem Anspruch des Augenblicks. *–O*

[15] *O–* Man kann den Augenblick so oder so verstehen, – ja, aber man *soll* ihn nicht so *oder* so verstehen, sondern nur in *einem* Sinne! *–O*

Wollen und Fühlen, meine Vergangenheit seine Qualifikation erhält. Der
Glaube versteht in geradem Gegensatz dazu das Jetzt aus der Zukunft,
d. h. als die Situation, die auf mich zukommt, die mich in die Entscheidung
stellt, mich anruft, meinen Gehorsam fordert, als den Augenblick, der
durch das göttliche Wort qualifiziert ist, nicht durch eine religiöse Anlage,
durch ein religiöses Apriori oder dergleichen, sondern durch das Wort, das
ich nur hören, dem ich nur gehorchen kann.

Die Wahrheit des Glaubens ist also allgemeingültig in jenem grundsätzli-
chen Sinn, d. h. das Jetzt muß so und nur so verstanden werden, und es sind
nicht verschiedene Auslegungen gleichberechtigt. Meine etwaige Subjektivität wird gerade durch den Anspruch des Augenblicks niedergeschlagen. Die Wahrheit des Glaubens ist aber nicht eine sogenannte allgemeine
Wahrheit, etwa der Gottesidee, der Freiheit, der göttlichen Vorsehung,
der Idee des Guten etc., sondern schlechterdings nichts als die Wahrheit
Gottes, d. h. des Augenblicks. Sonst wäre der Glaube wieder zur Weltanschauung gemacht. Aber der Glaube betrachtet nicht Welt und Mensch im
allgemeinen und zieht daraus die Folgerung für das Jetzt als einen Einzel-
fall, sondern für ihn ist umgekehrt jedes Jetzt wesenhaft neu, und von ihm
aus versteht er jetzt Welt und Mensch, nämlich sich selbst als den gerechtfertigten Sünder, den Anderen als den Nächsten, die Welt als Gottes
Schöpfung. Der Schöpfungsglaube z. B. ist also keine kosmologische
Theorie über den Ursprung der Welt, sondern die gehorsame und getroste
Hinnahme der Welt, in der ich stehe, als Gottes Schöpfung, ja als Gottes
Wort und Offenbarung, sofern ich mein Jetzt als durch die Verkündigung
qualifiziert verstehe.

Wie der Glaube die Theorie von der doppelten Wahrheit losgeworden
ist, so auch *die Frage nach der Einen Wahrheit.* Denn diese Frage ist die
griechische, die die Welt als ein betrachtbares System von vorhandenem
Seienden verstehen will, in dem das Jetzt in die Zeitlosigkeit aufgehoben
ist; diese Frage beruht auf der Idee von der Identität des Welt-Logos mit
dem individuellen Logos in mir.

Wahrheit hat einen eindeutigen Sinn: sie bedeutet je den wahren,
wirklichen Sachverhalt, sofern er aufgedeckt und in seiner Wirklichkeit
sichtbar ist. So viele mögliche Sachverhalte entdeckt sein können, so viele
Wahrheiten gibt es. Die Frage nach der einen Wahrheit im griechischen
Sinn hat nur dann Sinn, wenn das Dasein im Zusammenhang des in seiner
Gesamtheit vom Logos überschaubaren vorhandenen Seienden verstanden ist. Ist Dasein zeitlich-geschichtlich und je wesenhaft neu – und als
solches wird es von der Verkündigung angesprochen –, so hat die Frage
nach der Einen Wahrheit nur Sinn als die Frage nach der einen Wahrheit

des Augenblicks, meines Augenblicks. Sofern der Glaubende nicht aus der Welt herausgenommen ist, sondern gerade in seinem Jetzt angesprochen ist, hat er Anlaß genug, *sich um alle möglichen Wahrheiten zu kümmern*[16]. Aber nicht, um von ihnen aus zu der Einen Wahrheit zu kommen; denn von ihnen aus kann er nie zum Verständnis des Jetzt gelangen; sondern einfach, weil er in der Welt in der Liebe zu handeln hat und jedes Handeln sachgemäß zu sein hat. Er braucht die Wissenschaft; er wendet die natur- oder geisteswissenschaftliche Betrachtung an, je nachdem, ob er sie für seine Aufgabe braucht, etwa als Arzt oder Erzieher, oder weil er in theoretischer Arbeit für die praktischen Berufe das notwendige Wissen bereitzustellen hat.

Den Gedanken vom *Kulturwert des Wissens* als solchen hat er freilich preisgegeben, weil letztlich alles Wissen nur dazu dienen soll, das im Jetzt geforderte Handeln sachgemäß zu leiten. Der Gedanke, daß im Wissen der Mensch zu seiner höchsten Möglichkeit komme, sei es in der griechischen, sei es in der mittelalterlich-katholischen ϑεωρία, erscheint ihm als der Versuch, dem Jetzt zu entfliehen. Als freier Herr, niemand untertan (im Glauben) ist er auch *Herr alles Wissens und aller Wissenschaft.* Er begibt sich nicht in die Sklaverei der Wissenschaft, als könne sie ihn zu seiner Eigentlichkeit bringen. Er kennt die Versuchung alles Wissens, das eritis sicut deus; aber er weiß, daß keine Wissenschaft das Sein des Menschen, je mein Sein, aufdecken kann, weil er sein Sein vor Gott sieht. Er verschließt sich aber nicht dem, was je eine Wissenschaft als wahr aufdeckt; denn solche Flucht wäre ja auch die Preisgabe seiner Herrschaft.

Im Wissen um seine Herrschaft *nimmt er ernst, was jede Wissenschaft sagt,* und freut sich, daß sie ihn zwar nicht zum Glauben bringen, ihm aber die theologische Explikation dessen, was Glauben ist, erleichtern kann. Nahm er solchen Dienst in der vergangenen Generation vorwiegend von der *kritischen Historie* an, die ihm z. B. die Geschichten von der Jungfrauengeburt und vom leeren Grab als Legenden erwies und so ein falsches Glaubensverständnis zerstören half, so mag er in der Gegenwart – ohne daß damit der Dienst der kritischen Historie schon als erledigt bezeichnet werden sollte, – von der *Psychoanalyse* lernen. Denn vielleicht kann keine Wissenschaft so radikal das Mißverständnis des Glaubens als einer Religiosität, als einer Funktion des menschlichen Geistes zerstören, wie diese. Was die Theologie als wissenschaftliche Explikation des Glaubens von der *Philosophie* heute wie allezeit lernen kann, braucht nicht ausgeführt zu

---

[16] *O–* Die Wahrheit des Augenblicks fordert das Wissen aller möglichen Wahrheiten um der Verantwortung des Augenblicks willen. *–O*

werden. Ebensowenig, daß die Aufmerksamkeit der Theologie auf die Philosophie eine höchst zweischneidige Sache ist.

Alle diese Erwägungen sollen hier nur illustrieren, daß die Wahrheit des Glaubens, d. h. die veritas fidei quae creditur, nicht einen innerweltlichen Tatbestand betrifft, der neben anderen Tatbeständen läge, sondern daß sie die Wahrheit des durch das göttliche Wort qualifizierten Augenblicks ist.

Will man außer der Wahrheit des Glaubens, die die Wahrheit des Augenblicks ist, noch nach der *Wahrheit der Theologie* fragen, so ist zu antworten, daß diese die sachgemäße Explikation dessen, was Glauben ist, bedeutet. Damit ist ihre Wahrheit die Wahrheit der Wissenschaft. Mißverstehen wird das nur, wer die Theologie als Wissenschaft aus einem System der Wissenschaften, das im Wesen des menschlichen Geistes begründet sei, verstehen will. Aber wie jede Wissenschaft ihre Wahrheit nicht aus ihrem Apriori, ihren Prinzipien, sondern aus ihrem Gegenstand gewinnt, d. h. dann, wenn sie ihre Sätze durch ihren Gegenstand bestimmt sein läßt, so auch die Theologie. Wie die Wahrheit jeder Wissenschaft ihre Sachgemäßheit ist, so auch die Wahrheit der Theologie.

Namenregister

Die kursiv gesetzten Seitenzahlen beziehen sich auf die Fußnoten

208   *Namenregister*